Elogios ao livro
BITCOIN e a
Bobby C. Lee

Bobby Lee é um dos principais pensadores de ideias avançadas a reconhecer integralmente o potencial do Bitcoin como reserva de valor. Ele tirou suas conclusões não por algum capricho nem por amor particular ao risco, mas depois de analisar cuidadosamente as características e o mérito tecnológico do sistema. *Bitcoin* delineia o pensamento dele sobre o assunto e explica, em uma linguagem fácil de ser compreendida, o funcionamento do Bitcoin, por que e como o investidor mediano deve investir nessa oportunidade única.

—**TYLER WINKLEVOSS**, cofundador da Gemini

O Bitcoin está começando a se tornar mais convencional e comumente aceito, mas ainda é misterioso e mal interpretado por muitos. Bobby Lee, adepto do Bitcoin há muito tempo, escreveu este livro acessível que o desmistifica, fácil de ser compreendido, e que aborda de forma direta os principais receios das pessoas em relação a ele.

—**CAMERON WINKLEVOSS**, cofundador da Gemini

Este livro irá ajudá-lo a saciar a imensa sede de entender melhor a revolução do Bitcoin. Ele deve fazer parte do currículo de todos os investidores.

—**MICHAEL NOVOGRATZ**, fundador da Galaxy Digital

Bobby Lee escreveu um livro importante para qualquer pessoa que esteja interessada em criptomoedas. Ele apresenta uma visão prática, derivada de sua experiência como empreendedor bem-sucedido no setor de Bitcoin e fundamentado em uma perspectiva abrangente de alguém que é versado no assunto. Parte tratado, parte "manual faça você mesmo", este livro altamente inteligível é leitura indispensável para investidores, inovadores, jornalistas, órgãos reguladores, acadêmicos e para o público geral.

—GLENN HUTCHINS, Presidente da North Island Ventures e Cofundador da Silver Lake

A escalada repentina do Bitcoin no final de 2020 e que prosseguiu no início de 2021 é reflexo da aceitação crescente de sua infalível lógica, particularmente entre alguns dos maiores investidores institucionais do mundo. Bobby Lee previu essa tendência há anos, numa época em que as instituições financeiras o ignoravam. No livro *Bitcoin*, Bobby explica por que o Bitcoin é uma forma de dinheiro melhor do que as moedas tradicionais e oferece um manual básico sobre o que os recém-chegados ao mundo do Bitcoin e investidores em estágio inicial precisam saber.

—CZ (Changpeng Zhao), CEO da Binance.com

Na qualidade de empreendedor que abriu vários negócios para levar o Bitcoin a um público mais amplo, Bobby é a pessoa perfeita para conduzir os leitores em uma jornada desde os primórdios do Bitcoin até seu estado atual. Suas histórias pessoais adicionam uma perspectiva única que tornam este livro leitura obrigatória para todos os interessados em entender o Bitcoin e seu lugar em nosso mundo.

—MELTEM DEMIRORS, empreendedor e investidor em criptomoedas

Grande parte da discussão sobre o Bitcoin é árida e entediante para o investidor comum. Neste valioso livro, Bobby Lee apresenta explicações consistentes e fáceis de serem acompanhadas sobre por que o Bitcoin é um investimento tão sólido; além disso, ele facilita a compreensão das ferramentas para investidores.

—WENCES CASARES, CEO da Xapo e membro do
Conselho do PayPal e da DIEM

Este pioneiro guia capta a visão inspiradora de Bobby, sua paixão pelo Bitcoin e o desejo ardente de criar uma sociedade melhor para todos nós.

—MICKY MALKA, fundador da Ribbit Capital

Da Costa do Marfim para o Vale do Silício, a experiência de vida de Bobby Lee faz dele a pessoa perfeita para explicar a promessa do Bitcoin.

—ROGER VER, fundador do Bitcoin.com

O Bitcoin é irrefreável. Caso você queira entender por que ou como ele se adéqua ao mundo monetário ou à sua carteira de investimentos pessoal, leia *Bitcoin*.

—GAVIN ANDRESEN, ex-coordenador de desenvolvimento do
Bitcoin e ex-cientista-chefe da Bitcoin Foundation

Como um dos primeiros inovadores e criadores de sistemas em torno do Bitcoin, Bobby é um guia apto para qualquer um que queira se aprofundar no conhecimento dessa criptomoeda.

—CHRIS BURNISKE, cofundador da Placeholder e
autor do *best-seller Cryptoassets*

Bobby persegue firmemente seu propósito e *Bitcoin* transforma elaboradamente sua visão em palavras. Aproveite esta estupenda viagem!

—**CHARLIE SHREM,** fundador da Bitcoin Foundation e do podcast *Untold Stories*

Como pioneiro, Bobby Lee anteviu o potencial do Bitcoin e dividiu conosco sua paixão por essa nova moeda promissora. Este livro fascinante capta o impressionante impacto que o Bitcoin tem causado no mundo e a visão de Bobby sobre o futuro dessa criptomoeda.

—**TINA SEELIG,** professora adjunta de Atividades Profissionais Práticas do Departamento de Gestão e Engenharia da Stanford University

A paixão de Bobby pelo Bitcoin se reflete nestas páginas. Aguardo com grande interesse a contínua evolução do Bitcoin e a maior conscientização do público em geral sobre esse novo sistema potencialmente transformativo.

—**TOM BYERS,** professor de Empreendedorismo da Escola de Engenharia da Stanford University

BOBBY C. LEE

BITCOIN
O FUTURO DO DINHEIRO E COMO FAZÊ-LO TRABALHAR PRA VOCÊ

m.Books
M.Books do Brasil Editora Ltda.

Rua Jorge Americano, 61 - Alto da Lapa
05083-130 - São Paulo - SP - Telefone: (11) 3645-0409
www.mbooks.com.br

Dados de catalogação na publicação

LEE, Bobby
BITCOIN / Bobby C. Lee
2022 – São Paulo – M.Books do Brasil Editora Ltda.

1. Criptomoedas   2. Bitcoin   3. Moedas digitais
4. Investimentos financeiros   5. Finanças   6. Economia
ISBN: 978-65-5800-096-9

Do original em inglês: *THE PROMISE OF BITCOIN*
The future of money and how it can work for you

Publicado originalmente por McGraw-Hill
© 2021 McGraw-Hill
© 2022 M.Books do Brasil Editora Ltda.

Editor: Milton Mira de Assumpção Filho
Tradutor: Ariovaldo Griesi
Produção Editorial: Gisélia Costa
Revisão: Mônica Reis
Diagramação: 3Pontos Apoio Editorial
Capa: Isadora Mira

M.Books do Brasil Editora Ltda.
Todos os direitos reservados.
Proibida a reprodução total ou parcial.
Os infratores serão punidos na forma da lei.

*Ao meu avô, William Sze Tsen Lee,
por sempre me amar e acreditar em mim.
Você foi a quintessência do homem de negócios;
sempre me transmitiu confiança e foi uma fonte de
inspiração para eu me tornar empreendedor.*

SUMÁRIO

INTRODUÇÃO: Minha Jornada pelo Bitcoin 11

1 O NASCIMENTO DO BITCOIN: A GENIALIDADE DE SATOSHI 31

2 OS TRÊS CAVALEIROS: MINERAÇÃO, CARTEIRAS E BOLSAS DE CRIPTOMOEDAS 56

3 O OBSCURO PONTO FRACO DA BESTA FIDUCIÁRIA 77

4 POR QUE OS ÓRGÃOS REGULADORES TÊM RETARDADO A ADOÇÃO, MAS NÃO DEVERIAM FAZÊ-LO 96

5 VAMOS FILOSOFAR: O DINHEIRO É UM DIREITO NATURAL 126

6 UM SETOR EM EVOLUÇÃO 140

7 POSSO SUGERIR IGNORAR A TURBULÊNCIA? 168

8 O BITCOIN É MENOS VULNERÁVEL DO QUE VOCÊ IMAGINA .. 183

9 CINCO OUTROS GRANDES MEDOS DESCONSTRUÍDOS: FDIC, PERDA, REGULAMENTAÇÃO, MINERAÇÃO E GOVERNO 193

10 UMA MANEIRA MELHOR DE FAZER NEGÓCIOS 209

12 COMO INVESTIR: OS MARAVILHOSOS RECURSOS DO BITCOIN 220

13 O BITCOIN ESTÁ SEMPRE SUBINDO 240

14 QUINZE PREVISÕES PARA O MUNDO DAS CRIPTOMOEDAS 256

Agradecimentos.. 285

Notas 287

Índice Remissivo.. 299

Sobre o Autor 311

INTRODUÇÃO

MINHA JORNADA PELO BITCOIN

> "Até que se conscientizem, eles jamais irão se rebelar e, mesmo depois de terem se rebelado, não se conscientizarão."
> George Orwell, *1984*

Meu nome é Bobby Christopher Lee.

A comunidade das criptomoedas me conhece e me identifica como um dos primeiros empreendedores e investidores de Bitcoin.

Acredito que qualquer pessoa ou entidade que interfira em empreendimentos produtivos individuais ou de grupos está equivocada. Nos afastamos cada vez mais de princípios da verdadeira liberdade. Deixamos que governos e outras organizações que pipocaram aos montes fossem além do intento original e passassem a limitar nossas atividades.

Até mesmo nações progressistas restringem o comércio com leis bem--intencionadas, porém, mal formuladas, que não entendem o significado de empreendedorismo.

Por várias gerações, minha família – os Lees e os Chus – criaram negócios e foram atrás de seus sonhos com um foco singular que deixava pouco espaço para distração ou ceticismo. Atenha-se à simplicidade e à objetividade e o sucesso financeiro será uma simples consequência. Complique as coisas e você estará navegando contra o vento.

Os bancos centrais estão no cerne dos problemas causados à vida econômica das pessoas. Eles detêm muito poder e são reflexo do pensamento retrógrado de uma minoria que faz da manutenção desse poder sua razão de ser.

Em essência, essas instituições se perpetuam em vez de adotarem um olhar crítico em relação ao que deveriam ou não fazer para ajudar as pessoas. Mas não foi para ajudar as pessoas com uma estrutura simples de gestão do dinheiro que elas foram criadas? Alexander Hamilton entendia isso ao pressionar pela criação de um Banco Central americano e uma moeda que valesse a mesma coisa em todos os estados do país.

Em vez disso, os bancos se transformaram em instrumentos políticos, distantes de sua missão. Eles têm muito poder e estão completamente envolvidos com as pessoas e o dinheiro delas. As avaliações errôneas dos bancos se entremeiam praticamente com todas as recessões dos últimos dois séculos e que reduziram o valor e o poder de compra do consumidor.

Uma vez que uma pessoa tenha ganho algum dinheiro, nenhum órgão governamental deveria ter o direito de pegá-lo sem o consentimento do indivíduo. Os americanos fizeram uma revolução porque os dominadores britânicos pensavam que poderiam colher à vontade o fruto do suor dos outros quando bem entendessem.

Não confunda meu modo de pensar com as correntes extremistas atuais que veem o mal ao menor sinal de supervisão institucional. Exerço o direito do voto, aprecio acordos de livre comércio que abriram mercados nos últimos anos e continuarei agindo dessa forma independentemente do que aconteça pós-NAFTA e Brexit. Minha família é constituída por comerciantes internacionais bem-sucedidos. O setor de criptomoedas que ajudei a constituir é global. O mesmo aconteceu com todas as empresas em que trabalhei antes de me tornar empreendedor.

Aprecio o fato de ter um passaporte que me permite ir a praticamente qualquer lugar do mundo. E pelo fato de voar muito, sou grato aos órgãos que protegem os aeroportos. Gosto de ter propriedades em diferentes países, já que isso diversifica meus investimentos.

Também acredito em regulamentações e produtos inteligentes que protejam nosso meio ambiente para gerações futuras. Sou viciado em *gadgets* desde a adolescência e jamais experimentei algo melhor do que o Tesla Model 3 que dirijo hoje em dia. Ele pode atingir a velocidade de 340 km/h e percorrer mais de 660 km sem nenhuma recarga – silencioso e suavemente, praticamente sem efeitos colaterais de danos ambientais. Trata-se de tecnologia da melhor qualidade, atendendo uma necessidade e praticando o bem sem se indispor com nenhum burocrata do governo.

A bem da verdade, na qualidade de cientista da computação e engenheiro de *software* formado em Stanford, tenho uma atitude tendenciosa quando se trata de tecnologia.

Eu já explorava a tecnologia computacional bem antes de os computadores pessoais passarem a fazer parte do DNA do mundo. Fui autodidata na programação de computadores quando estava no 6º ano do Ensino Fundamental, começando com a linguagem de programação BASIC. Fundei um clube de usuários de PC no colégio interno em que estudei nos EUA e me formei em Ciências da Computação pela Stanford, universidade no centro do *boom* tecnológico mundial. Em meados de 1997, Bill Gates me convidou para ir à sua casa – com outras centenas de estudantes do curso de verão da Microsoft.

Trabalhei em algumas das mais importantes empresas de tecnologia e internet do mundo, ajudei a dar o pontapé inicial nas atividades de comércio eletrônico para a maior rede varejista do mundo e abri minha própria empresa de tecnologia de ponta, na China, em 2013. Ela contava com mais de um milhão de usuários antes de vendê-la em 2018.

Tenho a mente aberta, com opiniões firmes sobre o efeito da tecnologia no mundo e convicções ainda mais firmes sobre o que ela irá fazer após as descobertas de um desenvolvedor de *software* que nunca quis revelar seu nome, mas percebeu fragilidades enormes em nossos sistemas monetários: as criptomoedas, ou como a maioria das pessoas conhece, o Bitcoin.

Esse desenvolvedor, que usa o pseudônimo Satoshi Nakamoto, criou um novo sistema de pagamento digital que de forma brilhante usa conceitos tecnológicos díspares. Sobretudo, ele se concentrou inteiramente em atender pessoas ao redor de todo o mundo – e não controlá-las.

A criptomoeda digital é uma das maiores invenções dos últimos 50 anos.

A invenção de Satoshi me tomou quase um quarto dos meus 46 anos de vida. Tem sido uma jornada surpreendente que começou com uma conversa que à época não tinha a mínima importância.

Meu irmão, Charlie Lee, também especialista em informática, havia lido sobre o Bitcoin em fóruns *on-line* e ficou interessado a ponto de adquirir seus primeiros bitcoins em negociações *on-line* com pessoas anônimas. Isso foi no início de 2011, quando tivemos uma de nossas conversas ocasionais em uma ligação internacional. Morei em Xangai cerca de quatro anos – naquele momento estava prestes a ingressar no Walmart como executivo sênior encarregado de uma equipe de tecnologia cuja tarefa era criar uma unidade inteiramente nova de comércio eletrônico para o mercado chinês.

Charlie era engenheiro da Google e vivia no Vale do Silício. A mineração, processo pelo qual alguém obtém bitcoins ao registrar uma transação em um livro-razão digital, era domínio de um punhado de dedicados *nerds* que tinham poder computacional suficiente para solucionar os algoritmos necessários. Na época não existiam bolsas de criptomoedas, blogs *Medium*, programas de *blockchain* do MIT ou discussões sobre regulamentação. Qualquer banco que tivesse conhecimento da existência do Bitcoin provavelmente teria "varrido" o assunto pra debaixo do tapete. Para as pessoas alheias ao setor, Bitcoin não era mais inovador do que as moedas virtuais de joguinhos em PCs e consoles, que os jogadores usam para comprar espadas virtuais ou outro tipo de armamento.

Naquela época, 2º trimestre de 2011, o Bitcoin era vendido por menos de US$ 20, com uma capitalização de mercado abaixo dos US$ 150 milhões, número advindo da comunidade de entusiastas e dos curiosos na casa de poucos milhares, no mundo todo. Ao longo de nossa conversa Charlie sugeriu que eu checasse esse novo dinheiro eletrônico chamado Bitcoin.

Na qualidade de *geek*, eu estava em vantagem em relação ao consumidor mediano para compreender os conceitos que Charlie descrevera. Conhecia comunidades de desenvolvedores *on-line* e redes distribuídas, parte fundamental do sistema *blockchain*. Embora fosse um sistema digital, no final ele dependia de pessoas reais e com uma grande paixão. Devido à minha graduação e mestrado no departamento de Ciências da Computação de Stanford, eu tinha algum treinamento em criptografia. Tinha também um interesse especial por moedas correntes, economia e nosso sistema monetário. Charlie conhecia tudo isso, já que era uma característica que permeava nossa família há várias gerações.

A LONGA JORNADA DA MINHA FAMÍLIA

Por pelo menos um século, os membros da família Lee (lado paterno) e da família Chu (lado materno) têm sido empreendedores prolíficos. O sucesso por eles alcançado veio de uma gama de empreendimentos comerciais na Ásia, América do Sul, África e, finalmente, América do Norte. Nas primeiras décadas do século XX, meu bisavô paterno era o Gerente Regional do Departamento do Sal da província de Jiangsu, que era a maior fonte individual de arrecadação fiscal do governo na época. Era uma época caótica enquanto a República da China colocava em ordem a governabilidade depois de anos de regime dinástico. O governo dependia de hábeis administradores para manter a ordem e governar razoavelmente em setores-chave. O Departamento do Sal era um dos mais importantes ministérios e, portanto, apenas as pessoas mais gabaritadas e extremamente corretas eram indicadas para preencher tais cargos.

Minha bisavó materna era descendente direta da família imperial da Manchúria, que regeu a China por mais de três séculos. Era uma mulher brilhante que falava inglês fluentemente e havia se formado em Medicina, profissão então dominada pelos homens. Contudo, assim que a dinastia foi derrubada, ela e seus parentes tiveram de adotar novos sobrenomes para se mesclar à sociedade cuja etnia era predominantemente Han. (Todos os nomes de família manchurianos eram longos e multissilábicos, ao passo que os sobrenomes da etnia Han eram todos formados por uma única sílaba.) Todos adotaram o novo sobrenome *King*, pronúncia tradicional do caractere chinês 金, que significa "ouro" (e hoje é pronunciado "Jin" em *pinyin*, chinês transliterado [romanização]). Aparentemente, apenas descendentes da família imperial manchuriana poderiam escolher "ouro" como sobrenome.

Nesses tempos turbulentos, a família também desenvolveu o gosto por acumular riqueza na forma de reserva de valor que acreditavam ser a mais amplamente aceita: o ouro. Era uma forma de se protegerem contra possíveis instabilidades econômicas na Xangai do início do século XX, que era bem conhecida tanto pela corrupção quanto por seu agitado comércio.

Meu avô, William Sze Tsen Lee, nasceu em Xangai em 1925. Durante o quarto de século seguinte a China viveu dois eventos cruciais: primeiro, a invasão japonesa, em seguida, a chegada ao poder dos comunistas depois da Segunda Guerra Mundial. William, que havia se tornado um homem de negócios bem-sucedido com pouco mais de vinte anos, temia o fim da livre empresa. Estudara Direito na prestigiosa Fudan University, em Xangai; portanto, entendia o que estava por vir.

Em 1949, com as forças de Mao controlando a maior parte das atividades vitais do país, Sze Tsen Lee usou sua influência para conseguir duas passagens de navio a vapor para Hong Kong. No ano anterior havia se casado com Julia Koo, filha de um comerciante de algodão local de Pudong, Xangai. Ela estava grávida do primeiro filho (meu tio David). Devido às suas firmes convicções sobre o futuro da China continental, compraram passagens apenas de ida para Hong Kong, deixando para trás o restante da família.

Uma vez em Hong Kong, ele adotou seu novo nome ocidental: William Lee. William e Julia estavam entre os 700.000 imigrantes esperançosos em construir um futuro melhor na colônia britânica, próximos, porém fora do alcance do regime comunista. Mas reconheceram que, embora receptivas, as sociedades democráticas exigiam capital para começar novos empreendimentos. Eles viajaram com barras de ouro costuradas em bolsos falsos de suas vestes. Na época o ouro valia apenas US$ 35 a onça, mas era uma verdadeira fortuna num período em que o governo americano ganhava as manchetes ao dobrar o salário-mínimo para 75 centavos/hora e o custo de aluguel de um apartamento em Hong Kong equivalia a US$ 10 por mês.

Em um ano, William havia criado uma empresa de importação-exportação especializada em produtos têxteis. Mas o casal logo fez um recálculo que apenas empreendedores e aventureiros considerariam. Alarmados com a explosão populacional de Hong Kong, se juntaram a um pequeno, mas determinado grupo de expatriados, em busca de fazer fortuna não em economias industrializadas com grande número de chineses, mas em países em desenvolvimento com baixos custos de mão de obra e produção. Eles passaram dois anos no Brasil, tiveram um ou dois fracassos nos negócios e se mudaram para Serra Leoa, pequeno país da África Ocidental. Como acontece com muitos imigrantes chineses, seu primeiro negócio foi um restaurante. Após outros empreendimentos, alguns anos depois se estabeleceram na vizinha Costa do Marfim, onde William finalmente abriu uma pequena e bem-sucedida fábrica de sandálias plásticas. Num determinado momento, chegou a associar-se com uma firma que exportava barbatanas de tubarão para Hong Kong, iguaria muito apreciada naquele local.

Sem saber, os pais de minha mãe, Linning Chu e Shou Chen Pang, seguiram um caminho similar praticamente na mesma época. Linning Chu foi para Hong Kong por conta própria em 1950 para abrir uma empresa farmacêutica. Logo depois se mudou para a África, onde abriu pequenas empresas têxteis em Gana e outras nos vizinhos Togo e Camarões. Ele foi um dos primeiros chineses a fazer negócios na África.

Os Chus enfrentaram um obstáculo adicional em sua odisseia para a África. Minha mãe e seus cinco irmãos já haviam nascido em Xangai e o governo chinês estava restringindo cada vez mais vistos de viagem. Linning Chu mandou chamar minha avó, meu tio e minha mãe logo depois de se estabelecer no exterior. E ao longo da década seguinte, ele diligentemente providenciou vistos de saída para o restante dos filhos, que haviam ficado para trás, sozinhos, em Xangai.

As famílias Chu e Lee não se conheciam, mas compartilhavam muitos dos mesmos princípios de vida. Ambas viam a educação, a iniciativa privada e o trabalho duro como elementos fundamentais para o sucesso. Ambas insistiram que seus filhos, entre os quais meu pai e minha mãe, frequentassem boas escolas na Europa e nos Estados Unidos.

Meus pais se conheceram quando frequentavam a faculdade, casaram-se alguns anos depois e, então, retornaram à Costa do Marfim, quando meu pai ingressou no negócio familiar de manufatura. Nasci em 1975, o mais velho de três irmãos. Quando as pessoas perguntam sobre meu exótico local de nascimento, digo que não tive escolha! A Costa do Marfim era onde meus pais estavam construindo a vida. Charlie veio dois anos depois de mim e minha irmã Vivienne, quatro anos mais tarde.

Para nossa criação, meus pais seguiram basicamente o mesmo modelo com que foram criados. Eles nos inscreveram na Escola Americana local até o Ensino Fundamental e nos encorajaram a nos dedicarmos aos estudos. A

Costa do Marfim tinha certo ar de país inserido na globalização nos anos 1980, já que era o mais cosmopolita de todos os países da África Ocidental, em grande parte devido à forte influência francesa. Cresci aprendendo cinco idiomas: inglês na American International School que eu frequentava, francês com os marfinenses e três dialetos chineses em casa. Eu falava o dialeto de Xangai com meus pais e avós, mandarim com expatriados taiwaneses e cantonês com nossos parentes e a babá de Hong Kong.

Meu pai também acreditava ser importante estar por dentro das novidades em tecnologia e tinha intuição em relação ao potencial dos computadores pessoais. Gastou US$ 10.000, uma fortuna em 1986, por um dos primeiros modelos, o Apple IIGS, computador pessoal de 16 bits que causou grande sensação por seus recursos multimídia (placa gráfica colorida e som), mas "medieval" para os padrões de hoje.

O Apple IIGS suscitou meu interesse por computadores. Eu ficava maravilhado com seu monitor colorido, respostas incisivas aos comandos digitados e sua versatilidade como um todo. No 7º ano do Ensino Fundamental, Charlie e eu já estávamos aprendendo sozinhos a programar e absorvíamos o conteúdo de qualquer material que encontrássemos sobre programação de computadores, muito pouco na época. Nossos favoritos eram as primeiras revistas sobre computadores pessoais que continham listagens de código-fonte de joguinhos, com os quais podíamos acompanhar, digitar e rodar nossos próprios programas. (Em muitos casos, eu educadamente pedia a Charlie para digitar aquelas longas linhas de programas das listagens oferecidas pelas revistas. Ele era legal e não reclamava.) Meu pai nutriu nosso interesse por computadores com atualizações de produtos e comprando jogos para computador. Éramos sempre a primeira família da vizinhança a ter o último modelo da Apple Computer (*software* e periféricos).

Quando comecei a estudar na Lawrenceville em 1989, já usava um *laptop*, fabricado pela Sharp. Com seus quase 10 quilos, ele era mais pesado que a maior das tostadeiras e quase tão desengonçado, mas era uma novidade para meus colegas de classe, que tinham uma ideia vaga da revolução que estava por vir. Eu podia ligá-lo em qualquer lugar e o equipamento já tinha uma tela LCD rudimentar, mas com fontes mais nítidas. Era como olhar para o futuro, embora através de uma tremulante imagem em tons de cinza fornecida por uma tela de 8 bits. Daí para a frente, fiquei fissurado em computadores e tecnologia.

INDO PARA STANFORD

Meu pai, ex-aluno do MIT, esperava que eu seguisse seus passos, porém, optei por Stanford. Vinte e cinco anos atrás, a Stanford foi uma das primeiras a criar um departamento que oferecia graduação em Ciências da Computação. Seus pioneiros pesquisadores inventaram o sistema de *time-sharing* baseado no PDP-1, o primeiro sistema de *time-sharing* do mundo voltado para *display* e o programa DEC PDP-6, sistema operacional avô dos atuais Windows e macOS. Seu corpo docente incluía ganhadores do *Turing Award* e pioneiros da computação, robótica, automação e inteligência artificial.

Logo soube que alguns alunos da Stanford eram tão apaixonados por computadores quanto eu e igualmente empreendedores. Muitos deles valeram-se de minha experiência como se fossem forasteiros adentrando terreno desconhecido em busca de maneiras criativas de aplicar os números binários dos códigos de programa a produtos que poderiam transformar a interação pessoal e empresarial. A faculdade tinha um laboratório de computação de tamanho considerável, com as mais recentes estações de trabalho, e encorajava os alunos a explorarem e a inventarem. Eu comecei a ler notícias, ainda sem destaque, sobre um setor em grande expansão chamado "*startups* financiadas por investidores de capital de risco". Em 1998, avidamente me candidatei e fui aceito na turma de empreendedorismo de Stanford, o Mayfield Fellows Program.

A conexão entre finanças, tecnologia e empreendedorismo já me intrigava. Eu tinha sido presidente do Wall Street Club da Lawrenceville, o que me levou a simular negociações e a ganhar a competição anual pela carteira de investimentos de maior sucesso. Entre minhas escolhas estavam ações de uma empresa de investimentos pouco conhecida com sede em Omaha, Nebraska, a Berkshire Hathaway e de empresas ligadas à mineração de ouro. Meu pai era meu consultor secreto para investimentos em ações desse jogo que simulava operações na Bolsa e tínhamos longas conversas em ligações interurbanas para discutir em quais ações investir e quando.

Embora não soubesse disso naquela época, já que curtia meu primeiro ano de estudos na Stanford University, Jerry Yang e David Filo já haviam criado a estrutura para o Yahoo!, que seria lançado um ano mais tarde e no qual eu viria a trabalhar por mais de meia década. Os fundadores do Google, Sergey Brin e Larry Page, tinham começado a trabalhar em busca de seus doutorados, Brin com uma bolsa de estudos da National Science Foundation.

Eu encontrara minha tribo.

MINHA INTRODUÇÃO AO BITCOIN

Avancemos rapidamente para 2011, apenas 13 anos depois de eu ter me formado pela Stanford, com bacharelado e mestrado em Ciências da Computação. Durante aqueles memoráveis anos, consegui estágios na Microsoft, onde me apresentei a Bill Gates no churrasco anual dos estagiários que ele promovia todo verão, e na IBM, leão da indústria moderna dos computadores, mas que já avançava nos anos. Ocupei cargos de gerência no Yahoo! e em outras empresas de tecnologia americanas e chinesas e agora estava prestes a iniciar um trabalho no cargo mais alto até então: eu era um dos cinco diretores regionais de um novo empreendimento para implantação de comércio eletrônico da Walmart (maior companhia do mundo em faturamento) na China.

A Walmart acreditava que poderia enfrentar as poderosas redes de varejo *on-line* chinesas, Taobao e Jingdong, no país mais populoso do mundo, e chamou a iniciativa de Projeto Panda.

Mas rapidamente ficou claro que o Projeto Panda enfrentaria grandes dificuldades, em parte devido à política interna sobre concorrência externa. A Walmart foi ágil em criar mecanismos de proteção para sua aposta ao investir em uma empresa de comércio eletrônico chinesa já estabelecida (chamada Yihaodian) e ao colocar na arena para lutar contra eles nossa recém-formada divisão. Não tivemos a mínima chance. Minha equipe de 150 pessoas fez o árduo trabalho abnegadamente, mas não teve condições de alcançar nosso grande concorrente interno. Em um ano, todos podiam ver o fim do jogo para o Projeto Panda.

Durante aquele ano tive minha primeira conversa sobre Bitcoin com meu irmão. Charlie havia terminado um programa de mestrado de cinco anos em Engenharia Elétrica e Ciências da Computação pelo MIT e estava trabalhando como engenheiro de *software* na equipe do sistema operacional Chrome da Google. Charlie descreveu como o Bitcoin funcionava e havia criado uma pequena comunidade de seguidores ao redor do mundo em seus dois anos de existência. Sobretudo, Charlie havia apresentado argumentos convincentes a favor da tese do Bitcoin de Satoshi e quanto a seu potencial para revolucionar o mundo das finanças. Fui cativado.

No mesmo momento em que iniciei minha promissora carreira no Walmart, comecei a minerar meus primeiros bitcoins. A experiência era viciante e fui à procura de placas gráficas que pudessem acelerar a capacidade do meu computador para solucionar os problemas algorítmicos que me renderiam mais bitcoins. A comunidade mundial do Bitcoin era muito pequena, mas eu suspeitava que deveria haver pelo menos outro explorador em Xangai que sempre parecia estar um pouco à minha frente. Aparentemente, ele comprou todo o estoque de placas gráficas de alto desempenho das lojas de informática locais. As prateleiras de cada loja que eu visitava estavam vazias. Felizmente, encontrei placas em estoque fora do país.

Minerei bitcoins de julho a novembro de 2011. Meu único equipamento dedicado à mineração rodava o dia inteiro, todos os dias, e era suficiente para aquecer a sala de visitas do meu apartamento no centro de Xangai.

No final de 2012, após deixar a Walmart, decidi abandonar precocemente a tradicional carreira de gestão de TI e fazer do Bitcoin minha carreira em tempo integral. Foi um passo corajoso em uma área pouco explorada e conhecida. As possibilidades eram enormes, mas a verdade era que eu não sabia exatamente o que faria.

A mineração é uma atividade que não oferece grande variedade: uma vez aprendido o que deveria fazer, não era mentalmente estimulante. Mas o Bitcoin estava prestes a chamar a atenção do público em geral. O que os consumidores iriam precisar para acelerar o passo? Eu havia comprado mais bitcoins no *site* de uma bolsa de criptomoedas, a BTCChina.com, criada por dois chineses com idade beirando os trinta anos, um programador de computadores de Nanjing e o outro, um homem de negócios de Beijing. Uma luz se acendeu dentro de mim. (Naquela época Litecoin, Ethereum e todas as demais criptomoedas ainda não haviam sido lançadas.) A ideia por trás da BTCChina foi inspiradora e me compeliu a agir.

Tratava-se de uma plataforma de bolsa de bitcoins fácil de usar e disponível para todo mundo na China. Suas funções precisavam ser trabalhadas, mas era aí que eu poderia aplicar meus anos de experiência criando plataformas voltadas para o consumidor final. Enviei um frio *e-mail* a eles, pedindo, pelo serviço de suporte ao cliente, se eu poderia falar com o chefe. Uma semana depois eu estava em Beijing descrevendo minha visão da BTCChina enquanto saboreávamos um delicioso pato laqueado à moda de Pequim no jantar. Fomos os últimos a deixar o restaurante e continuamos o papo em uma cafeteria até tarde da noite. Nossos perfis profissionais eram complementares e nossas paixão e visão estavam alinhadas. Formaríamos um belo time.

Eles eram empreendedores competentes com sólida formação, mas lhes faltava *know-how* gerencial, visão e um senso de como encontrar financiamento para impulsionar o negócio. Eu poderia agregar uma visão do todo, *expertise* corporativo para a combinação e entendimento de como *startups* de tecnologia prosperam. Eu também conhecia as oscilações às quais estavam sujeitas empresas em seus estágios iniciais. Assim como as *startups* na maioria dos novos setores, a BTCChina poderia viver picos enormes e depois períodos de pouca atividade. Nas semanas que se seguiram, adquiri cotas de participação na empresa, assumi o título de cofundador e cargo de CEO, e imediatamente comecei a conversar com capitalistas que fazem investimento de risco para levantar fundos. Quando fechamos a questão de minha função no início de 2013, a cotação do bitcoin estava abaixo de US$ 15.

Na época, a cotação e os volumes de transações do bitcoin começaram a cair. Estávamos usando meu apartamento em Xangai como sede da empresa. Mas depois de contratarmos dois profissionais para a área de atendimento ao cliente e um ex-colega da Walmart, alugamos nosso primeiro escritório, de 185 m², todo aberto e sem paredes, no bairro de Xujiahui, não muito distante do centro comercial de Xangai. Era um escritório no 23º andar de um prédio comercial, com paredes pintadas em cores vivas pelo inquilino anterior, uma empresa de conteúdo para internet. Estávamos bem animados para começar e construir uma verdadeira empresa de Bitcoin na China. Na época, também garanti um investimento de US$ 5 milhões redondos pela empresa de capital de risco Lightspeed China, ramificação da famosa empresa de capital de risco de mesmo nome de Menlo Park, Califórnia. Em sua carteira de clientes a Lightspeed China contava com algumas das empresas de tecnologia mais proeminentes do país. Fomos a primeira empresa no setor de criptomoedas em toda a Ásia a receber financiamento de capital de risco.

Adotamos as melhores práticas extraídas do mundo das *startups* americanas, mas que eram novas para a economia emergente da China. Oferecíamos drinques e refrigerantes grátis em nosso escritório, distribuíamos camisetas e outros tipos de roupa com o logotipo de nossa empresa e levávamos os funcionários ao cinema para fomentar o espírito de equipe. Tomei emprestado vários esquemas tradicionais do Yahoo!, inclusive dar aos funcionários canecas de café personalizadas no Natal. Os funcionários iam acumulando uma caneca personalizada diferente para cada ano de serviço.

O expediente era puxado. O sábado virou um dia de trabalho regular. Em um memorável retiro da companhia no outono de 2013 em uma ilha fora de Xangai, passamos a maior parte do tempo em salas de reunião reformulando nossa plataforma para acomodar um repentino salto no volume de transações. O Bitcoin acabara de ultrapassar US$ 200.

Mas a BTCChina também era dirigida com pulso. Continuamos firmes em nosso pequeno espaço mesmo depois de termos quadruplicado nossa força de trabalho. Esboçávamos soluções de engenharia e projetos de produto nas paredes de vidro que circundavam as salas de reunião que serviam como lousas improvisadas. Sentíamo-nos parte de uma missão audaz, a introdução de um novo tipo de ativo digital descentralizado baseado em uma tecnologia com enorme potencial, a *blockchain*. Concentramos todos os esforços para transformar nossa empresa em algo que um consumidor comum e um pequeno investidor pudessem reconhecer.

SAINDO DA BTCCHINA

Muitas vezes o percurso foi desafiador. Para cada novo cliente conquistado, recebíamos um não de dezenas de *prospects*. O que é esta nova moeda?

Como ela pode ser valiosa? Por que alguém a usaria? Tem apoio do governo? Quem a está regulamentando? Ela não é mais vulnerável e sujeita a sofrer ataques de *hackers* do que uma conta bancária *on-line*?

Aconteciam também os abalos.

Depois de disparar para mais de US$ 1.100 no final de 2013, o bitcoin rapidamente perdeu dois terços de seu valor, alimentando receios de que ele nada mais era do que aposta em dinheiro. Enquanto isso, surgiram dois concorrentes agressivos e com ótima retaguarda: a OKCoin e a Huobi. Elas reduziram as taxas de corretagem; assim, iniciamos uma guerra de preços reduzindo nossas taxas de corretagem a zero. Isso era bom para os clientes, mas esgotou nossas reservas de caixa. Diminuímos o pessoal, introduzimos novos recursos para transações e novos serviços para aumentar as vendas e saímos em busca de nova injeção de capital. Um pequeno e repentino aumento na cotação do bitcoin e a subsequente demanda por serviços de bolsa próximo do final de 2015 nos ajudaram a chegar ao território de caixa positivo. Finalmente, éramos rentáveis!

O obstáculo seguinte surgiu dois anos mais tarde, quando o governo chinês começou a tomar medidas enérgicas contra a negociação de criptomoedas e ICOs, mecanismo para financiar projetos *blockchain*, em grande parte porque eram atividades que os órgãos reguladores não eram capazes de controlar. Em setembro de 2017, deixamos de fazer operações na bolsa BTCChina doméstica. Na época, podíamos nos vangloriar do mais de um milhão de usuários registrados, um *staff* de 150 pessoas e quatro escritórios. Mantivemos em funcionamento nossa empresa internacional chamada BTCC, com sede em Hong Kong. Em janeiro de 2018, vendemos a empresa para um fundo de investimentos em *blockchain* com sede nessa cidade.

A aquisição veio quando o preço do bitcoin flutuava acima dos US$ 10.000 – caindo de uma alta muitíssimo alardeada de US$ 20.000 um mês antes mas, mesmo assim, era mais de 100 vezes maior do que sua cotação quando a BTCChina havia sido aberta.

O Bitcoin estava cumprindo a visão de Satoshi Nakamoto de que uma moeda digital aberta a qualquer um, não controlada por ninguém, teria grande adesão. Em seu artigo de 2008, *Bitcoin: a peer-to-peer electronic cash system* (Bitcoin: um sistema de dinheiro eletrônico em redes não hierarquizadas), Satoshi havia descrito um sistema que possibilitaria que partes individuais pudessem realizar transações financeiras sem a participação de uma entidade controladora intermediária.[1]

Essas entidades controladoras ou organizações centralizadas – na grande maioria bancos, empresas de cartão de crédito ou um número cada vez maior de serviços de pagamento eletrônico como o PayPal – tradicionalmente cumpriam uma função contábil, garantindo a precisão de cada atividade. Embora depósitos e empréstimos bancários tenham se originado antes do nascimento de Cristo, o sistema em que o modelo bancário moderno se baseia data da família Medici na Itália renascentista. Os Medici perceberam uma necessidade crescente, entre a elite poderosa, de serviços de gestão financeira bem organizados e em larga escala por meio de uma entidade influente.

Ao longo de séculos, o público passou a confiar nessas organizações centralizadas como o lugar mais seguro para deixarem o tão suado dinheirinho. Os bancos se encontram entre as organizações mais respeitadas pela sociedade. Eles eram grandes demais para quebrar – ou não eram?

Apenas três meses depois da crise econômica de 2008, quando várias instituições financeiras de peso quebraram, o artigo de nove páginas de Satoshi oferecia uma alternativa mais moderna e eficiente do que o sistema tradicional. Satoshi identificou a maior falha dos modelos tradicionais: essas organizações centralizadas controlavam cada atividade dentro de suas redes. Elas poderiam atrasar, interromper e até mesmo estornar transações que não atendessem seus padrões. Equidade e objetividade normalmente não orientam suas decisões. Sobretudo, o custo dos serviços de mediação aumentavam os custos das transações e, perversamente, os bancos eram financeiramente incentivados a se envolverem cada vez mais nessas transações financeiras.

"O sistema funciona relativamente bem", escreveu Satoshi. Porém, após um exame mais minucioso, também se criavam empecilhos para aquilo que a maioria dos consumidores havia se tornado imune, como custos das transações e a falta de controle.

O sistema eletrônico de Satoshi eliminava os impedimentos, possibilitando que "duas partes desejosas realizassem transações diretamente", transferindo moeda de uma conta digital para outra com acesso baseado na memorização de uma chave de números binários. Ele descreveu as moedas como "uma cadeia de assinaturas digitais", ou bitcoins. O agora tão usado termo se refere a bits, os 0s e 1s que são a menor unidade de dados na linguagem dos computadores.

Uma rede de mineradores participativos e com bons conhecimentos de computadores usava o seu poder de computação para garantir a integridade desse novo sistema monetário pela verificação e registro de cada transação em um livro-razão digital aberto para que o público em geral pudesse revê-lo. Cada transação timbrada digitalmente com data e hora e aprovada por consenso pelos mineradores, poderia passar a fazer parte de uma cadeia de blocos de dados chamada *blockchain*. Para falsificar uma transação seria necessário alterar entradas, alertar o grupo e invalidar esse registro e todos os subsequentes. O sistema estaria a salvo de ataques desde que os mineradores com bom intuito superassem aqueles com más intenções. O sistema como um todo era autocurativo, se reforçava e era autoincentivado.

O sistema incentivava as pessoas a participarem por meio de recompensas em bitcoins por seu trabalho como mineradores, que exigia que uma equação algorítmica fosse resolvida. A certeza matemática se encontrava no cerne do sistema de Satoshi e isto o impeliria, em vez de ter de confiar em instituições que eram mais facilmente corruptíveis ou que haviam mudado seu intento original. Seu rápido crescimento, começando com a ideia de um gênio até chegar a uma comunidade que supera 50 milhões de pessoas no mundo, no início de 2021 (essa é minha estimativa com base no tempo em que acompanho o setor e em conversas com outros *experts* em Bitcoin), é reflexo de uma demanda reprimida por um sistema monetário no qual qualquer pessoa poderia ter maior controle sobre seus ativos.

O Bitcoin também era uma manifestação de um movimento: um novo escrutínio de formas antigas e a adoção de inovações digitais que já havia transformado o modo que vivemos e trabalhamos. Dinheiro e moeda corrente são as últimas fronteiras desse movimento.

Mas o Bitcoin nunca me pareceu completamente novo. Ele tinha uma qualidade familiar. No início eu não conseguia identificar esse sentimento, porém, depois me dei conta de que o Bitcoin era o equivalente virtual do ouro, substância que serviu de inspiração para o nome da família de minha bisavó; o mesmo que meus avós paternos haviam escondido em suas roupas para iniciar uma nova vida na Hong Kong não comunista; e que minha família reverenciou e acumulou por gerações. Em suma, o ouro tem dado a todos nós uma sensação de segurança.

Eles sabiam que o ouro conservava seu valor, ou melhor: devido à sua escassez e às suas propriedades especiais, que fascinaram as pessoas ao longo da história, essas qualidades o transformaram na forma mais apropriada de dinheiro natural por milhares de anos.

O brilho que incorpora riqueza.

Talvez o mais importante: meus ancestrais que possuíam ouro tinham controle direto sobre seu ativo mais importante. Eles não precisavam de aprovações do banco nem de ficar esperando. Foi uma época tumultuada e imprevisível para eles, já que fugiram poucos anos depois de terem passado por um dos períodos mais violentos da história. Meus avós pensavam bastante em termos de segurança, tanto no sentido físico quanto financeiro. Eles buscavam terreno firme onde poderiam encontrá-la.

Estou procurando encontrar confiança similar no Bitcoin agora que o mundo se torna cada vez mais imprevisível. Agitação política alimentada por movimentos populistas, preocupação ambiental e uma economia global em rápida mudança que parece gerar ganhadores e perdedores num intervalo de poucos dias têm desafiado parte do que a maioria de nós admitia como sendo sempre verdadeiro. A próxima crise econômica parece estar à espreita sem que vejamos. *Brexit*. Tarifas. Protecionismo. O grande abismo que divide a riqueza entre "os que têm" e "os que não têm". A desigualdade social. O aumento do racismo. E, quem sabe, acima de tudo, uma crescente inabilidade de as pessoas sentirem empatia umas pelas outras.

O que vem a seguir?

Mesmo na atual situação de baixa inflação, o dinheiro que eu ganhei não me permite comprar o mesmo que eu comprava há dez anos, quando minerei meus primeiros bitcoins. Muito embora desatrelados das forças que determinam as políticas econômicas, meus ativos em criptomoedas aumentaram 10.000% de valor. Não teria chegado nem perto disso caso investisse no gigante do varejo, a Amazon – mesmo ao longo de 20 anos. E, melhor ainda, o desempenho superior do bitcoin continua. A Figura I.1 ilustra o ótimo desempenho do bitcoin em relação à Amazon no final de 2020.

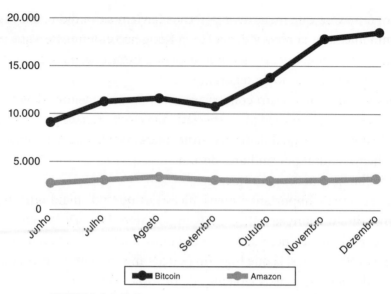

FIGURA I.1 O Bitcoin superou a Amazon em 2020.

No projeto de Satoshi sempre haverá um total de 21 milhões de bitcoins em todo o mundo; portanto, o preço do bitcoin só deve aumentar à medida que mais pessoas começarem a usá-lo. Essa classe de ativos é um novo gênero, completamente digital e descentralizado, de modo que não há nenhuma organização controlando-o ou estabelecendo regras. Conceitualmente, o Bitcoin se resume a informações. Os bitcoins também são mais fáceis de serem transportados do que uma barra de ouro. Não importa a quantia transferida, eles podem ser movimentados ao redor do mundo em questão de minutos.

POR QUE ESCREVI ESTE LIVRO?

Atualmente, sinto-me afortunado por ser tão procurado para fazer palestras sobre o setor. Sou considerado *expert* no assunto devido à minha experiência e envolvimento precoce na história do Bitcoin e por minha participação no conselho de administração da Bitcoin Foundation, organização sem fins lucrativos criada para aumentar a conscientização das pessoas a respeito do

Bitcoin. Os convites para palestras não vêm apenas de convenções sobre criptomoedas que parecem acontecer toda semana, mas de escolas de administração e de importantes publicações que querem orientar seus alunos. Essas são, por si só, mudanças promissoras, reflexo de um setor que está tendo aceitação. Mas apesar de ser mais conhecido, o Bitcoin e a tecnologia por trás dele, ainda não são entendidos de forma apropriada.

Foi por isso que escrevi este livro. Quero que o Bitcoin intimide menos as pessoas. Na minha vida acadêmica e profissional, nunca me considerei a pessoa mais inteligente da turma. Porém, dei duro, me superei em extrair e depurar informações até conseguir entender um conceito e estava disposto a correr alguns riscos calculados. Tratei da mesma forma minha inclinação para o Bitcoin em 2011.

Ele nunca me pareceu ser nada além do que uma série de conceitos dispostos de forma lógica para atender os interesses das pessoas que compraram a ideia do sistema. Elimine poder de *hashing*, TXID, nós, *blockchain* e outros termos técnicos, não muito palatáveis para aqueles não familiarizados com a área da computação, e o Bitcoin torna-se um sistema conceitualmente fácil de entender.

O que poderia ser mais elementar do que duas partes chegarem a um acordo quanto a um pagamento sem a necessidade de um terceiro para oficializar a transação? As transações podem levar menos tempo do que eu levei para escrever este parágrafo.

Mas entenda que este não é um livro sobre investimentos. É um livro sobre a promessa do Bitcoin: o que ele é, por que é especial e para onde ele levará o mundo. Apresentarei alguns princípios com base na minha própria e complexa experiência. Mas você terá de tomar sua decisão quanto a comprar ou não e quanto a investir no Bitcoin.

Isso significa entender sua tolerância a riscos e investir apenas quantias com que se sente à vontade. Consultores financeiros qualificados dizem o mesmo a todo momento.

Acredito piamente que o Bitcoin é uma oportunidade única. Se você der duro e refletir bem sobre suas ações, é provável que sua aventura no mundo do Bitcoin terá um final feliz.

Nesse sentido, não é diferente de explorar novas terras, preferencialmente sem ter de ocultar barras de ouro costuradas em bolsos falsos de suas vestes.

O NASCIMENTO DO BITCOIN: A GENIALIDADE DE SATOSHI

Quanto custa algo? Como efetuamos o seu pagamento? Historicamente, essas perguntas meio complicadas sempre estiveram entre as preocupações mais importantes da civilização ocidental. Elas definem muitas de nossas interações diárias. Levantam questões fundamentais sobre o que valorizamos ou não, nossa ética, além do sentimento de justiça e equidade.

As respostas se manifestaram sob a forma de moedas e sistemas de pagamento que criamos ao longo de séculos e usamos atualmente. Em Lamentações 5:4, do Antigo Testamento (da *Bíblia*), a questão do pagamento é abordada: "Temos de comprar a água que bebemos e pagar a lenha que usamos". O Alcorão estabelece diretrizes de conduta ética em questões financeiras. Em seu *Ética a Nicômano*, Aristóteles escreve que "todas as coisas que são trocadas precisam ser comparáveis e, para essa finalidade, o dinheiro foi introduzido como meio de intermediação para medir todas as coisas".

Em suma, nossos textos religiosos e filosóficos mais importantes exigiram que as pessoas definissem "dinheiro".

Colares, conchas, placas de pedra, sal, especiarias, ouro, peles de animais, prata, moedas, cédulas. A humanidade fez uso de todos esses objetos para pagar por coisas – às vezes, de maneira injusta. Os holandeses do século XVII vergonhosamente compraram Nova York pela bagatela de US$ 24 em bugigangas (mais, dizem alguns historiadores se a inflação for calculada adequadamente[1]) pagos à tribo Lenape. Quatro décadas depois, eles levaram o troco, cedendo-a à Inglaterra para não serem bombardeados por quatro navios de guerra.

Nenhuma das duas moedas – os colares holandeses ou as conchas inglesas – duraram muito. Nem moedas de ouro ou prata e outras modalidades de dinheiro que precederam ou sucederam as moedas correntes garantidas pelo Banco Central. Essas moedas, que são a base dos sistemas financeiros, mostraram-se mais sustentáveis, porém, têm uma série de desvantagens.

Eu prefiro muito mais a tendência recente na evolução do dinheiro: as **criptomoedas**.

A velocidade com que elas vêm crescendo é impressionante – em pouco mais de uma década, as criptomoedas já alcançaram um valor total de mercado que chega a quase US$ 1 trilhão. Essa rápida ascensão faz muito sentido, possibilitada por profundas mudanças tecnológicas e sociais, soluciona muitas fraquezas dos sistemas monetários tradicionais.

Foram necessários dezenas de milhares de anos, ou até mais, para chegar nesse ponto. Uma série de artigos de 2018 da revista acadêmica *Science* encontrou fortes evidências de que o homem paleolítico, que talvez datem de 300.000 anos atrás, usava como moeda objetos coloridos com uma espécie de *crayon* em uma rede comercial.[2]

Mais de 1500 anos a.C., comerciantes fenícios, que operavam em cidades costeiras do Mediterrâneo, bem como os babilônios às margens do rio Eufrates, desenvolveram formas de escambo cada vez mais sofisticadas com troca de armamentos, especiarias e outros artigos de luxo. Séculos depois, o Império Romano pagava suas tropas com sal, que era escasso e muito valorizado. O uso de mercadorias como unidades de escambo prosseguiu por milênios na Europa e pela Ásia, Américas do Norte e do Sul.

Mesmo depois de muitas sociedades terem optado por moedas e cédulas, o escambo ressurgiu em Weimar, Alemanha, já que o valor do marco despencara a valores baixíssimos. O mesmo aconteceu nos Estados Unidos durante a Depressão de 1929, quando famílias atingidas pela crise trocavam *commodities*, como milho, por consultas médicas ou carvão para aquecimento do lar.[3]

A estrutura autônoma desse sistema – os escambadores estabelecem a taxa de câmbio – já continha os germens dos princípios de livros-razão distribuídos atuais, que são fundamentais para as criptomoedas. Não há nenhuma autoridade central arbitrando ou rastreando as transações.

COMO ANTIGAMENTE

A primeira moeda, o *shekel* da Mesopotâmia, data de mais de 6.500 anos na região que atualmente é o Iraque. Os sistemas monetários foram se tornando cada vez mais sofisticados a partir daí. Já em 1200 a.C., a antiga China usava uma espécie de moeda – réplicas em bronze de artigos que, posteriormente, foram moldadas na forma arredondada. Mas é ao soberano Alyattes, do século VI a.C. da Lídia (atual Turquia), a quem se credita a introdução da primeira moeda corrente, as moedas *electrum*, feitas de uma liga de ouro-alumínio extraída nas proximidades do rio Pactolus. O nome era uma derivação latina da palavra grega *elektron*, que deu origem a palavras mais atuais como *elétron* e *eletricidade*, mas também se referia ao ouro branco devido à sua coloração amarelo-claro. (No mundo das criptomoedas, Electrum também é o nome de uma respeitada e popular carteira *desktop* para Bitcoin[4].)

Esse sistema representou um afastamento radical da descentralização do escambo e sistemas monetários anteriores. A monarquia lídia estabeleceu o valor da moeda *estáter* (a palavra grega para "padrão") por seu peso – um *estáter* equivalia a 220 gramas de trigo[5] – e criou denominações que iam de um *estáter* a 1/96 de *estáter*. O reino garantia seu valor estampando em cada moeda a cabeça de um leão, a cabeça do rei de perfil ou cabeças de touro. O sucessor de Alyattes, Croesus, cujo nome se tornou sinônimo de "riqueza" na cultura lídia, posteriormente emitiu moedas de ouro puro.

Normalmente se atribui à dinastia chinesa Tang, no século VII, a introdução do papel-moeda. A prática dessa dinastia de usar cartas de crédito e outros tipos de notas continuou por 500 anos, durando mais que o próprio reinado, e chamou a atenção do explorador Marco Polo (séc. XIII), que falou do papel-moeda chinês ao retornar à Europa. Foi nessa mesma viagem que ele descobriu os prazeres do espaguete, embora os sicilianos também reivindiquem a invenção do prato.

O primeiro sistema de papel-moeda da China se viu diante dos mesmos pontos fracos que afligiram todo sistema de papel-moeda centralizado desde então. O regime tinha capacidade irrestrita para emitir mais moeda por impressão e não havia nenhum incentivo para reverter o curso das coisas mesmo quando a emissão excessiva levasse à inflação, fazendo com que a moeda valesse cada vez menos. Assolados por um colapso econômico por cerca de quatro décadas antes de Colombo chegar às Américas, os chineses eliminaram o papel-moeda e não reintroduziriam um sistema similar até o século XIX.

Na época, os sistemas de cunhagem haviam florescido pela Europa, em bronze, ouro e outras ligas, normalmente trazendo a imagem, e até mesmo as assinaturas, dos soberanos que as cunhavam. O perfil de César adornava os denários do Império Romano, ao passo que os *deniers* (moeda corrente) de Carlos Magno traziam um monograma de seu nome latino e, ocasionalmente, seu retrato. Trata-se do único retrato conhecido de Carlos Magno criado por seus contemporâneos.[6]

As moedas de ouro do Império Bizantino dominaram o comércio europeu por 1000 anos após a queda de Roma, embora outras culturas, desde os países nórdicos até o Mediterrâneo e partes do norte da África, da Ásia Menor ao Atlântico, também tivessem criado suas próprias moedas. Elas diferiam entre si na composição metálica, mas todas tinham o mesmo objetivo: oferecer um sistema de pagamento organizado.

Foram os poderosos banqueiros de Florença, os Medici, que elevaram a sofisticação das moedas a novos patamares ao introduzirem o florim: 54 gramas de puro ouro trazendo a insígnia da cidade (um lírio) em um dos lados e São João Batista no outro. A fusão de imagens espirituais e mundanas refletia o *status* de "banqueiros de Deus" (e da Igreja Católica) dos Medici. Isso sim é autoridade centralizada!

A presença dos Medici e o conceito religioso agregado conferiam à moeda enorme prestígio e refletiam a filosofia do patriarca da família, Giovanni Medici, de que os sistemas bancários deveriam conquistar a aceitação do público para serem bem-sucedidos. O florim era usado em mais de 150 Estados e se tornou a moeda corrente dominante no comércio europeu.

Os Medici foram os pioneiros na emissão de letras de câmbio para prestar contas de empréstimos envolvendo grandes somas – inovação que permitiu a tomadores de empréstimo prosperarem de um modo que pressagiava as formas de crescimento de empresas modernas. Esses papéis foram os precursores das notas bancárias (cédulas de dinheiro) de hoje e descreviam, em linhas gerais, as condições de pagamento. (Algumas notas em papel atuais ainda descrevem as condições de pagamento, visto que o valor prometido é pagável mediante apresentação da nota pelo portador.) Mas elas não se difundiram muito até a metade do século XVII. Por volta dessa época, o Sweden's Stockholms Bank, precursor do Banco Central da Suécia, introduziu pela primeira vez notas depois de o Tesouro ter aumentado o tamanho das moedas de cobre do país para manter seu valor em relação às de prata. As coisas não evoluíram sem intercorrências. O banco declarou falência três anos mais tarde, depois de imprimir papel-moeda em demasia – e não foi o último erro desse tipo.

COMEÇAM OS BANCOS CENTRAIS

Em 1694, o recém-formado Bank of England tornou-se o primeiro banco a emitir notas bancárias com sucesso e a criar um sistema bancário nacionalmente centralizado. O banco havia sido fundado para levantar dinheiro para a Guerra dos Nove Anos contra a França, e emitiu notas escritas à mão que prometiam pagar ao portador a exata quantia indicada. O rei William e a rainha Mary, por concessão real, deram carta branca ao banco para "promover o bem-estar e o bem público de nosso povo".[7] Na metade do século seguinte, o banco imprimia notas com valores de até 1.000 libras, uma soma fabulosa para a época.

A França e outros países europeus logo fizeram o mesmo com seus próprios sistemas bancários centrais, mais uma vez, sempre em torno da impressão de papel-moeda.

Embora inovadora, a ideia de um Banco Central solucionava a necessidade pública de uma voz ativa que restabelecesse a confiança para regular o comércio, especialmente a impressão de dinheiro. No incipiente Estados Unidos, havia um importante ponto de discórdia entre os dois grupos em disputa pelo poder: os federalistas eram a favor de uma instituição forte e centralizada, enquanto os antifederalistas acreditavam que essa abordagem iria erodir o Estado e os direitos individuais.

O primeiro Secretário do Tesouro norte-americano, Alexander Hamilton, que encabeçava a causa federalista, argumentava que um Banco Central forte ajudaria o país a pagar dívidas e a estabelecer linhas de crédito essenciais para fazer parte da economia mundial. Investiu metade do ano de 1791 fazendo *lobby* com George Washington para a criação de um banco desse tipo citando o "necessário e apropriado" artigo da Constituição recém-estabelecido para "criar todas as leis que venham a ser necessárias e próprias para fazer cumprir os poderes precedentes e todos os demais poderes investidos por esta Constituição".

Os antifederalistas, liderados por Thomas Jefferson, viam o banco como um passo na direção do regime monarquista contra o qual as colônias haviam lutado para se libertar. Num período mais adiante da vida, em uma carta para John Taylor, congressista por Nova York, Jefferson fez uma descrição célebre dizendo que os "estabelecimentos bancários" centralizados eram "mais perigosos do que exércitos permanentes". Esses três homens, pais da democracia norte-americana, adornam as cédulas de 1, 2 e 10 dólares.

O primeiro Banco Central norte-americano, formado logo após a ratificação da Constituição, representava um compromisso entre partidários de Hamilton e Jefferson. Os bancos estaduais[NT1] controlavam 80% do dinheiro que circulava no país. Contudo, o banco teve curta duração, já que o Partido

---

NT1: Nos Estados Unidos, é uma instituição de crédito constituída em observância às leis em matéria de atividade creditícia de um único estado da União. Como tal, não deve fazer parte do *Federal Reserve System*. Fonte: *Dizionario Garzanti di Business English* (Garzanti Liguistica, French&European Publications, 2015).

Democrata-Republicano de Jefferson, que controlou o Congresso e a presidência durante os primeiros 25 anos do século XIX, acabou deixando que a autorização para a constituição do banco expirasse.

Um segundo banco nacional[NT2], aberto em 1816, tinha oposição ferrenha de Andrew Jackson, que havia abolido o que ele considerava instituições elitistas fazendo disso um sustentáculo de sua campanha presidencial populista, em 1828. "Todo monopólio, e todos os privilégios exclusivos são concedidos às custas do bem público", disse Jackson em um discurso no Congresso em 1832, explicando sua decisão de fechar o banco nacional. Ele alertou que "se qualquer cidadão ou funcionário público devesse [...] restringir seus poderes ou impedir a renovação de seus privilégios, não há dúvidas que ele acabaria sentindo sua influência". Jackson teria sido um grande apoiador do Bitcoin.

Mais uma vez a guerra exerceu papel importante para a inovação monetária. A Lei para instituição de Bancos Nacionais de 1863, em grande parte aprovada para custear a Guerra de Secessão, percebeu novo esforço para o estabelecimento de um Banco Central. A lei permitiu ao governo americano garantir uma moeda única e emitir títulos da dívida pública e notas bancárias, o que criou uma estrutura para autorização de abertura e funcionamento dos bancos nacionais. Leis subsequentes para instituição de bancos nacionais fortaleceram o Banco Central e enfraqueceram os bancos estaduais com tributação e regulamentação. O "Pânico de 1907" despertou interesse ainda maior na criação de um Banco Central forte, já que uma corrida por depósitos em sociedades fiduciárias[NT3] criou grande expectativa sobre o sistema financeiro. Essas sociedades fiduciárias eram "bancos-sombra"

NT2: Instituição de crédito constituída observando-se as leis federais em termos de atividade creditícia. Algumas obrigações desse tipo de instituição são fazer parte do *Federal Reserve System* e indicar o termo *national* em sua denominação completa. Fonte: *Dizionario Garzanti di Business English* (Garzanti Liguistica, French&European Publications, 2015).

NT3: Organização geralmente combinada a um banco comercial para atuar como fiduciário (*trustee*), agente fiduciário (*fiduciary*) ou agente (*agent*) para pessoas físicas ou jurídicas na administração de fundos de truste, patrimônios, contratos de custódia e outros serviços afins. Os trustes, ou sociedades fiduciárias, também atuam na área de gerenciamento de investimentos fiduciários e planejamentos de espólios. São regulamentados por leis estaduais. Fonte: *Dicionário de termos financeiros e de investimento* (Goodman, J.; Downes, J. Nobel, 2010).

(ou um sistema bancário paralelo) operando fora do sistema de bancos nacionais que receberam autorização legal concedida pela autoridade controladora da moeda dos Estados Unidos.

Os Estados Unidos deram um passo final no sentido da centralização com a criação do Federal Reserve em 1913, cujo apoiador, contrariando as expectativas, era do Partido Democrata, o presidente Woodrow Wilson. Ao longo da história, os Democratas mantiveram sua oposição contra bancos centrais, mas Wilson, cujas habilidades políticas costumavam ser subestimadas, entendeu que a opinião pública havia mudado a seu favor. Ele criou um plano que mantinha o equilíbrio entre as preocupações dos que não acreditavam em um Banco Central e aqueles que o defendiam.

Em seu plano, aprovado pelo Congresso no ano seguinte, Wilson dividiu o Fed em 12 distritos regionais, o que eliminou o receio de que o Banco Central ignoraria áreas fora do eixo principal do setor bancário – a região nordeste do país – e, consequentemente, colocando muito poder nas mãos de poucos. Além disso, Wilson restringiu ao máximo o poder dos bancos ao garantir que eles serviriam apenas como um *backup* emergencial para o Tesouro americano como fonte de nova moeda. (O Fed tornou-se o principal administrador do dólar americano apenas depois da Segunda Guerra Mundial.)

"Acredito que tive participação na concretização de um trabalho que, imagino, gerará um benefício duradouro para os negócios do país", disse Wilson depois da aprovação do *Federal Reserve Act*, embora alguns historiadores insistam que ele, mais tarde, tenha se arrependido.

Mas isso não encerra o debate. O *yin* e o *yang* da centralização continuou, com alguns argumentando a favor do poder concentrado nas mãos de poucos e outros clamando por maior descentralização e empoderamento nas mãos de muitos.

O princípio do século XX também viu os Estados Unidos terminarem um longo debate em relação a qual dos metais, o ouro ou a prata, seria mais valioso, com a aprovação da Lei do Padrão Ouro de 1900 durante a administração de William McKinley. O governo americano fixou o preço do ouro em US$ 19,75 por onça em 1792 e aumentou o padrão para US$ 20,67 por onça cerca de quatro décadas mais tarde. A Lei do Padrão Ouro confirmou esse valor. Um interessante artifício usado naquela época foram as denominações da moeda. Se uma onça de ouro equivalesse a aproximadamente US$ 20, meia onça seria US$ 10, um quarto US$ 5, um décimo de onça US$ 2 e 1/20 de onça equivaleria a US$ 1. O papel-moeda americano data do primeiro ano da Guerra de Secessão, mais ou menos um quarto de século depois de os Estados Unidos estabelecerem seu padrão ouro inicial. Essas quantias eram fáceis de ser relacionadas com um padrão ouro fixado. Se o dólar não tivesse sido atrelado ao ouro nesses primórdios, provavelmente não teríamos as denominações de papel-moeda atuais do dólar americano.

Em 1934, o presidente Franklin Roosevelt elevou o preço do ouro para US$ 35 por onça e desatrelou o dólar do ouro para incentivar que empréstimos bancários fossem liberados rapidamente durante a Depressão. O FDR caminhou nesse sentido com a Ordem Executiva 6102, diretriz nefanda criada para impedir o acúmulo de ouro, que constituía uma preocupação crescente durante a Depressão de 1929. A instrução, que passou a fazer parte da legislação do New Deal do FDR, só permitia aos cidadãos ter no máximo US$ 100 em moedas de ouro, cerca de cinco onças, exceto artesãos e joalheiros. Aqueles que violassem a norma teriam de pagar multas que poderiam chegar a US$ 10.000. O efeito da proibição foi tornar ilegal a posse de ouro por cidadãos comuns. Isso levou a grandes confiscos e forçou as pessoas a trocarem ouro por dólares. O dólar perdeu 70% do valor da noite para o dia. A proibição perdurou por 40 anos até que a administração de Gerald Ford a banisse.

A Austrália instituiu uma lei similar, mais de 25 anos mais tarde, que deu ao governo a possibilidade de confiscar ouro privado. A Parte IV da Lei do Sistema Bancário de 1959 dos Estados Unidos pretendia proteger a moeda do país. O governo suspendeu essa legislação em 1976. Os dois casos são exemplos cristalinos da natureza arbitrária de autoridades centrais.

O Bretton Woods Agreement de 1944, que recebeu esse nome em homenagem à cidade de New Hampshire, onde líderes aliados se reuniram para discutir o futuro econômico pós-guerra, restabeleceu o padrão ouro e fez que, de fato, o dólar se tornasse a moeda global. Cada país passou a vincular sua moeda ao dólar americano a uma taxa de câmbio fixada. Países com dólares poderiam trocá-los por ouro a uma taxa fixada também. Isso fazia parte de uma iniciativa mais ampla entre as Forças Aliadas no sentido de garantir cooperação econômica após a Segunda Guerra Mundial, que estava prestes a terminar.

Em 1971, a combinação nociva entre Guerra do Vietnã e o enorme déficit na balança comercial levaram a administração Nixon a separar o dólar do padrão ouro de uma vez por todas, uma mudança com implicações mundiais, medida que ficou conhecida como o fechamento da "janela do ouro". Como resultado, agora os mercados financeiros iriam determinar o valor do dólar em relação a outras moedas. "É chegada a hora das taxas de câmbio serem estabelecidas de forma objetiva e de as grandes nações competirem como iguais", disse o presidente em seus comentários à época.

Se pudéssemos apontar um evento histórico que abriu caminho para o bitcoin, foi essa desvinculação, que deu aos Bancos Centrais e às principais instituições financeiras o poder de imprimir dinheiro. Com a decisão, os administradores dessas instituições centralizadas puderam atuar de forma arbitrária e, em minha opinião, geralmente imprudente, enquanto tentavam solucionar crises financeiras. Acredito que as decisões deles em relação a imprimir dinheiro eram como tratar uma ferida infeccionada com um curativo e não tratá-la efetivamente.

Uma série de erros grosseiros dos bancos centrais, contínuos conflitos geopolíticos e altas bruscas no preço do petróleo contribuíram muito para a estagflação dos anos 1970, a recessão moderada iniciada em 1991 e outra recessão mais grave em 2008. A estagflação, jargão econômico relativamente novo, descreve uma nociva combinação de estagnação econômica e inflação alta. Nos anos 1970 os índices de inflação dos Estados Unidos alcançaram altas quase históricas. A recessão de 1991 ocorreu em parte devido à decisão do Fed de reduzir a inflação restringindo a oferta monetária, medida que declinou a indústria manufatureira e aumentou o desemprego. Em 2008, o Fed agiu tardiamente na tentativa de solucionar a produtividade em declínio, em vez de se concentrar no resgate de bancos em dificuldade que haviam feito empréstimos ruins.[7] Eu acredito que tais eventos ajudaram a formar descrença em larga escala em relação a órgãos e instituições financeiras gigantescas que controlavam a política monetária e que, anteriormente, se acreditava que agissem de forma íntegra.

Grande demais para quebrar? Certamente não, conforme Andrew Ross Sorkin relata no livro com esse título.

O mundo estava pronto para algo diferente.

Mas a história do Bitcoin não é tão simples assim, é mais como uma grande trama com pistas falsas, dignas de um romance de Agatha Christie. Começou muito antes do que você possa imaginar. Muito tempo atrás, no início dos anos 1980, pessoas em diferentes lugares e com diferentes objetivos estavam desenvolvendo precursores de moedas digitais.

OLHANDO PARA O PASSADO E PARA O FUTURO

Os primeiros indícios de uma moeda virtual remontam às utopias e sociedades distópicas da ficção científica. Em seu romance de 1888, *Olhando para trás: de 2000 a 1887*, o escritor americano Edward Bellamy elimina o dinheiro físico em sua imaginada sociedade de outro mundo. Ele introduz um cartão "de papelão" "emitido para certa quantia em dólares". Um assistente administrativo registra o preço dos produtos que o protagonista de Bellamy, um matemático chamado Julian West, ou outros consumidores compram. "Mantivemos o termo antigo [dólar], mas não sua materialidade", diz um dos personagens de Bellamy ao matemático, que despertou depois de um sono de 113 anos do tipo *Rip Van Winkle*[6]. "O termo, conforme o usamos, não diz respeito a nada real, serve apenas como um símbolo algébrico para comparação dos valores dos diversos produtos."

Bellamy, jornalista com grande interesse na injustiça social, foi um entre uma dezena de escritores a apresentar modelos sociais e econômicos alternativos após seis anos de depressão (1870). Na série "Fundação" da década de 1950, o escritor de ficção científica, Isaac Asimov, cujo trabalho girava em torno de sociedades tecnológicas do futuro, descreve créditos eletrônicos como um meio de troca interplanetário.

Esses autores criaram sociedades ficcionais que iam além dos mundanos dólares, francos e marcos e que alcançaram altos níveis de eficiência. O dinheiro era extensão de um Estado mais eficiente.

Cerca de duas décadas depois, a realidade se encontra com a ficção em diferentes partes do mundo. Alguns observadores de moedas eletrônicas dizem que os postos de gasolina holandeses introduziram a primeira moeda eletrônica nos anos 1980 como solução para uma série de assaltos em algumas regiões rurais do país. Com receio de perder seu lucrativo negócio no setor de transporte rodoviário, desenvolveram uma alternativa de pagamento na época em que não se aceitava cartão de crédito. Aproximadamente na mesma época, a maior e centenária rede de lojas de gêneros alimentícios dos Países Baixos, a Albert Heijn, contatou bancos buscando criar uma tecnologia de ponto de venda que permitiria aos consumidores pagarem diretamente de suas contas bancárias. Ambos os sistemas giravam em torno de uma organização central que tivesse absoluto controle e poder sobre essa nova moeda eletrônica.[8]

As origens mais teóricas do bitcoin, porém, se encontram nos artigos de David Chaum, um candidato a doutorado em Ciências da Computação da Universidade da Califórnia (Berkeley). Em um artigo de 1981, Chaum introduziu a assim chamada "rede mista" que criptografava as informações em um servidor. O servidor codificava as informações tornando-as indecifráveis, para ocultar a identidade do remetente antes de encaminhar a mensagem para uma rede de servidores que iriam então decodificá-la e entregá-la.

Em sua tese de 1982, *Computer Systems Established, Maintained, and Trusted by Mutually Suspicious Groups* (Sistemas computacionais criados, mantidos e considerados de confiança por grupos mutuamente suspeitos), Chaum descrevia outras partes fundamentais da tecnologia de *blockchain*, inclusive um nó de consenso (concordâncias em relação aos dados), a conexão (ou encadeamento) de blocos de dados e a verificação (timbrados digitalmente com data e hora) dessas transações.

Um ano depois, o artigo de Chaum *Blind Signatures for Untraceable Payments* (Assinaturas inibidas para pagamentos que não podem ser rastreados) descrevia um novo tipo de assinatura digital que mascarava as comunicações, de modo que o indivíduo ou grupo(s) verificador(es) (assinante) não teria(m) conhecimento do conteúdo. O conceito era similar ao envelope em que um eleitor coloca sua cédula de voto preenchida (no processo eleitoral americano). O mesário consegue verificar que um indivíduo participou da votação sem ver em quem ele votou.

Em 1983, Chaum também introduziu o eCash, uma moeda anônima e protegida criptograficamente. O *software* desenvolvido por Chaum armazenaria uma forma digital de dinheiro no computador do usuário, que poderia ser gasto em lojas que aceitassem o eCash. O sistema protegia a identidade do usuário com uma chave pública – uma espécie de senha – e assinaturas digitais criadas com base em uma chave privada. Sete anos mais tarde criou a empresa DigiCash para levar seu sistema a um público mais amplo. O momento parecia justo para essa forma alternativa de dinheiro e cartão de crédito.

No início dos anos 1990, a tecnologia de assinatura inibida de Chaum inspirou um grupo de cientistas da computação com tendências libertárias que estavam preocupados com a intrusão do governo e de grandes organizações do sistema financeiro não confiáveis que forneciam a estrutura de serviços financeiros do mundo.

Os Cypherpunks, assim batizado por um de seus membros, o *hacker* Jude Milhon, comunicavam-se, inicialmente, por listas de *e-mail*. Posteriormente, o grupo manteve reuniões regulares com a Cygnus Solutions, empresa de suporte de *software* com sede em São Francisco cofundada por John Gilmore, que também era um dos três cofundadores dos Cypherpunks. Os Cypherpunks acreditavam que autoridades centrais – governo e empresas privadas – tinham se tornado muito intrusivos e que criptografia aperfeiçoada e tecnologias que protegessem a privacidade individual ofereceriam a melhor oportunidade para uma mudança na sociedade. "A privacidade é necessária para uma sociedade aberta na era eletrônica" – com essas palavras, Eric Hughes, um dos cofundadores do Cypherpunks, iniciou o manifesto de 1993 do grupo.

Hughes escreveu que qualquer pessoa tinha o direito de escolher quais informações financeiras a seu respeito poderiam ser divulgadas. "Já que desejamos privacidade, temos de garantir que cada participante de uma transação tenha [sic] conhecimento apenas daquilo que seja diretamente necessário para uma dada transação. Na maioria dos casos, a identidade pessoal não é fundamental. Quando compro uma revista em uma banca e pago em dinheiro para o jornaleiro, não há necessidade alguma de saber quem sou."

Hughes, Gilmore e seus membros acreditavam que autoridades centrais que servem como intermediários para transações comprometem a privacidade. "Quando minha identidade é revelada por um mecanismo subjacente da transação, não tenho nenhuma privacidade. Não posso [...] revelar-me seletivamente", escreveu ele.

O manifesto foi concebido para estimular os indivíduos a agirem, pois intermediários centrais como bancos e governo tinham grande interesse em manter o *status quo* em que apenas eles têm acesso às informações. "Temos de defender nossa própria privacidade caso pretendamos ter alguma. Precisamos nos reunir e criar sistemas que possibilitem que ocorram transações anônimas [...]. As tecnologias do passado não possibilitam segurança na privacidade, mas as tecnologias eletrônicas, sim."

Embora tenham entrado com várias ações na justiça contra o governo americano relacionadas a privacidade e exportação de *software* de criptografia, os Cypherpunks operaram, em grande parte, fora do centro das atenções. Esse "quase movimento" jamais chegou a milhares de membros.

A DigiCash foi outra história que se mostrou promissora no início, mas se encerrou de maneira triste. Chaum levantou US$ 10 milhões de vários investidores, inclusive David Marquardt, ex-investidor da Microsoft. Ele contratou Nicholas Negroponte, fundador do influente Media Labs do MIT, como presidente do conselho e estabeleceu acordos com o Deutsche Bank e o Mercantile Bancorp of St. Louis, um banco comercial de tamanho médio.

Mas indícios também apontavam para esferas mais altas. Uma comissão parlamentar convocou Chaum para depor sobre moedas eletrônicas. Surgiram dois rivais potenciais, a CyberCash e a First Virtual.

Contudo, cerca de três anos depois de ter firmado contrato com os dois bancos e deixar intrigadas outras financeiras, a DigiCash fechou as portas. Alguns observadores apontaram problemas de gestão por supostos tropeços de Chaum, acusação que ele contestou por anos. Em um artigo de 1999 na *Forbes*, Chaum citou a falta de "sofisticação" de usuários como causa do fim da DigiCash. "Foi difícil conseguir que um número suficiente de comerciantes a aceitasse e, portanto, conseguir um número suficiente de consumidores para usá-la, ou vice-versa", escreveu ele.

Mesmo depois de uma década, o tópico moedas virtuais ainda continuava em voga no Yahoo!, empresa na qual eu trabalhava no início dos anos 2000. Meus superiores pediram a mim e a minha equipe de aproximadamente 20 engenheiros da computação, que explorássemos as moedas virtuais. O Yahoo! considerava moedas virtuais uma extensão das comunidades *on-line*, que eram fundamentais para seu negócio. Mas o trabalho de meu grupo era de alcance limitado e não foi muito além do estágio teórico. A realidade é que é difícil lançar um sistema de moeda virtual da estaca zero.

Como na maioria das histórias de negócios malsucedidos, provavelmente foi um pouco de cada coisa ou, quem sabe, porque a DigiCash simplesmente estava muito à frente de sua época; ela fornecia uma solução para um problema que, na cabeça da maioria das pessoas, era inexistente já que não havia um motivo convincente para pensarem além do papel-moeda e de bancos tradicionais. Os primeiros *apps* para pagamentos em celulares e importantes casos de invasão de *hackers* apenas aconteceriam uma década depois.

O mundo simplesmente ainda não estava pronto. A DigiCash entrou com pedido de recuperação judicial em 1998 e vendeu seus ativos remanescentes quatro anos depois. A CyberCash seguiu trajetória similar, requereu o benefício de recuperação de empresa em 2001, vendendo a maioria de seus ativos para a VeriSign, provedora de serviços de autenticação eletrônica. Depois de quase falir, a First Virtual Holdings fundiu-se com uma empresa com sede no Reino Unido, a Email Publishing, visando concentrar-se em comunicação via *e-mail*, sob o novo nome MessageMedia. A empresa britânica de cartões inteligentes Mondex encerrou sua iniciativa de moeda digital em associação com um pequeno número de bancos em Nova York, Canadá e Hong Kong no final dos anos 1990 após despertar pouco interesse. O espaço para moedas digitais é pequeno e repleto de empresas falidas e corações partidos de empreendedores e amadores apaixonados.

Os cartões de crédito continuaram a dominar o setor de pagamentos, oferecendo aos consumidores tudo o que achassem conveniente. Esse sucesso foi impulsionado pela invenção dos programas de fidelização e recompensas para cartões de crédito. O PayPal, empresa *on-line* emergente cofundada por Max Levchin, Peter Thiel e Elon Musk, ofereceu uma alternativa ao minguado número de varejistas que não aceitavam cartões de crédito. Em 1999, fui um dos primeiros clientes do PayPal usando meu PDA Palm V para efetuar pagamentos remotos com apenas um endereço de *e-mail*. Por volta dessa época, os bancos começaram a expandir seus serviços para pagamento de varejistas, levando alguns observadores de moedas digitais a sugerirem que esses bancos começavam a se preocupar com a possibilidade de as moedas eletrônicas minarem seus negócios.

Chaum vendeu suas patentes e prosseguiu com outros projetos relacionados com privacidade e moedas. O trabalho dos Cypherpunks continuou, em grande parte, na surdina. Mas no início dos anos 2000 ocorreu um abalo sísmico no setor de serviços financeiros para o varejo gerado por avanços tecnológicos como internet com velocidade mais rápida, dispositivos computacionais pessoais leves e menores e um número cada vez maior de *sites* cheios de recursos. Foi um período de transição estranho e cheio de possibilidades e ideias interessantes, poucos anos depois da bolha ponto. com. Em 9 de janeiro de 2007, a Apple introduziu o iPhone, marcando o início de um movimento de desenvolvimento de *apps* e de rápida migração da sociedade – alguns poderiam chamar esse fenômeno de dependência (obsessão) por dispositivos móveis.

Uma mudança maior e mais profunda ocorreu pouco mais de um ano depois quando os gigantescos bancos de investimentos Lehman Brothers e Bear Stearns faliram. A morte deles adveio da superexposição ao mercado de empréstimos a pessoas com histórico de inadimplência, um novo e arriscado tipo de investimento que provisionou um crescimento enorme, rápido, mas insustentável no setor imobiliário. No final de 2008, a crise gerada por esse tipo de investimento ameaçava a viabilidade de todos os grandes bancos nos Estados Unidos e repercutiu na economia do mundo todo.

Tendo como pano de fundo esse cenário econômico e tecnológico, uma misteriosa figura chamada Satoshi Nakamoto trabalhava em um artigo sobre bitcoin. Poucos, se é que alguém, conhecem a identidade de Satoshi – eu, certamente, também não sei quem é. Sua identidade gerou muita especulação, parte dela, escandalosa. Um amigo de Pablo Escobar – famoso narcotraficante colombiano – declarou à *Cointelegraph*, uma publicação do setor, que Satoshi Nakamoto era, na verdade, Yasutaka Nakamoto, ex-mula do cartel de Escobar. Yasutaka Nakamoto, que já pode ter falecido, tinha capacidade técnica para criar o protocolo Bitcoin, sugere o artigo, embora deixasse algumas perguntas-chave sem resposta. De forma notória, o cientista da computação australiano, Craig Wright, tem afirmado categoricamente ser o criador do bitcoin, embora alguns céticos tenham levantado inúmeros questionamentos sobre suas explicações. Dave Kleiman é outro popular candidato a criador do bitcoin ou, pelo menos, é membro de um seleto grupo que está por trás do pseudônimo Satoshi Nakamoto. Outra possibilidade é Phil Wilson, também australiano. Phil, conhecido *on-line* como "Scronty", escreveu a história *Bitcoin origins*, em que brada ser um dos três membros de uma equipe por trás de Satoshi, junto com Craig Wright e Dave Kleiman[9] – esse trio é minha aposta favorita.

Mas a identidade de Satoshi não é primordial para mim. O que posso dizer é que ele, ela ou eles eram bem capacitados em computação e apaixonados pelas mesmas ideias que Chaum e os Cypherpunks defendiam. Mais importante ainda, eles tinham o dom de visionários que associam ideias quando outros não veem nenhuma conexão entre elas.

É muito difícil encontrar uma invenção que não tenha resultado da união de esforços de diferentes fontes, desde a roda-d'água até as invenções tecnológicas de anos mais recentes, entre as quais Google, Amazon, Facebook e Apple. Uma série de empresas estava criando computadores nos anos 1990, mas apenas Steve Jobs entendeu que máquinas que combinassem forma e função teriam grande penetração no mercado. "A originalidade normalmente consiste em associar ideias de cuja conexão não se suspeitava anteriormente", escreveu o patologista W. I. B. Beveridge em seu livro de 1957, *The art of scientific investigation* (A arte da investigação científica).

Espero ter dedicado tempo suficiente para entender que operações como *hashing*, livros-razão distribuídos e provas de trabalho podem se unir com um objetivo mais nobre. O projeto My Yahoo! considerava as moedas virtuais muito similares aos pontos de fidelização em um programa de bonificação de uma companhia aérea, com o Yahoo! atuando como autoridade central e controlando sua distribuição e uso. Isso não era *blockchain* nem uma moeda digital.

Eu não havia lido *Bitcoin: a peer-to-peer electronic cash system* (Bitcoin: um sistema de dinheiro eletrônico em redes não hierarquizadas) até 2013, quase dois anos depois de começar a minerar bitcoins. Na época, eu já havia identificado o potencial de o Bitcoin mudar o mundo dos serviços financeiros, já que ele se apresentava como um verdadeiro modelo funcional como alternativa ao nosso velho sistema monetário. O *white paper* (documento com informações aprofundadas sobre o tema) é admirável pela forma como Satoshi colocou tanta informação em um espaço tão pequeno – 3.675 palavras incluindo o resumo e a bibliografia enumerando trabalhos de pioneiros anteriores das moedas eletrônicas como Wei Dai, Adam Back e Ralph Merkle. Dai, ex-engenheiro de *software* da Microsoft, é mais conhecido como o criador do predecessor do Bitcoin, o B-money. Back inventou outra tecnologia predecessora chamada Hashcash, que é um sistema de prova de trabalho.

GENIALIDADE

É difícil saber o quanto a redução na atividade econômica – ou ao menos o potencial para uma crise – tenha influenciado o pensamento de Satoshi. Ele, certamente, já estava bem adiantado para lançar sua nova ideia. (Usarei o singular masculino para me referir ao bitcoin simplesmente porque o pseudônimo do inventor é masculino.) O que fica claro, intencionalmente ou não, é que o bitcoin resolvia muitos problemas revelados pela crise econômica. O sistema bancário dependia da confiança pública de que grandes organizações protegeriam os interesses de seus clientes com a eficiência de um relógio. Contudo, essas instituições nem sempre pensam no interesse de seus clientes e estão sujeitas a juízos equivocados de seres humanos e outros erros. Como observa Satoshi em sua introdução, a influência dessas instituições somente aumentou com o tempo, mesmo quando os serviços foram para o mundo *on-line*.

O comércio na internet depende "quase exclusivamente de instituições financeiras que servem como terceiros de confiança para processar pagamentos eletrônicos", escreve Satoshi. Ele acrescentou que embora o sistema funcionasse bem para a "maioria das transações", o comércio via internet tinha "pontos fracos inerentes". Em vez de facilitar as interações financeiras, essas falhas tinham se tornado intrusivas.

Transações que não podem ser revogadas, ou o que ele denominou "transações não reversíveis", não eram possíveis antes do bitcoin. Tradicionalmente, as transações de pagamento sempre tinham a capacidade de serem revertidas ou canceladas, necessitando o envolvimento dos grandes bancos para mediar "controvérsias" de todo tipo e dimensão. Arraigados na vida das pessoas e encorajados por seu tamanho e poder, esses bancos podiam agregar taxas com custos adicionais "limitando o tamanho da transação e descartando a possibilidade de eventuais transações muito pequenas".

Mas Satoshi concentrou-se em algumas das características mais prejudiciais do comércio eletrônico: os sistemas bancários atuais criavam uma atmosfera de desconfiança e desonestidade. "Os comerciantes têm de ter receio dos clientes, ficar em cima deles, buscar mais informações do que eles realmente precisariam", escreveu ele. "Certo percentual de fraude é considerado inevitável."

As moedas físicas funcionavam bem em algumas circunstâncias, mas não havia nada que possibilitasse negócios pela internet sem um intermediário. "É preciso um sistema eletrônico de pagamento que se baseie em prova criptográfica e não em confiança, possibilitando a quaisquer duas partes que queiram, transacionarem diretamente sem a necessidade de um terceiro de confiança", escreveu ele. A criptografia por computador existe há mais de meio século, apesar de até aquele momento jamais ter sido usada completamente no domínio de pagamentos e dinheiro. Tudo isso estava prestes a mudar.

Satoshi descreveu, então, a estrutura de um sistema de lógica praticamente infalível, controlado por consumidores e voltado aos interesses deles. Bancos e outras autoridades centrais não teriam função alguma. O Bitcoin criaria uma rede aberta e sem fronteiras para qualquer interessado em participar, conectada à internet. Os participantes poderiam comprar e vender produtos e serviços ou servirem de testemunhas para cada transação. O mecanismo principal, à prova de falhas, para tornar valiosa essa nova moeda: Satoshi lançaria não mais de 21 milhões de bitcoins. Seu valor aumentaria com o passar do tempo, à medida que o sistema se popularizasse. Ninguém antes de Satoshi havia tido a visão de limitar a quantidade de um sistema monetário – embora todos saibamos que a oferta monetária é componente fundamental de toda economia centralizada.

Além disso, a distribuição de bitcoins seria equitativa, disponível para qualquer um, não apenas para uma elite abastada. O *background* de um indivíduo era irrelevante. Se a pessoa tivesse o poder computacional para se conectar à internet, ela poderia participar e ser remunerada por meio da mineração de bitcoins.

Vale aqui uma pausa para esclarecermos a terminologia usada, pois ela tem confundido e intimidado eventuais observadores do movimento das criptomoedas. Os termos também serão repetidos ao longo do livro.

Moedas digitais – bitcoins – são uma série de códigos numéricos também chamados de assinaturas (feitas de chaves privadas). Elas possibilitam que o recebedor de bitcoins determine com total confiança que o histórico transacional daquele bitcoin é inalterado e provém de uma fonte genuína e confiável. Imagine-as como uma impressão digital eletrônica única para o indivíduo que criou a transação de pagamento.

No sistema de Satoshi, o proprietário de um bitcoin digital pode transferi-lo para a conta de alguém, chamada de **carteira Bitcoin**. Outro número, denominado *hash* **de transação**, registra a transação como parte de uma lista contínua, ou razão, não diferente do que os contadores outrora registravam com caneta e papel e, mais recentemente, por programas *on-line*. Ou considere o sistema *hash* de transação como o do *Reader's Digest*, que reúne resumos dos artigos em tomos mensais, ou ainda o registro de cheques emitidos de seu talão de cheques.

"A única maneira de confirmar a ausência de uma transação é ficar atento a todas elas", escreve Satoshi. "Para fazer isso sem um terceiro de confiança, as transações devem ser anunciadas publicamente e precisamos de um sistema para que os participantes estejam de acordo com um único histórico do pedido em que elas foram recebidas."

Uma teia de servidores, todos iguais, participa do **processo de verificação**. Quando os **mineradores** nessa rede não hierarquizada chegam a um consenso, a transação é registrada. O processo todo é chamado **prova de trabalho**.

Ignore todo esse jargão técnico. O que Satoshi criou é um sistema que gera confiança eliminando a necessidade de confiança. Não precisamos de uma organização central ou um intermediário para verificar se uma transação de pagamento ocorreu de fato. Isso porque a matemática embutida na criptografia estabelece as bases do sistema, autenticando e dispondo cada transação em uma sequência lógica. Toda transação é demonstrável por qualquer um dentro da comunidade Bitcoin. Trata-se de uma visibilidade pública universal que confere integridade ao Bitcoin.

O próprio sistema se mantém honesto.

E pelo fato de ele funcionar sem a necessidade de intermediários tradicionais, elimina custos e restrições que têm minado de forma consistente a confiança nos bancos, causado demora em nossas transações e infringido taxas nos serviços básicos. Pense nas multas de US$ 15 a US$ 30 comuns em grandes bancos quando o cheque não é compensado por alguma razão ou nas taxas cobradas para movimentação de dinheiro eletronicamente – serviço que quase não exige tempo ou esforço algum do banco.

Satoshi introduziu o conceito de mineração para incentivar as pessoas a participarem. Solucione a equação algorítmica confirmando cada transação e ganhe bitcoins. Embora o valor da recompensa em bitcoins pudesse declinar a cada quatro anos, podendo cair a frações, o preço por bitcoin muito provavelmente aumentaria à medida que sua utilidade ficasse cada vez mais aparente e em nível global.

O sistema garantiria privacidade ao eliminar todas as informações pessoais de cada transação. Os participantes da rede Bitcoin veriam, em um endereço público – o equivalente a um número de conta corrente – que alguém havia recebido ou enviado bitcoins. Mas isso era o máximo que a identificação poderia informar. Mais uma vez, Satoshi desenhou seu sistema com uma linha de raciocínio quase perfeita, com base em números difíceis de ser rastreados e associados à verdadeira pessoa por trás da transação.

O PRINCÍPIO

Se ninguém compra um produto, como saber se ele é bom? As empresas falham pois não são capazes de criar engajamento. Satoshi criou sinergia ao minerar o que ele chamou de "bloco-gênese" do Bitcoin e selecionar pessoas que poderiam participar das primeiras transações.

Satoshi compartilhou o *white paper* em uma lista de *e-mails* criptografada, um público que ele sagazmente percebeu que seria receptivo às suas ideias. A lista incluía pessoas com experiência em Ciências da Computação e que apreciariam o que ele havia construído, além daqueles que já haviam demonstrado pensar de forma diferente nas questões sociais e de privacidade *on-line*. É verdade, a resposta inicial deles foi o silêncio. Muitos destinatários do *white paper* sobre o Bitcoin tinham outras prioridades de trabalho, não se impressionaram ou simplesmente eram céticos em relação ao futuro de uma moeda eletrônica, já que muitos inovadores anteriores foram malsucedidos.

Essa dúvida talvez tenha destacado também a forte influência das instituições financeiras tradicionais sobre nossa lealdade. O Bitcoin trilhou um árduo caminho para convencer as pessoas a considerarem formas alternativas ao papel-moeda e moedas, às contas-corrente e poupança aos quais estavam acostumados. Dinheiro, contas bancárias, ATMs e cartões de débito funcionaram na sociedade na maior parte do tempo. Mesmo que o desempenho do Bitcoin fosse do modo indicado no argumento do artigo, que garantia haveria de que ele iria granjear apoio popular suficiente para decolar e ser bem-sucedido?

O Bitcoin era um audacioso salto no escuro.

Levou quase dois meses para Satoshi conseguir um primeiro adepto. Outros vieram nos meses seguintes, embora em número insuficiente para despertar o interesse fora da pequena comunidade dos Cypherpunks. Não existiam bolsas de criptomoedas, nenhuma criptomoeda concorrente, nenhuma empresa que trabalhasse com carteiras digitais e nenhum debate sobre regulamentação governamental. Alguém tentando propagandear um *Exchange Traded Fund,* ou ETF[7] (fundo de índice), para Bitcoin ou até mesmo discutindo a possibilidade de adquirir qualquer bem ou serviço do mundo real usando bitcoins parecia falar grego. Não havia conferências sobre criptomoedas nem *hardware* dedicado para mineração e, certamente, ninguém estava à procura de regiões geográficas com eletricidade a baixo custo para minerar.

Durante os 18 primeiros meses, o preço do bitcoin despencou para frações de um centavo, com um pequeno grupo de usuários do Bitcoin fixando o preço de suas infrequentes transações. Se você estivesse sintonizado com esse incipiente movimento e tivesse algum tempo extra e o computador certo com o *software* Bitcoin, poderia ter adquirido milhares de bitcoins apenas clicando com o mouse na interface de usuário amigável do *software* Bitcoin. Naquela época, eles eram tão inúteis quanto um brinde em uma caixa de sucrilhos, mas hoje valeriam milhões de dólares. Naqueles primeiros meses, ninguém aceitava bitcoins. Em 22 de maio de 2010, para fazer uma brincadeira, o programador de computadores Laszlo Hanyecz pagou 10.000 bitcoins por duas *pizzas* que valiam US$ 41 à taxa de câmbio, na época, de aproximadamente US$ 0,004 por bitcoin. Essa famosa transação atualmente é imortalizada como a primeira transação comercial paga em bitcoins – e aqueles 10.000 bitcoins valeriam hoje mais de 500 milhões de dólares!

Mas havia também algumas iniciativas promissoras. Três meses antes de Laszlo comprar a *pizza*, surgiu o Bitcoin Market, a primeira bolsa de bitcoins. Outra bolsa, a Mt. Gox, foi aberta alguns meses depois. Em poucos meses, o valor do Bitcoin subiu para a casa dos centavos. A rede estava crescendo.

Em 2011, quando comecei a minerar, o bitcoin era vendido por cerca de US$ 20 e o setor todo tinha um valor de mercado abaixo de US$ 150 milhões. A expectativa era que no final de 2021 chegasse a ser cerca de 5.000 vezes – ou mais – esse valor, se o preço do bitcoin chegasse a US$ 100.000 conforme projetado por alguns observadores do Bitcoin. No final de 2019, o diretor de gestão do Citibank, Tom Fitzpatrick, veterano do setor bancário com quatro décadas de experiência, previu que o bitcoin poderia chegar a US$ 318.000 em dezembro de 2021.

Por que menciono tudo isso?

Para transmitir confiança a você, leitor. Compreender e projetar o valor do Bitcoin ou de qualquer outro sistema de criptomoeda pode parecer assustador, especialmente se comparado com outros ativos mais conhecidos. Contudo, mesmo que sua trajetória não seja uma linha reta, o Bitcoin continua a conquistar maior interesse e a valorizar – mencionarei esse argumento repetidamente ao longo do livro.

Você verá, em uma dezena de anos ao longo da evolução do Bitcoin (ou das criptomoedas), um panorama não muito diferente, em alguns aspectos básicos, do que eu encontrei ao longo de três anos. Ele continua a ser desconhecido de grande parte do mundo. O Bitcoin ainda está tentando corrigir seus problemas, embora agora sejam mais sofisticados do que no início de sua história. A regulamentação governamental e preocupações de segurança serão determinantes na trajetória a curto prazo do Bitcoin.

As atividades das principais empresas do setor financeiro, que no passado desdenhavam o Bitcoin mas agora têm dado atenção a ele, determinarão o crescimento desse sistema monetário.

Há mais coisa em jogo atualmente.

Considere isso uma benção. O setor que você está observando já tem um pé no Monte Evereste dos serviços financeiros – mais provavelmente os dois pés.

As abordagens atuais estão menos interessadas a fazer os consumidores se sentirem à vontade e mais voltadas aos interesses das organizações que se sentem ameaçadas com as criptomoedas – os bancos centrais e os gigantes do mercado financeiro. A ideia é controlar o crescimento do Bitcoin com retardamento e restrições que geram dúvidas e limitam as oportunidades de os indivíduos adquirirem criptomoedas. Secretamente, acredito que governos e corporações queiram ter acesso prioritário na aquisição de Bitcoin, mas todos estão muito receosos em admitir essa estratégia. Entretanto, algumas dessas entidades já lançaram seus próprios empreendimentos em criptomoedas, incluindo serviços de custódia, grupos de pesquisa e até mesmo criptomoedas próprias. Num piscar de olhos, esses céticos parecem ter se tornado partidários da causa.

Comparo a situação atual do Bitcoin aos primórdios da aviação comercial, algumas décadas atrás, depois de os irmãos Wright levantarem voo em Kitty Hawk em 1903. Os primeiros pilotos e passageiros aproveitaram a oportunidade assumindo os grandes riscos. Seus seguidores, que fizeram as primeiras rotas pouco mais de uma década depois, continuaram ansiosos, mas também com a sensação de que a tecnologia da aviação era segura e estava pronta para alçar voos mais altos. Havia também os negativistas, pessoas que achavam que voar era bom apenas para pássaros e que o transporte ferroviário já bastava. Dentre eles provavelmente estavam alguns magnatas do transporte ferroviário que se sentiam ameaçados.

É dessa forma que quase sempre a inovação e as invenções avançam, com algumas pessoas aceitando e outras rejeitando o novo. Há muito temor e ansiedade, muita dúvida e debate. Um setor novo pode até ter de dar alguns passos para trás antes de avançar.

Uma das diretrizes deste livro é, perdoe-me Winston Churchill, simplesmente manter a calma e prosseguir. Isso é, ignore o estardalhaço e os exageros – tanto no sentido positivo como no negativo – e considere o Bitcoin analiticamente. O argumento a favor do Bitcoin acrescenta algo? Ele faz sentido para você como investidor?

Na história, as coisas que são boas e valem a pena conseguem encontrar uma maneira de provarem seu valor. Todo o resto é só ruído.

Você encontrará, neste livro, o termo **bitcoin** escrito de duas maneiras diferentes. O autor explica, no decorrer do texto, que:

"Eu usei **Bitcoin** para me referir à plataforma como um todo, o sistema que faz a criptomoeda bitcoin 'vir ao mundo' em intervalos regulares para que os investidores o adquiram e negociem com ele.

O termo **bitcoin** (com letra minúscula) se refere à moeda, a unidade monetária propriamente dita."

OS TRÊS CAVALEIROS: MINERAÇÃO, CARTEIRAS E BOLSAS DE CRIPTOMOEDAS

Passemos aos fundamentos: mineração, salvaguarda e comércio de criptomoedas ou o que chamo de "três cavaleiros da criptomoeda".

Minha metáfora poderá soar sinistra, particularmente para os defensores das moedas fiduciárias que consideram as criptomoedas uma ameaça disruptiva e em grande escala.

Mas não confunda os meus "cavaleiros" com os Quatro Cavaleiros do Apocalipse do Novo Testamento – guerra, conquista, doença e morte – cuja chegada em cavalos de cor castanho, branco, preto e amarelo pálido prenuncia o fim dos tempos.

Meus "três cavaleiros" são uma força habilitadora para o bem. Os sistemas bancários mundiais não têm funcionado tão bem quanto a maioria das pessoas pressupõem. Eles não protegem nossa privacidade nem fornecem serviços de alta qualidade e nos sugam em pequenas "doses" (as tarifas e taxas).

Ironicamente, dadas as críticas às criptomoedas, escândalos envolvendo bancos – como o Wells Fargo, que criava contas de clientes fictícios para gerar taxas – aumentaram à medida que as transações bancárias por dispositivos eletrônicos se expandiram.

Entretanto, para que um número considerável de pessoas mudem para o bitcoin, é necessário que entendam os mecanismos para adquirir, comercializar e fazer compras com ele da mesma forma que dominam o método atual, as contas-corrente, de poupança e outros serviços com os quais convivem há muito tempo. O emprego de criptomoedas não acontece sem os "três cavaleiros".

Não se preocupe: os três cavaleiros não operam de modo complicado nem demasiadamente elaborado. Mineração, carteiras e bolsas de criptomoedas podem parecer um assunto muito técnico, mas apenas porque as criptomoedas são muito recentes. O jargão ainda não está incorporado às conversas do dia a dia.

Tememos o que não conhecemos. Alguns de meus amigos sabem que sou americano e fui educado em escolas americanas e ficam estupefatos porque consigo falar chinês de forma muito natural quando estou numa ligação internacional. Eles não se dão conta que transito fácil entre os dois idiomas (inglês e chinês) porque falei chinês em toda minha infância. Da mesma forma, as novas gerações, que estão crescendo com o bitcoin, saberão o vernáculo das criptomoedas e não terão receio algum de usá-lo à medida que envelhecerem.

Em guias sobre bitcoin, você pode se deparar com os termos a seguir.

- *Nonce*, um número de 32 dígitos que é formado arbitrariamente com a criação de cada bloco. Imagine-o como um número de identificação inicial.
- *Hash* (também denominado *hash* criptográfico), um número de "assinatura" de 256 bits gerado para cada transação e para cada bloco. Considere esse o elemento-chave da segurança do sistema *blockchain*, que diferencia uma transação da outra e um bloco de outro.
- Os **nós** podem representar qualquer dispositivo eletrônico mas quase sempre são, inevitavelmente, computadores que criam um registro das transações e mantêm o *blockchain* em funcionamento.

Gosto dos termos *"nonce"* e *"nó"*, que soam como um poema de Lewis Carroll.[NT4] Mas você não precisa saber o significado de nenhum desses termos para investir em bitcoin.

PRIMEIRO CAVALEIRO: MINERAÇÃO

Mineração é uma maneira engenhosa de descrever uma atividade *on-line* que, em essência, é o mesmo processo físico de desenterrar gemas e metais preciosos. Bitcoin ou ouro? Em ambos os casos, o minerador está tentando obter uma *commodity* valiosa. E em ambos os casos o grau de dificuldade tem aumentado, porque houve um declínio nas transações e nos ganhos: o ouro não tem tido valorizações rápidas e repentinas tão grandes quando comparadas às principais ações ao longo das últimas décadas. Embora a oferta de bitcoins seja limitada, esteja certo de que sempre haverá uma oportunidade de adquirir bitcoins, seja como minerador ou por outros meios.

A diferença entre a mineração de ouro e a de bitcoins é que em vez de ficar cavando em um terreno para conseguir alguma pepita, você usa algoritmos matemáticos e um computador para adquirir um objeto virtual. A mineração, na visão de Satoshi Nakamoto, remunera indivíduos que resolvem uma equação que demonstra perfeitamente a ocorrência de uma transação. A transação verificada se junta a outras em um livro-razão virtual. Pense nisso como o equivalente *on-line* do que os contadores, em época não tão remota, mantinham em papel, exceto que, neste caso, todos os envolvidos são, teoricamente, contadores capazes de evidenciar tentativas de gastar o mesmo bitcoin duas vezes ou de manipular dados transacionais que formam os blocos no *blockchain*.

Alguns observadores do bitcoin comparam o sistema bitcoin ao Google Docs ou a outro programa em que todo mundo com acesso permitido pode ver o mesmo documento. A diferença é que no Google Docs pessoas com *status* de editor podem, continuamente, fazer mudanças, ao passo que

---

NT4: O autor faz referência ao *nonce* criptográfico (no caso do bitcoin/*blockchain*) e a uma *nonce word* (referindo-se a Lewis Carroll, autor de Alice no País das Maravilhas).

com o Bitcoin apenas um minerador "vencedor" pode fazer acréscimos ao livro-razão para adicionar informações. Esta é a regra do ecossistema do Bitcoin, e ela é garantida pelo consenso de grupo.

O processo requer dos mineradores operar computadores com alto poder de processamento, construídos especificamente para a mineração resolver um problema matemático complicado que verifica o pagamento de bens e serviços em bitcoins. Inicialmente, a mineração envolvia indivíduos, mas tornou-se tão complexa e competitiva, que hoje é impraticável para qualquer pessoa minerar bitcoins, exceto grupos – denominados cooperativas de mineração, sobre as quais falarei brevemente. Atualmente, a mineração é uma incessante competição global entre equipes de *nerds* gerando transações verificadas que passam a fazer parte de um bloco que é acrescentado – encadeado – a blocos de dados anteriores que refletem outras transações.

Por exemplo, se você quisesse usar bitcoins para comprar uma lavadora ou secadora Samsung no *site* Best Buy (atualmente isso não é possível, embora dê para comprar um vale-presente com bitcoins via Gyft ou eGifter e usá-lo no Best Buy), os mineradores garantiriam que você tivesse bitcoins suficientes em sua carteira virtual e que não estaria tentando usar os mesmos bitcoins que já gastou. Resolver o problema do gasto duplo era o calcanhar de Aquiles dos sistemas de moedas digitais precursores. Atualmente, assim que uma transação é realizada, passa a fazer parte do livro-razão, em seguida outra pessoa pode comprar com bitcoins um novo sofá, carro ou outra mercadoria qualquer.

Um minerador (ou grupo de mineradores) resolvendo o algoritmo matemático para um bloco ganharia – na época em que este livro foi para impressão (no idioma original) – US$ 6,25 bitcoins, mais algumas taxas de transação adicionais. Note que os próprios algoritmos de mineração garantem distribuição aleatória; é parecido com uma loteria mundial que premia com 6,25 bitcoins, aproximadamente a cada 10 minutos, o primeiro minerador que descobriu a solução ganhadora – o que equivale a ter um bilhete de loteria premiado. Comparo o processo a uma loteria devido à pura aleatoriedade. Qualquer um com o mínimo poder computacional que possa fazer um cálculo para gerar um *hash* pode levar a bolada toda, embora isso não seja sempre efetivo em termos de custos.

Entretanto, quanto mais poder para geração de *hashes* você tiver – o equivalente a ter um grande número de bilhetes de loteria – maior será sua chance de ganhar. E o processo não favorece determinado grupo ou região geográfica em particular. O primeiro a resolver a equação é o vencedor. Essa característica mundial e gratuita para todos tem permanecido por mais de 12 anos. O bitcoin não é tão antigo quanto o Staatsloterij – loteria nacional holandesa que é a mais antiga do mundo em funcionamento, datada do início do século XVIII –, mas o bitcoin tem alcance maior e um futuro brilhante.

A saída combinada da mineração bitcoin é um livro-razão público e distribuído, que fica disponível para visualização por todos que participam da rede bitcoin. Caso não tenha mais nada interessante para fazer, verifique um bloco qualquer de transações no *blockchain* desde sua origem, em janeiro de 2009.

A mineração resolveu um problema que moedas digitais anteriores não foram capazes de solucionar: motivar um número suficiente de pessoas a participar tendo uma recompensa em bitcoins como incentivo. Esse fator foi fundamental para que surgisse uma comunidade. A mineração também garantiu que o bitcoin teria a arbitragem para transmitir confiança às pessoas – um elemento de objetividade e equidade que não havia nos sistemas bancários e de pagamento tradicionais. Em outras palavras, ninguém no mundo consegue controlar as transações que passam pelo sistema Bitcoin, pois nenhuma entidade pode controlar a mineração global de bitcoins, já que esse sistema não tem necessidade de obter permissão para acesso e é aberto a qualquer um.

Nos primeiros quatro anos, um nó de mineração (repetindo, nós são computadores que participam da rede Bitcoin) ganhava 50 bitcoins a cada 10 minutos para resolver a equação de *hash* (algoritmo). Essa cadência média de 10 minutos continua, mas algumas vezes a recompensa vem depois de 11 ou mais minutos e outras vezes em menos de 9 minutos. Mas o valor da remuneração tem decrescido pela metade, e isso ocorreu três vezes: seu valor inicial era de 50 bitcoins em 2009; caiu para 25 no final de 2012; para 12,5 em meados de 2016; e, finalmente, para os atuais 6,25 bitcoins em meados de 2020. Essas assim chamadas "reduções de blocos pela metade" continuarão a acontecer em intervalos de aproximadamente quatro anos até o ano 2140, quando a última oferta pública de 21 milhões de bitcoins será distribuída aos mineradores.

O equipamento para mineração vem se tornando cada vez mais sofisticado e caro. Quando comecei a minerar em Xangai, em 2011, eu usava placas de vídeo para *games* conectadas a um PC customizado. Otimizei cada parte do computador necessária para o processo, incluindo a fonte de alimentação. O *software* que baixei, uma versão melhorada da 0.1 original do programa Bitcoin, não era mais pesado nem consumia mais tempo do que o *software* SETI@Home que eu havia usado uma década antes para fazer buscas e analisar possíveis sinais extraterrestres no espaço sideral – outro *hobby* meu, desde garoto me interesso pelo espaço e a possibilidade de encontrar seres extraterrestres inteligentes.

Em 2011, Satoshi já havia lançado o projeto Bitcoin – ou pelo menos havia feito sua comunicação final no fórum BitcoinTalk que havia criado, e disse que estava "se aventurando em ideias mais complexas". Gavin Andresen, cientista da computação com treinamento em Princeton, a quem Satoshi havia atribuído um cargo de liderança, junto com um grupo de engenhosos tecnólogos comprometidos com o desenvolvimento do Bitcoin continuaram a eliminar *bugs* e melhorar o desempenho – tarefa possível de ser concretizada graças à natureza de código aberto do programa.

Naquele verão, gastei poucas centenas de dólares com preparação e potencialização e depois deixei que o *software* silenciosamente prosseguisse de vento em popa em segundo plano para coletar bitcoins. O valor deles, no final do ano, não dava nem para comprar uma passagem de avião somente de ida de Xangai a São Francisco, onde meu irmão também se ocupava da mineração de bitcoins. A competição por recompensas era mínima, provavelmente poucos milhares de pessoas ao redor do mundo operavam em computadores que poderiam ser comprados na Circuit City ou em qualquer loja *on-line*. Eu considerava o Bitcoin um *hobby* prazeroso, que não ocupava muito tempo e poderia me render um dinheirinho. Um salto na cotação do bitcoin chamou minha atenção no trimestre seguinte, mas houve também um retrocesso, para abaixo de 5 dólares no final do ano. Os maiores reveses em minha incursão no mundo do Bitcoin foram os mil dólares a mais na minha conta de luz e a vida em um apartamento abafado, em uma cidade conhecida por verões quentes e úmidos. Mas o Bitcoin ativou meus neurônios. Eu insisti nele.

Minhas experiências são bizarras comparadas aos padrões atuais, o equivalente a um antigo vendedor na Amazon. A mineração de CPU rapidamente deu lugar a GPUs (placas gráficas dedicadas), circuitos desenvolvidos no final do século XX para renderização de imagens digitais mas cujo poder de processamento especializado poderia suportar as altas demandas do Bitcoin. Em 2013, os mineradores começaram a usar computadores voltados especificamente para a resolução de problemas de Bitcoin, chamados ASIC (*Application-Specific Integrated Circuits*, circuitos integrados específicos para aplicações). Os mineradores munidos de ASIC, que foram aumentando em número e poder de processamento, são capazes de bancar mais de US$ 10.000, sem contar o consumo de eletricidade necessário para acioná-los por longos períodos. Enquanto isso, a chance de ganhar recompensa de um bloco com um cálculo computacional caiu para cerca de 1 em 21 trilhões (março de 2021). Isso é aproximadamente 32 milhões de vezes mais difícil do que as chances de se conseguir um *royal straight flush* (uma sequência do mesmo naipe) no jogo de pôquer – a chance é de cerca de 650.000 para 1.

Custos às nuvens e muita dificuldade transformaram a mineração de bitcoins em um campo de atividade além do alcance do hobista individual. E isso levou ao estabelecimento de **cooperativas de mineração**: os mineradores passaram a combinar o poder de processamento de cada um para resolver equações juntos e, então, racharem a remuneração tomando como base as contribuições individuais. Isso é similar a um bolão de loteria, em que várias pessoas do escritório contribuem para fazer um jogo grande e se qualquer uma das apostas for a ganhadora, o grupo divide o prêmio em dinheiro entre os participantes. As cooperativas de mineração não servem para quem não quer se comprometer muito ou são medrosos em relação ao Bitcoin.

Embora a China venha tomando medidas enérgicas contra o comércio de criptomoedas desde 2017, por estar se empenhando ao máximo para exercer maior controle sobre o setor, continua a concentrar a maior parte dos mineradores de bitcoins do mundo. Esses grandes grupos de mineração controlam mais de 60% do poder de mineração mundial, também chamado de taxa de *hashing*[NT5]. Ao longo de um período de mais de um ano, contados a partir de outubro de 2019, as quatro maiores cooperativas de mineração do país (F2Pool, AntPool, BTC.com e Poolin) controlavam quase 60% do poder de *hashing*. Das dez maiores cooperativas seguintes, que controlavam aproximadamente 30% do poder de *hashing*, a maioria delas se encontrava na China. A maior cooperativa de mineração não chinesa, a Bitcoin.com, detém menos de 0,5% do poder de *hashing* mundial.

O domínio chinês na mineração reflete não apenas seu grande interesse pelas criptomoedas, mas a abundância de energia elétrica barata. Em 2011, quando me interessei pela primeira vez pelo Bitcoin, o custo de energia elétrica para os consumidores na China era de US$ 0,08 por quilowatt-hora.[2] Comparativamente, esse custo sobe para US$ 0,12 por quilowatt-hora nos Estados Unidos, US$ 0,26 por quilowatt-hora no Japão (que deve se tornar um dos primeiros países a aceitar criptomoedas) e US$ 0,30 ou mais por quilowatt-hora em vários países europeus. A diferença de custo entre China e os principais países industrializados tem permanecido mais ou menos a mesma ao longo dos anos. O custo da energia elétrica na China continua cerca de US$ 0,08 por quilowatt-hora, pouco mais da metade que nos Estados Unidos. Hoje, o custo da energia elétrica no Japão é de US$ 0,29 por quilowatt-hora e na Alemanha, Bélgica e Dinamarca é mais de US$ 0,30 por quilowatt-hora.[3]

Na verdade, este baixo custo provém, em parte, das frágeis leis ambientais chinesas e da medíocre infraestrutura para transmissão de energia elétrica, incluindo uma antiquada rede de linhas de transmissão. Três quartos

---

NT5: Equivale ao número de *hashes* que pode ser executado por um minerador de bitcoins num dado período de tempo (normalmente um segundo) (disponível em: https://www.virtuse.com/glossary/).

Um *hash* criptográfico é uma função matemática que pega um arquivo e produz um código relativamente curto que pode ser usado para identificar esse arquivo. O *hash* tem uma série de propriedades básicas. a) Ele é único; apenas um determinado arquivo pode produzir um dado *hash* e dois arquivos diferentes jamais produzirão o mesmo *hash*. b) Ele não pode ser revertido. Não se consegue saber o que um determinado arquivo era pelo exame de seu *hash*. O *hashing* é usado para provar que um conjunto de dados não pode ser adulterado. É esse sistema que torna possível a mineração (https://coinira.com/cryptocurrency-glossary/).

da energia elétrica da China é à base de carvão, mesmo depois de outros países terem reduzido o uso desse combustível para melhorar a qualidade do ar.

A maior parte da mineração de bitcoins na China depende de outra fonte de energia barata: a energia elétrica produzida por hidrelétricas, gerada por diques que tiram proveito dos vários afluentes e rios do país. A China abunda em energia hidrelétrica subutilizada, porque a frágil infraestrutura de transmissão não é capaz de transferi-la para outras regiões. O país busca melhorar a infraestrutura, porém, ainda levará um bom tempo para que isso ocorra. Portanto, a expectativa é que os mineradores da China continuem em seu ritmo vigoroso na exploração desses bolsões de geração de energia elétrica subutilizada. Muitos deles se mudaram para áreas com fontes de energia mais baratas.

Note uma última similaridade entre o ouro e a evolução do bitcoin passando de prospectores individuais a grupos organizados. Hoje em dia, a mineração de ouro é domínio de empresas gigantescas (algumas vezes, estatais) que usam energia de modo intensivo e equipamentos industriais pesados para minerar reservas limitadas do precioso metal, cada vez mais difíceis de alcançar.

Não considere minhas descrições acima como um endosso da mineração de bitcoins. Do ponto de vista prático, se você pretende adquirir bitcoins, é melhor não investir pesadas somas no mecanismo de mineração nem muito de seu tempo. Em vez disso, é muito mais fácil comprar bitcoin diretamente, alocar parte da porcentagem de sua carteira de investimentos para bitcoins, adquirir a carteira e cadastrar uma conta em uma bolsa.

SEGUNDO CAVALEIRO: CARTEIRAS

O que significa ter bitcoins? Para os iniciantes, é bem diferente de ter moeda fiduciária. Se eu pretendo pagar a você US$ 300 por gêneros alimentícios ou outro produto para o lar, bastaria tirar algumas notas da carteira. Ou eu poderia usar meu cartão do banco, o cartão de crédito ou um serviço de pagamento eletrônico para pagar a quantia devida. Eu e você teríamos uma sensação palpável desses métodos de pagamento e aceitaríamos esses tipos de pagamento como unidades de valor comuns – assim como a empresa de serviços financeiros externa também aceitaria a transação.

O Bitcoin não atingiu esse ponto ainda. Não há nenhuma manifestação física do bitcoin, mesmo que o símbolo ₿ – um B sobre uma moeda dourada – seja cada vez mais conhecido. Não podemos simplesmente "pegar" um bitcoin. Reduzindo-o à essência, bitcoin é uma série de números digitais e cada conta bitcoin tem sua própria sequência única (a chave privada e o endereço de bitcoin correspondente). Essas sequências digitais ainda não são comumente aceitas. Embora a Fidelity e outras instituições financeiras tenham estabelecido serviços de custódia para investidores de bitcoins – elas fornecem um lugar para você armazená-los e acompanhar seu desempenho – a grande maioria das instituições financeiras não faz isso. Minha previsão é que essa situação vai mudar nos anos vindouros.

Obviamente, serviços de custódia estão na contramão dos valores defendidos pelo Bitcoin, já que envolvem autoridade externa. A beleza do Bitcoin é o fato de você ter total controle de seus bitcoins digitais sem nenhum intermediário, nem necessidade de instituições custodiantes.

Caso queira ter a posse de bitcoins, você precisa de uma conta Bitcoin, em forma de carteira – digital ou de outro tipo – que lhe possibilite armazenar seus bitcoins. Tecnicamente, o que você armazena são as sequências numéricas (chaves privadas) que representam contas Bitcoin individuais (endereços) usadas para aquisição ou troca. Você acessará a carteira através de uma chave mestra privada, um número de 64 dígitos gerado aleatoriamente que apenas você será capaz de localizar.

Há um porém: embora você possa manter seus bitcoins em uma carteira custodiada, oferecida por várias bolsas, essa opção exige confiar a segurança de seus bitcoins à bolsa. Você ficará dependente da bolsa, da mesma forma que fica de um banco tradicional para custodiar seus depósitos bancários.

A carteira digital pode evocar imagens de uma carteira tradicional ou de uma conta bancária supersegura; eu me darei por satisfeito se esse conceito ajudar alguém a entender como funciona uma carteira. Mas não existe nenhum produto ou serviço parecido entre os atuais sistemas bancários presenciais. As carteiras Bitcoin são únicas no que tange à combinação entre segurança e controle. O produto mais próximo que me vem à mente é um cartão de débito com *chip*, que tem um número de conta na parte frontal com o nome de alguém ou de alguma entidade para remeter dinheiro e um código pessoal de identificação (*pin code*) de quatro ou mais dígitos que lhe dá acesso a seus ativos. No entanto, esses cartões de débito, mesmo com medidas de segurança programadas da forma mais cuidadosa, não têm a segurança criptográfica oferecida por uma carteira de bitcoins.

Existem cinco tipos de carteiras, em duas categorias: armazenamentos "a frio" e "a quente". As carteiras *desktop*, para dispositivos móveis, e aquelas baseadas na Web (chamadas de carteiras *on-line*) são consideradas **carteiras de armazenamento a quente** porque sempre estão conectadas à internet, portanto, estão sempre ativas e "quentes". As carteiras baseadas em *hardware* e as de papel são consideradas **carteiras de armazenamento a frio**, já que não são conectadas à internet e, por isso, são mais seguras; são chamadas de *offline* e "frias". Cada categoria e tipo de carteira tem vantagens e desvantagens em termos de segurança e facilidade de uso. Um conselho de extrema importância: pesquise as carteiras como faria com qualquer produto financeiro, para garantir que é de boa reputação e atende às suas necessidades.

E, o mais importante, escolha apenas uma carteira que ache suficientemente fácil de usar – um conselho que pode parecer óbvio, mas muitas pessoas ignoram esse fator. Tenho percebido que muitas vezes as pessoas têm optado por soluções mais complicadas em relação à tecnologia de finanças pessoais, acreditando que sejam superiores em termos de qualidade ou segurança devido à sua complexidade, quando o melhor seria escolherem um produto mais fácil de usar. Caso não se sinta à vontade em relação a um produto por ele ser difícil de usar, você ficará menos propenso a usá-lo, independentemente de quão boa tenha sido sua avaliação. Um sistema que seja intuitivo, seguro e se adapte às suas características é a melhor escolha.

Carteiras *desktop*

As carteiras *desktop* baixadas para um computador pessoal permitem a seus usuários estabelecer um endereço de Bitcoin para aquisição e remessa de bitcoins. Essas carteiras são uma opção particularmente boa caso você trate da maior parte de suas decisões sobre finanças pessoais em um único computador.

Vantagens: as carteiras *desktop* não armazenam chaves privadas em servidores de terceiros, o que reduz a vulnerabilidade à invasão de *hackers*. Você jamais terá de ficar controlando dispositivos de *hardware* externos separados.

Desvantagens: você não estará totalmente imune a brechas de segurança. É possível acessar seus criptoativos apenas de uma máquina. Isso será cada vez mais comum, já que um número cada vez maior de transações com criptomoedas ocorre em ocasiões e lugares imprevisíveis. As carteiras *desktop* talvez não sejam a melhor opção caso planeje fazer compras ou comercializar bitcoins, ou deseje ser ativo e realizar transações com bitcoins enquanto se desloca.

Carteiras para dispositivos móveis

Carteiras para dispositivos móveis, como Jaxx Liberty, BitPay e BreadWallet, são *apps* que você pode baixar para seu dispositivo móvel. Eles oferecem os mesmos recursos, porém, com maior flexibilidade do que uma carteira *desktop*; ou seja, você pode receber e gastar bitcoins em qualquer lugar em que levar seu *smartphone*, o que inclui compra em lojas, várias das quais já aceitam bitcoin através de um QR code.

Vantagens: essas carteiras que operam em aparelhos iOS ou Android são mais convenientes do que outras opções, e sua utilidade só tende a crescer à medida que o mundo tem transferido a maioria dos assuntos financeiros para plataformas móveis.

Desvantagens: as carteiras para dispositivos móveis são mais vulneráveis a ataque cibernético do que as opções *desktop* ou de armazenamento a frio. A vulnerabilidade delas se deve ao aumento dos ataques de *malware* em celulares. Um estudo de 2019 realizado pelo provedor de *software* e *hardware* Check Point constatou um aumento de 50% de ataques de *malware* ao longo dos seis primeiros meses do ano comparados ao mesmo período de um ano antes. Um número crescente desses ataques mirou as carteiras de criptomoedas, já que o preço do bitcoin aumentou.[4] Você também pode perder todas as suas criptomoedas caso perca seu celular ou se ele for roubado ou sofrer graves danos.

Entretanto, esses incidentes são raros e têm um aspecto comum: é preciso que o dono da carteira cometa um erro ou baixe a guarda. Proteja suas carteiras para dispositivos móveis da mesma forma que faria com qualquer tecnologia que manipule dados pessoais confidenciais e seus bitcoins estarão a salvo.

Carteiras baseadas na Web

As carteiras custodiadas baseadas na Web, inclusive aquelas oferecidas pelas bolsas Coinbase, Gemini, Kraken, Bitstamp e Binance, armazenam seus bitcoins e transações em criptomoedas em um servidor de terceiro, administrado pelas bolsas.

Vantagens: oferecem ampla acessibilidade – acesso de praticamente qualquer computador ou celular com conectividade *on-line*. Elas tendem a ser as mais fáceis de serem configuradas, normalmente são mais rápidas do que outros tipos de carteiras e possibilitam a comercialização em várias criptomoedas.

Desvantagens: pelo fato de envolver um terceiro, você está cedendo o controle de seus ativos e de sua privacidade. As carteiras de criptomoedas *on-line* também são mais suscetíveis a ataques de *hackers*, roubo de identidade e golpes *on-line*. Entre as fragilidades, as bolsas custodiadas podem ser invadidas e ter seus fundos roubados. Um famoso ataque à Bitfinex resultou no roubo de mais de US$ 65 milhões em bitcoins. Uma série de carteiras em bolsas de criptomoedas tem sofrido reveses devido a vulnerabilidades de *software*. Os bancos precisam atender a certos padrões para garantir a segurança tecnológica, mas as criptomoedas operam fora dessa estrutura – pelo menos por enquanto. Funcionários das bolsas – aqueles que deveriam garantir que a tecnologia é segura e fácil de ser usada – têm sido, em inúmeros casos, o elo fraco e são explorados por *hackers*. Mas problemas como esses têm se tornado raros, porque os provedores de carteiras têm aperfeiçoado a tecnologia.

Carteiras baseadas em *hardware*

As carteiras baseadas em *hardware*, como o próprio nome diz, armazenam criptomoedas em um dispositivo de *hardware* parecido com um *pen drive*. Carteiras baseadas em *hardware* populares, como Trezor e Ledger, armazenam criptomoedas *offline*, embora seja necessária conexão com a internet para completar as transações.

Vantagens: oferecem elevado nível de segurança e são excelentes para armazenamento de grandes quantias de criptomoedas.

Desvantagens: tipicamente, são a mais cara das carteiras e podem ser muito difíceis de configurar, especialmente por alguém não acostumado com tecnologia. O dispositivo mais recente da Trezor ou da Ledger pode muito bem chegar a mais de US$ 100. Há também possíveis vulnerabilidades de *software* ou *hardware*, que exigem atualizações de *software* e *firmware* no futuro. Os *backups* das frases de recuperação (ou frases-semente)[NT6] para esses dispositivos também podem ser perdidos, danificados ou comprometidos.

Carteiras de papel

As carteiras de papel armazenam chaves privadas em um pedaço de papel e, indubitavelmente, fornecem o nível de segurança mais elevado para qualquer carteira, desde que você gere as chaves de forma segura e tenha um lugar seguro para armazená-las.

Vantagens: você tem total controle sobre a configuração, o emprego e a segurança de uma carteira de papel. Elas são invulneráveis à invasão de *hackers*.

Desvantagens: você tem de encontrar um local seguro para armazenar esse tipo de carteira. Poderia considerar fazer um *backup*, embora essa opção tenha suas próprias armadilhas. Papel e tinta também são materiais frágeis que podem rasgar, desbotar ou ser destruídos por umidade ou fogo.

Investidores em criptomoedas com valores significativos mesclam e adéquam suas carteiras, diversificam o armazenamento e não apostam todas as fichas em um único cavalo.

NT6: Hoje se utiliza uma frase-semente composta de 12 a 24 palavras ou mais, em uma forma não criptografada da chave privada com palavras de dicionário e mais fáceis de memorizar do que uma chave criptográfica em formato de *string*. Quando *on-line*, carteiras baseadas em *hardware* ou em uma bolsa de criptomoedas são geradas usando números aleatórios. É solicitado ao usuário que registre uma frase-semente, de modo que quando a chave privada for perdida/extraviada, impedindo o acesso à carteira, ou se ela tiver sido danificada ou comprometida, a frase-semente pode ser usada para ganhar acesso novamente à carteira e às chaves a ela associadas e para ter acesso novamente às criptomoedas.

Uma boa ideia é usar uma carteira "fria" baseada em *hardware* para grandes quantias de criptomoedas que você pretende manter por um bom tempo; e usar uma carteira "quente" para *smartphone* para somas menores destinadas a uso regular. Ou quem sabe você também pode manter parte de seus ativos em carteiras de papel como estratégia de diversificação.

Uma última observação: Para fins de transparência, enumerei os principais pontos fracos dessas carteiras. Como comprador consciente, provavelmente você questionaria essas falhas, como faria com qualquer outro produto. Meu propósito, entretanto, não foi alarmá-lo. As carteiras mais recentes são fundamentalmente seguras. Reserve um tempo para entender cada produto e serviço, qual provedor lhe transmite mais segurança e quais suscitam preocupações.

Embora as carteiras promovam o conceito de segurança, esteja atento ao fato de que a segurança sempre está associada a percalços tecnológicos – isso significa que quanto melhores forem as características de segurança, maior será a sofisticação tecnológica exigida. Em outras palavras, há um ponto negativo genuíno quando se usa tecnologia de segurança mais avançada, já que a tecnologia principal utilizada poderia deixar o consumidor desnorteado, provocando eventual uso incorreto e perda dos recursos devido a erro do usuário. Trata-se do conceito de "segurança possível", em que a segurança efetiva é apenas aquela que o usuário consegue alcançar tecnicamente.

TERCEIRO CAVALEIRO: BOLSAS DE CRIPTOMOEDAS

Está tudo certo: você tem um local para armazenar suas criptomoedas. Agora é o momento de começar a adquiri-las. Partamos do pressuposto de que você não é ou será aquele tipo de investidor com tempo, dinheiro e interesse em minerar bitcoins. Pode então adquirir criptomoedas de alguém com quem se encontre pessoalmente ou mesmo de alguém *on-line*. Mas de que modo realizar o tedioso trabalho de encontrar alguém na rede Bitcoin e estabelecer uma transação pessoalmente ou de outra forma?

É provável que você faça isso por meio de uma **bolsa de criptomoedas**.

Nesse ponto, você pode perguntar: Se as bolsas de criptomoedas são aquelas mesmas organizações que facilitam transações financeiras tradicionais, o quê, exatamente, o Bitcoin supostamente elimina? Tecnicamente você está certo em pensar desse jeito – elas até cobram taxas para compra e venda de bitcoins, transferência de dinheiro para uma carteira e câmbio de moedas. Essas taxas podem ser altas e "comer" parte de seus investimentos.

É compreensível que você, como muitos, seja cético, mas as bolsas de criptomoedas guardam pouca similaridade com as organizações de serviços financeiros que impõem regulamentação excessiva, limites de quantia e de quando se pode comprar ou vender. No que tange às organizações centralizadas, as bolsas de criptomoedas têm um toque de delicadeza e são mais parecidas com um bazar ou feira, que reúne compradores e vendedores, do que com um banco moderno. E existem ainda as DEXs (*Decentralized EXchanges*, bolsas descentralizadas) que possibilitam o comércio direto entre compradores e vendedores sem quaisquer recursos sob custódia centralizada. Falarei sobre as DEXs mais à frente, ainda neste capítulo.

As bolsas facilitam o encontro entre compradores e vendedores de criptomoedas e a realização de transações. Nos primeiros anos da história do Bitcoin havia poucas bolsas, mesmo quando o Bitcoin se globalizou e o interesse por ele aumentou.

Reconheci a necessidade desse tipo de plataforma quando lancei a bolsa BTCChina em 2013, que foi a primeira bolsa de bitcoins da China, com recursos rudimentares. Eu tinha uma visão do que ela poderia ser ao seguir práticas de negócios bem sedimentadas, resultado de meu aprendizado na criação de divisões nos cargos que ocupei anteriormente, no mundo corporativo. Levantei recursos e contratei engenheiros de *software* experientes.

O cenário do Bitcoin na época era bem diferente. Havia pouca concorrência. As ameaças à segurança que causaram embaraços à Mt. Gox e outras bolsas ainda não haviam surgido porque o valor do bitcoin não era suficientemente interessante (embora isso tenha mudado logo). Nos primeiros anos, operamos apenas como um *site* – nenhum *app* para celular. À medida que fomos crescendo, aprendemos o que tornava a experiência do usuário mais segura e melhor. De alguns milhares de usuários crescemos para mais de um milhão na época em que saí do negócio, em 2018.

Neste momento, seria negligência minha não mencionar o bode na sala do setor de criptomoedas: a segurança.

Brechas de segurança nas bolsas de criptomoedas constituem o lado negativo do setor, manchando sua reputação como parte de um público mais amplo.

Nenhuma vulnerabilidade foi mais danosa do que a invasão à Mt. Gox, descoberta em 2014. Lançada em 2010, a bolsa japonesa cresceu rapidamente e, em 2013, detinha cerca de 70% de todo o comércio mundial de bitcoins. Mas no início de 2014, a empresa informou que *hackers* haviam roubado cerca de 850.000 bitcoins. A Mt. Gox revisou posteriormente sua estimativa para 650.000 bitcoins, ou aproximadamente US$ 450 milhões, e declarou falência. A maior parte das moedas desapareceu de uma carteira quente da Mt. Gox por um longo período de tempo.

Em seguida, a Mt. Gox suspendeu as retiradas de bitcoins e mais tarde pediu falência, dizendo possuir quase o dobro do passivo na forma de ativos. No frigir dos ovos, o CEO da companhia, Mark Karpelès, que foi duramente criticado pela falta de habilidade pessoal e administrativa (um artigo da revista *Wired* relatou que ele havia permitido a inclusão de uma versão comumente usada de *software* de controle para garantir que programadores não sobrescrevessem o trabalho de outros à medida que estivessem atualizando a plataforma[5]) foi julgado culpado por um tribunal japonês por tentar ocultar os problemas financeiros da Mt. Gox. Karpelès e recebeu uma suspensão condicional da pena de dois anos e meio, que foi confirmada pela suprema corte japonesa em 2020.[6] Ele vem sustentando categoricamente sua inocência por qualquer ato ilícito.

Em outubro de 2014, encontrei-me com Mark Karpelès em Tóquio. Não o conhecia pessoalmente, mas como ambos operávamos bolsas importantes (a Mt. Gox era a mais famosa) e fazíamos parte do conselho de administração da Bitcoin Foundation, estava interessado em trocar ideias com ele; portanto, escrevi um *e-mail* para Karpelès durante uma breve viagem de fim de semana a Tóquio. Ele gentilmente aceitou a reunião e sugeriu que nos encontrássemos em seu escritório em um prédio baixo, com um elevador minúsculo, no centro de Tóquio. Encontramo-nos em uma austera sala de reuniões com paredes cinzas.

Investigações sobre a Mt. Gox haviam começado, mas Karpelès, que vestia *jeans* e camiseta, foi de uma cortesia imensa. Ele estava contente por compartilhar suas experiências administrando uma bolsa e ser meio *nerd*, como tantos profissionais da área de tecnologia. Pouco me contou sobre os problemas que a Mt. Gox estava atravessando e acreditei nele quando disse que eram resultado de má administração não intencional. Pelo fato de estar à frente de uma bolsa de bitcoins em rápido crescimento, eu sabia que não bastava conhecer tecnologia; a experiência administrativa era crítica, algo que fui acumulando em doses massivas em várias companhias. Tive a sensação de que Mark não tinha habilidades ou experiência suficientes como gestor e acabou se atrapalhando.

Mas a maior lição que obtive do encontro com Mark foi um renovado senso de responsabilidade que se deve ter ao administrar uma bolsa de bitcoins. Foi naquele ano que assumi a posição que era da Mt. Gox como a maior bolsa de criptomoedas do mundo em termos de volume de transações. Depois do fechamento da Mt. Gox, nos tornamos a bolsa de bitcoins com maior tempo de existência do mundo, porém, a posteriori, isso não foi significativo. O mais importante foi ter consciência de que eu precisava ser realmente responsável com meus usuários, proteger seus investimentos em bitcoins para que não fossem roubados por *hackers* ou coisa do gênero.

O roubo da Mt. Gox alimentou o clamor dos "criptocéticos" em relação ao bitcoin, que caiu 36% após a notícia da invasão da Mt. Gox ter vindo a público, mas era sem fundamento. A Mt. Gox, que havia vivenciado pelo menos duas outras invasões menores, passou a ser sinônimo do risco que as criptomoedas representavam.

As atribulações não se limitaram à Mt. Gox. *Hackers* roubaram aproximadamente US$ 1 bilhão em bitcoins somente em 2018, incluindo um golpe de US$ 60 milhões na bolsa japonesa Zaif. Em 2016, *hackers* subtraíram mais de US$ 70 milhões da Bitfinex. Um incidente em 2019 custou à respeitada Binance cerca de US$ 40 milhões em bitcoins.

Nada em tecnologia ou em qualquer outra área é impenetrável, por isso temos fechaduras e sistemas de segurança em nossas casas. Sem sombra de dúvida, os *hackers* continuarão a tentar roubar bitcoins, razão pela qual os usuários sempre devem se preocupar em depositar suas criptomoedas em bolsas custodiadas. Mesmo regulamentadas, não significa que sejam isentas de riscos. Eu simplesmente não aconselharia minha família ou amigos a depositarem bitcoins em uma bolsa.

Um relatório de 2020 emitido pelo grupo de pesquisas Chainalysis frisou que ao servirem de ponto intermediário para um número cada vez maior de transações, as bolsas se tornaram alvo dos *hackers*. Entretanto, o relatório também mostra que a incidência de invasões havia declinado desde o pico de 2018.

Não tenha medo de usar as bolsas, já que elas são um serviço necessário neste setor e desempenham papel fundamental para qualquer um que queira comprar ou vender criptomoedas. Se quiser reduzir a possibilidade de furto, não use os serviços de carteira custodiada que as bolsas oferecem. Existem opções mais seguras para depositar seus bitcoins, como já mencionei.

Há dezenas de bolsas de boa reputação que vêm dando duro não apenas no quesito segurança, mas no fornecimento de interfaces fáceis de serem usadas. Não recomendarei nenhuma bolsa em particular nem darei uma lista completa delas aqui.

Pense nas bolsas como salas de cinemas em várias regiões nas quais estão passando o mesmo filme. Assim como os cinemas, cada país ou região tem suas bolsas de criptomoedas locais. Elas são, fundamentalmente, um negócio regional, já que cada bolsa precisa interfacear com o sistema bancário e de pagamentos de seu país de origem; não existem dois países com as mesmas características. Elas têm os mesmos serviços básicos em qualquer lugar, porém, podem oferecer certas facilidades que se adéquam às preferências dos clientes de uma dada região. Uma vez adquirido o ingresso, você decide como irá usá-lo. Você pode optar por comprar um grande volume de bitcoins, um pouco ou nenhum, da mesma forma que escolheria uma poltrona para assistir a um filme. Faça sua pesquisa, escolha uma – ou algumas, caso esteja planejando adquirir uma quantia razoável de bitcoins – e use a bolsa que melhor se adéque às suas necessidades.

O *site* coinmarketcap.com lista mais de 300 bolsas e prevejo que haverá um número muito maior nos próximos anos. Cerca de um terço delas têm um volume mensal de transações bem abaixo de US$ 1 milhão. Muitos desses *sites* atendem a nichos. Mas as 30 (aproximadamente) bolsas mais ativas que dominam o setor, entre as quais estão Coinbase, Binance e BitStamp, geram cada uma volumes de transações na casa dos bilhões de dólares. Entretanto, não acredite cegamente nesses números, os volumes de transações são informados pelas próprias bolsas e há incentivos para o exagero. Muitas bolsas informaram volumes de transações falsos, especialmente as que não são regulamentadas.

Abrir uma conta em uma bolsa é um processo de várias etapas, similar ao que um banco ou qualquer empresa do setor financeiro exigiria para abertura de conta, mas com exigências de segurança e identificação muito mais rígidas. Você tem de fornecer uma prova de identidade, normalmente enviando cópias de seu passaporte ou RG, além de uma foto. Algumas bolsas podem até mesmo fazer depósitos-teste em sua conta bancária. Não obstante, você tem de aguardar um ou dois dias antes de poder começar a fazer depósitos e negociar.

Você compra uma criptomoeda, digamos bitcoin, usando seu cartão de débito ou crédito ou então depositando moeda fiduciária em uma conta bancária. Com o pagamento por cartão de débito ou crédito, você receberá seus bitcoins imediatamente, mas pagará uma taxa muito maior pela transação. Transferir dinheiro de uma conta bancária custa menos, mas leva alguns dias para você ter acesso aos bitcoins. Você tem também a opção de transferir dinheiro através de uma plataforma de pagamento ou ordem eletrônica de transferência de fundos, embora tenda a ser mais complicado.

Como acontece com as contas de corretagem de ações, você pode comprar criptomoedas usando ordens (de compra ou venda) ao preço de mercado ou ordens com preço limitado. Com uma ordem ao preço de mercado você comprará moedas ao melhor preço possível, conforme exigido pelo vendedor. Com uma ordem com preço limitado, você estabelecerá um preço máximo para efetuar a compra. Essa última opção lhe dá maior controle sobre a transação possibilitando que você estabeleça um preço de aquisição com o qual se sinta mais confortável. Algumas bolsas agora permitem a aquisição de títulos à margem, isso significa que você pode pedir dinheiro emprestado para comprar criptomoedas, mas é inerentemente mais arriscado.

Bolsas descentralizadas (DEXs), como a Uniswap, oferecem outra possibilidade: são plataformas que funcionam sem uma autoridade central para custodiar os depósitos de usuários. As DEXs não armazenam moeda, criam uma espécie de fórum de compradores e vendedores de criptomoedas que interagem livremente. Elas são rápidas, e muitas são de código aberto, de modo que, pelo menos teoricamente, são capazes de incorporar mudanças rápidas, conforme as tendências dos usuários se alteram. Uma limitação natural é que as DEXs são apenas bolsas criptomoeda-para-criptomoeda, e não é permitido o uso de moedas fiduciárias.

Alguns usuários de criptomoedas acreditam que essas bolsas não hierarquizadas sejam mais consonantes com a natureza descentralizada dos sistemas de criptomoedas. Eles dizem que as bolsas descentralizadas são menos suscetíveis a transações ilegais, manipulação de preços e invasões de *hackers*. Isso se deve, em grande parte, aos bancos e outras organizações intermediárias, cada qual com suas potenciais vulnerabilidades, que não fazem parte do processo de comercialização. Essas bolsas também não coletam tantas informações de identidade de seus usuários como as plataformas centralizadas. Algumas nem sequer exigem registro formal.

Mas sua natureza descentralizada também significa que há menos salvaguarda para os usuários do que nas plataformas centralizadas, na remota eventualidade de haver uma controvérsia ou alguém se sentir lesado. Nem todas essas bolsas são usadas largamente, o que também pode limitar as opções de negociação. Elas também não permitem a aquisição de títulos à margem, empréstimos ou negociações com prevenção de prejuízo em que você pode indicar com que preço quer vender ou comprar bitcoins. Caso esteja entrando no mercado de criptomoedas com cautela, essa última inabilidade pode ser a razão para você começar com uma bolsa centralizada.

Portanto, esses são os meus "três cavaleiros" – certamente, não apocalípticos. Eles nada mais são que os alicerces que lhe possibilitarão investir em bitcoins e participar da economia das criptomoedas. Lembre-se de que investidores inteligentes, independentemente do tipo de ativo, levam um tempo para tomar decisões tendo como base pesquisa e bom senso. Escolha as soluções que fazem mais sentido para você.

Em relação a carteiras e bolsas, há inúmeras opções. Essa gama de opções tem sido um dos mais encorajadores avanços do Bitcoin, fruto de muitas pessoas inspiradas e inteligentes com o mesmo nível de empolgação em relação às criptomoedas que eu desenvolvi. Tudo o que muitos consumidores poderiam querer é um mercado em expansão com uma variedade de ferramentas para usar.

O OBSCURO PONTO FRACO DA BESTA FIDUCIÁRIA

A maioria das pessoas sabe o que é justo ou não na vida. É justo quando se faz um investimento e ele cresce e se torna maior tomando como base critérios de desempenho. É até justo – embora indesejável – quando se faz um investimento e este se torna menor ou gera aumentos menores do que o esperado, desde que você saiba de antemão que existe a possibilidade de que perca valor.

Mas não é justo quando um investimento perde valor sem um bom motivo ou notificação prévia. Isso pode acontecer por incompetência do consultor de investimentos ou sob sua custódia. A perda pode se originar de um golpe em que alguém faz falsas promessas com intenção de seduzir o consumidor e incitá-lo a usar um dado serviço.

Pode também acontecer devido ao que eu chamo de negligência benigna sistemática, em que o modelo de um serviço financeiro limita ou reduz o valor de um ativo. Ou seja, a concepção do sistema, embora não maliciosa ou inerentemente injusta reduz, de qualquer forma, o valor do investimento ao longo do tempo. Esse declínio na capacidade de auferir ganhos acontece não por culpa do detentor do ativo.

A negligência benigna sistemática retrata bem nosso sistema bancário atual.

Os bancos, que dizem ajudar os clientes, na verdade, vão minando a capacidade desses clientes terem acesso e gastarem seu próprio dinheiro. Essa negligência inerente é o que eu chamo de "o obscuro ponto fraco da besta fiduciária". Não obstante, nós não combatemos esse sistema pelo fato de ele já estar profundamente enraizado, porque conhecemos apenas os sistemas monetários que nossos pais usaram e fornecem infraestrutura para gestão de nossas finanças pessoais.

Nas minhas apresentações em conferências sobre criptomoedas, algumas vezes eu puxo uma velha nota de US$ 100 que mantenho na carteira para fazer referência ao valor do dinheiro. É uma nota de 1979 com um pequeno retrato de Benjamin Franklin usando uma gola branca, circundado por uma auréola no centro, e as palavras "Federal Reserve Note" e "The United States of America" na parte superior da nota na familiar fonte Roman das cédulas. Em termos de desenho e textura, parece uma relíquia. Quando recebi minha primeira nota com o "velho" Franklin, como conto ao público, eu poderia comprar um belo par de tênis da Nike, minha marca favorita. Hoje essa nota não seria suficiente para comprar nem um modelo similar. Essa mesma cédula de US$ 100 agora vale muito menos.

O mesmo destino é reservado à nota de Benjamin Franklin atual, que tem uma fita azul fazendo uma bissecção no retângulo ligeiramente deslocada para a direita do centro e um retrato maior de Franklin à esquerda. Essa nota com Franklin mais colorida e novinha, que eu também mostro ao público, provavelmente poderá comprar não mais do que um par de pantufas daqui a 10 anos. O poder de compra da moeda diminui rapidamente com o passar do tempo.

Pode parecer um sacrilégio questionar um sistema monetário com centenas de anos, que tem como principal propósito atender às nossas necessidades – e faz isso sem grande alarde. Ao longo dos séculos, nossos sistemas monetários têm ajudado o mundo a descobrir novas terras, a desenvolver seus recursos mais valiosos, suas maiores invenções e a dar origem aos movimentos industriais, tecnológicos e agrícolas mais significativos da história da humanidade. Alguns de nossos mais influentes pensadores, pessoas com visão de futuro e profunda crença no potencial da humanidade modelaram esses sistemas, bem como filosofias mais amplas a respeito do papel do governo e do setor privado na geração de crescimento econômico. Poderíamos ficar discutindo os méritos de cada um deles, mas ambos estão arraigados à noção de uma autoridade central orientadora, incluindo:

- os pioneiros anônimos criadores do *metalismo*, em que o valor monetário deriva da prata, do ouro e outras *commodities*;
- a *"mão invisível" do comércio* do pensador iluminista escocês Adam Smith, a teoria econômica mais influente da história, que argumenta que os mercados devem efetivamente encontrar seu caminho sem a intervenção do governo ou outros, mas que opera tendo como pressuposto o fato de os bancos fazerem parte do ecossistema financeiro;
- o *cartalismo* do economista Georg Friedrich Knapp que, no início do século XX, teorizou que a moeda corrente era resultado da autoridade estatal;
- o *keynesianismo* de meados do século XX do economista John Maynard Keynes, que defende que os Estados devem estimular o crescimento;
- e a *economia do lado da oferta*, filosofia da era Reagan que defende menor envolvimento do governo, mas ainda dentro das estruturas econômicas atuais.

Os sistemas monetários e, por tabela, as instituições, têm falhado em diversos aspectos. Mas não notamos isso porque eles fazem parte de nossa vida há tanto tempo que os aceitamos sem questionar. Investimentos, gastos, poupança, transações comerciais e compras pessoais envolvem estruturas centralizadas há tempos estabelecidas e que a maioria das pessoas considera irrepreensíveis.

Nossa paixão pelas instituições ofuscou nosso discernimento e nos comprometeu a uma devoção irracional. Nós confiamos nelas, não por termos dedicado um tempo para analisar se os serviços que oferecem são de boa qualidade ou não, mas por estarem aí há tantas décadas ou mais como administradores de nossas finanças pessoais e profissionais.

A verdade é que não questionamos como eles fazem negócios. Não costumamos perguntar por que o dinheiro que depositamos nos bancos vale menos a cada ano que passa. Não questionamos os governos que alegam que trabalham para garantir baixa inflação.

Não debaterei aqui a necessidade de uma inflação baixa. A maioria dos economistas concorda que inflação baixa impulsiona o crescimento econômico ao garantir que os consumidores comprem mercadorias antes que fiquem mais caras nos anos seguintes e que o aumento nos salários – resultante da inflação – mantenha os trabalhadores contentes e produtivos. Sem inflação, as empresas não se sentem compelidas a aumentar salários. A inflação também eleva a arrecadação de impostos que extingue a dívida.

"O mais importante a lembrar é que a inflação não é um ato divino; a inflação não é uma catástrofe da natureza nem uma doença que vem como uma peste. Inflação é uma política [...]." escreveu o economista e filósofo do século XX, Ludwig von Mises, em seu livro *As seis lições: reflexões sobre política econômica para hoje e amanhã*.

Von Mises defendia que os governos poderiam eliminar as políticas inflacionárias. "Uma política pode ser alterada. Consequentemente, não há nenhuma razão para se render à inflação", escreveu ele. "Se alguém considera a inflação um mal, então esse alguém tem de parar de inflacionar. Deve se manter um equilíbrio no orçamento governamental. Obviamente, a opinião pública tem de apoiar isso; os intelectuais devem ajudar as pessoas a compreender. Dado o apoio da opinião pública, certamente é possível para os representantes eleitos pelo povo abandonarem a política da inflação." Concordo plenamente!

O que é difícil aceitar, segundo a perspectiva dos bancos, são os custos que eles impõem aos clientes – custos desproporcionais em relação ao tempo e esforço que empregam, veja alguns desses custos praticados nos Estados Unidos:

- taxas de trinta dólares ou mais em ordens eletrônicas de transferência de fundos (*wire transfers*), mesmo de uma conta para outra do mesmo banco, em alguns casos;
- cobrança para saque em caixas 24 horas não pertencentes à rede do próprio banco;

- dois dias úteis para compensação de cheques depositados em nossa conta bancária;
- atualizações de plataformas que impedem o acesso *on-line* às contas.

Isso sem falar de nossa receptividade ao aceitar que os bancos coletem nossos dados, algumas vezes pagando corretores para analisar nosso comportamento *on-line* e sugerir coisas que provavelmente serão motivo de decisões que nos levam a gastar.[2] Alguns bancos até reúnem informações de nossas atividades e navegação em mídias sociais ao longo do dia. Que xeretas!

Estamos igualmente aceitando *e-mails* e SMS que têm o único objetivo de nos fazer responder. Os bancos fazem isso diariamente sob alegação de preocupação com os clientes, mas, na verdade, estão tentando obter uma visão mais nítida do que pode nos tentar a adquirir outros produtos e serviços – o que, obviamente, aumentará a receita deles. Aquelas insuportáveis mensagens personalizadas que recebemos com frequência ao logarmos em nossas contas *on-line* lhe incomodam tanto quanto a mim? Nunca gostei da sensação "orwelliana" de que qualquer instituição, financeira ou não, esteja rastreando minhas atividades.

Aceitamos esse monitoramento porque respeitamos e confiamos nos bancos. Mesmo numa época em que escândalos envolvendo bancos aparecem regularmente nas manchetes, muitas pessoas ainda acreditam que sejam benevolentes guardiãs de nossos ativos, ícones de respeitabilidade. Toda essa máscara faz parte do obscuro ponto fraco do sistema fiduciário.

Guardo boas lembranças da infância quando ia ao banco com meus pais e, mais tarde, quando abri minha primeira conta bancária no BayBank, pequeno banco próximo da The Lawrenceville School em New Jersey, quando entrei no colegial como aluno de internato em 1989.

A filial, em que meu pai depositou US$ 1.000 para minhas despesas escolares, tinha mobiliário confortável e "calma eficiência" para processar toda a papelada que precisávamos apresentar. Eles faziam poucas perguntas; claramente já estavam acostumados com famílias do Lawrenceville que faziam solicitações semelhantes ao longo de todos aqueles anos. Nos poucos anos que ali fiquei, os gerentes, todos de terno, me trataram com o mesmo respeito que dispensavam a clientes mais antigos todas as vezes que eu ia à agência sacar dinheiro.

Tenho vários amigos que ocupam cargos executivos em algumas das mais famosas instituições financeiras mundiais. Meus negócios profissionais ao longo dos anos têm sido muito positivos. Fui capaz de conseguir empréstimos hipotecários para comprar imóveis e nunca tive receio de que o dinheiro e os valores que depositei nessas instituições ficassem vulneráveis.

Nosso principal problema tem sido deixar de fazer perguntas sobre nossos sistemas monetários e suas instituições – sem falar das pessoas por trás delas. A forma como fazem as coisas são realmente tão eficientes e favoráveis aos clientes? Não haveria uma forma melhor? Ou até mesmo seriam elas necessárias em um mundo com moeda digital, em que qualquer pessoa pode ser seu próprio banco?

O VERDADEIRO VALOR DO DINHEIRO

Tomar conhecimento do Bitcoin me levou a fazer perguntas sobre nossas instituições e como elas operam. Cada vez mais, passei a não gostar de nosso sistema monetário atual. Não se trata apenas do fato de os serviços oferecidos pelos bancos sempre terem um custo a eles associados; o sistema como um todo me parece montado para atuar contra nós, projetado para reduzir nosso patrimônio de uma forma ou de outra. Esse traço anticliente é o obscuro ponto fraco desse sistema.

Considere o valor do dinheiro. Seu valor depende das decisões dos indivíduos responsáveis por sua emissão, e não dos materiais – papel e metais – dos quais ele é criado. Não há fórmulas matemáticas que justifiquem esse valor, nenhum método infalível que garanta que seu valor seja exatamente o que deveria ser num dado momento. Até mesmo o sistema de milhas de companhias aéreas ou cupons para "bolos da Lua" – doces chineses recheados com pasta de feijão adocicado ou semente de lótus que as pessoas presenteiam umas às outras nos festivais de outono do país – têm um valor mais estável.

Contraste com o custo de um hambúrguer do McDonald, 15 centavos de dólar em 1955, não muito tempo depois que Ray Kroc franqueou o negócio. Os hambúrgueres hoje em dia continuam do mesmo tamanho e basicamente com o mesmo conteúdo proteína/gordura, porém, agora eles custam US$ 2,50 – fica claro que algumas coisas são para sempre e outras não. Nosso dinheiro se desvaloriza com o tempo. Não observamos este declínio diariamente, porém, em um período de anos ou décadas, fica bem claro.

Por que isso acontece não faz sentido, exceto se for o *modus operandi* desses bancos.

Aceitamos de boa fé que o preço de algo foi bem estimado e nos parece justo. E estamos dispostos a pagar mais por algumas coisas ao longo do tempo quando acreditamos que elas progrediram. Mas por que os preços aumentam continuamente? Não faz sentido quando se pensa sobre isso, particularmente quando os ingredientes e processos são os mesmos. Eles refletem a fraqueza humana das autoridades de bancos centrais que estabelecem políticas determinando o valor do dinheiro.

Essas pessoas enfrentam enorme pressão política de outras que os indicaram não apenas para estimular uma economia emperrada, mas para manter taxas de crescimento econômico quando parece provável que as condições vão mudar. Testemunha disso foi a fúria do ex-presidente Donald Trump em seguir a decisão do Federal Reserve, em 2018, de elevar a taxa de juros básica que o Banco Central cobra de outros bancos para empréstimo. Como de hábito, Trump atacou implacavelmente, e num determinado momento chamou o Fed da maior e única ameaça à economia dos Estados Unidos, sugerindo que ele exoneraria o presidente do conselho, Jerome Powell. Num prazo de um ano, apesar de dizer que jamais se curvaria a pressões políticas, Powell cortou a taxa de juros três vezes.

Para dizer a verdade, o aumento estava diminuindo de ritmo, porém, o PIB flutuava acima da casa dos 3% e o mercado de trabalho se encontrava em níveis excelentes. Críticos do Fed questionaram os cortes e a motivação de Powell para assim fazê-lo. Por que afora a pressão política o respeitado Powell optaria por estimular a economia, razão usual para corte nas taxas quando ela mostrava poucos indícios de estar estagnada? O *timing* era no mínimo temerário.

Seria esse um movimento justo no longo prazo? O coronavírus tornou a medida discutível no início de 2020, marcando o início de uma crise econômica tão grave que o Fed não teve outra escolha – política ou não – a não ser manter a taxa de juros sempre baixa.

Mas faz parte da história dos Bancos Centrais criar obstáculos. Geralmente, o problema é serem demasiadamente ambiciosos, embora costumem ser acusados de grande insensibilidade e incapacidade de compreender que suas decisões afetam pessoas.

Consideremos o caso da República do Chipre. No período 2012-2013, o país, uma ilha no Mediterrâneo oriental e berço da mitológica Afrodite, sofreu grave crise econômica, resultado de uma prolongada recessão e da especulação exagerada das propriedades comerciais. Os empréstimos inadimplentes subiram acima de 6%, número absurdo para uma pequena economia dependente do turismo. Isso abalou o setor bancário cipriota, com dívidas de US$ 22 bilhões, quantia superior ao produto interno bruto do país.

Em 2013, o governo cipriota congelou todas as retiradas e instituiu medidas extremamente austeras para garantir um pacote emergencial de ajuda financeira de aproximadamente 23 bilhões de euros. Como parte dessas medidas, o governo confiscou aproximadamente 50% das economias dos titulares de contas bancárias acima do limite garantido de 100.000 euros nos dois maiores bancos do Chipre, o Bank of Cypress e Laiki (mais tarde, o Laiki foi absorvido pelo Bank of Cypress). Os correntistas receberam um tímido prêmio de consolação, ações do Bank of Cypress. O governo cipriota disse que o capital levantado do que ele chamou de taxa sobre os correntistas iria estabilizar os instáveis setores bancário e econômico do país.

"Trata-se de um importante passo para a estabilização tanto do banco quanto da economia cipriota", disse o porta-voz do governo. Mas como acontece com muitas decisões institucionais, há um lado mais obscuro por trás da história. Um artigo da revista *Atlantic* relatou que os ativos dos bancos cipriotas eram equivalentes a oito vezes o PIB do país, grande parte do dinheiro proveniente daquilo que o autor chamou de "russos evasores fiscais", entre os quais "oligarcas e gângsteres"[3]. O artigo destacava que o Chipre havia se tornado "dependente de financiamento do Banco Central para continuar solvente".

Porém, acredito que parte da justificativa do governo era a suposição de que se uma pessoa tinha mais de 100.000 euros em suas contas, provavelmente era suficientemente rica para absorver o prejuízo. Concordo com o ponto de vista da *Atlantic*, que dizia que uma parcela desse dinheiro fazia parte de um esquema de alguns russos abonados para escaparem de suas obrigações fiscais ou para lavagem de dinheiro.

A política criou um efeito cascata, fazendo que mesmo pequenos correntistas corressem para sacar seu dinheiro, criando longas filas nos caixas eletrônicos. Todos receavam que haveria uma corrida ainda maior aos bancos. Os cipriotas invadiram as ruas exigindo, entre outras ações, que o governo nacionalizasse os bancos, congelasse o orçamento das Forças Armadas e instituísse um imposto federal. Duas semanas antes do Natal de 2012, grupos invadiram o parlamento atirando pedras e ovos nos legisladores. Entendo essa raiva. Tudo isso foi uma demonstração tácita da fraqueza do nosso sistema bancário.

Por meio de decreto, e sem grande alarde, uma instituição financeira "fez uma limpa" nos cofres. É como se os ativos jamais tivessem existido. E, tecnicamente, não havia nada de ilegal nas ações do governo cipriota. Isso é muito inquietante. Para dizer a verdade, o Chipre se recuperou e teve vários anos de crescimento consistente com o PIB antes da chegada da covid-19. Mas as questões permanecem: Teriam os bancos o direito de levar nosso dinheiro ali depositado, seu suado dinheirinho, numa eventual crise econômica? Poderiam exercer tamanho poder sobre nossa vida?

Observadores eventuais podem considerar os problemas do Chipre exclusivo de um país pequeno de pouca importância para o mundo. Mas ele tem poderes executivo, legislativo e judiciário, não muito diferente do modelo norte-americano e de outros países, e seus problemas são os mesmos vividos por grandes países em algum momento de suas histórias. Infelizmente, é provável que vejamos isso acontecer em outro país.

Recordemos as icônicas fotos da Depressão de 1929, há menos de um século, com multidões formando filas enormes em frente aos bancos e na boca do caixa, pessoas que entraram em pânico com os rumores de que os bancos não teriam dinheiro para cobrir suas contas e desesperadas para terem seu dinheiro em mãos. Da crise de 1929 até o final dos anos 1930, cerca de 9.000 bancos faliram – 4.000 apenas em 1933. As colossalmente avaliações equivocadas dos banqueiros custaram a seus depositantes mais de 140 bilhões de dólares e, em muitos casos, destruíram vidas e negócios à medida que a depressão se aprofundava. Frank Capra retratou o sentimento de desamparo em seu filme *A felicidade não se compra*, em uma cena na qual clientes invadem (vociferando) o prédio do Bailey Brothers Building & Loan, pilar institucional da fictícia comunidade de Bedford Falls.

Oitenta anos mais tarde, em 2008, as circunstâncias eram diferentes, mas os banqueiros norte-americanos erraram de forma similar, ignorando o ponto fraco do comprometimento deles com um novo ativo, valores mobiliários que foram criados "empacotando" os assim chamados empréstimos hipotecários de alto risco, possibilitando que pessoas com deplorável histórico de crédito comprassem moradias. Por um breve período, empresas que investiram nesses títulos e facilitaram sua venda acumularam ganhos enormes. No livro *A jogada do século*, Michael Lewis escreveu a respeito de um banqueiro que ganhou aproximadamente US$ 40 milhões comprando e vendendo esse tipo de título.

Mas quando o Federal Reserve elevou as taxas de juros, muitos mutuários deixaram de pagar as prestações e o valor dos papéis lastreados em empréstimos de alto risco despencaram. A lista de quebras (ou quase quebras) representava quase um "quem é quem" dos gigantes do setor bancário (bancos comerciais e de investimento). Entre eles figuravam Lehman Brothers e Bear Stearns, que faliram, e o Washington Mutual, a maior sociedade de poupança e empréstimo do país cujos ativos foram adquiridos pelo JPMorgan Chase. Wachovia, o quarto maior banco dos Estados Unidos, para evitar a quebra foi absorvido pelo Citibank; e o Merrill Lynch, outra respeitada corretora de valores, foi adquirido pelo Bank of America.

Os consumidores se aborrecem com os efeitos danosos dos enormes erros resultantes de avaliações mal feitas pelos bancos e com a falta de cuidado destes em várias frentes. Muitos perderam suas casas alimentando a crise do mercado imobiliário. Outros perderam investimentos que haviam confiado a respeitadas instituições. Clientes do Washington Mutual e do Wachovia não tiveram nenhuma alternativa a não ser tornarem-se clientes do Chase e do Citibank.

Às vezes, um incidente único ou um boato é tudo que se precisa para colocar um banco na defensiva e os clientes em apuros. Em 2011, na Suécia, um boato de que dois bancos, o Swedbank e o SEB, atravessavam momentos de dificuldade deu origem a longas filas em caixas eletrônicos e na boca do caixa enquanto correntistas nervosos aguardavam para ver se as instituições eram capazes de cobrir seus depósitos.

Mas os bancos são iguais a qualquer empresa sob pressão. Líderes tomam decisões favoráveis às suas instituições sem pensar nos clientes. Movimentam contas, limitam acesso a capital, restringem crédito e retardam serviços – normalmente com explicações não convincentes e muitas vezes sem avisar. Para mim, a falta de transparência talvez seja a pior face dos bancos de varejo.

Os bancos determinam o valor do dinheiro pelo controle da oferta. Eles podem inundar o mercado com novas notas, eliminar moeda corrente ou mesmo eliminar de vez uma moeda. As razões para essas decisões são reflexo de um pensamento errôneo. Prova disso é a República de Weimar que após o fim da Primeira Guerra Mundial vivenciou a pior hiperinflação da história de qualquer país industrializado, enfrentou dificuldades para pagar suas enormes dívidas de guerra estipuladas pelos duros termos do Tratado de Versailles. De 1919 a 1922, com a economia alemã cambaleante, o marco teve uma queda de mais de 99,999% em seu valor e os alemães usavam parte de seu desvalorizado dinheiro para cozinhar e como combustível nos sistemas de calefação. Essa decadência foi um das desculpas para a ascensão do partido de Hitler (Partido Nacional Socialista e dos Trabalhadores da Alemanha). Esse trágico episódio da história teve consequências políticas graves para o mundo.

Mas existem exemplos de desvalorização mais recentes, não tão politicamente drásticos, porém, não menos inquietantes. Nos anos 1990, a economia do Zimbábue entrou em colapso depois do recém-eleito governo ter dado início a reformas para uma distribuição de terras mais justa entre os proprietários de terra brancos que haviam governado o país por décadas e os agricultores negros, de subsistência. A iniciativa mal concebida – faltava treinamento aos agricultores negros para gerir grandes propriedades – arruinou o setor agrícola do país, que respondia por um terço de suas divisas.

Os bancos do Zimbábue faliram em meio a graves declínios na produção de alimentos, corrupção e sanções impostas por países europeus e pelo Estados Unidos contra o regime ditatorial. Para impulsionar a economia, o Zimbábue começou a emitir dólares zimbabuanos em volumes mais adequados ao "jogo", incluindo notas de 100 bilhões e 100 trilhões de dólares zimbabuanos. A inflação persistia e o governo continuou a emitir cédulas com valores cada vez maiores, a mais alta delas de 100 trilhões de dólares zimbabuanos. No final, o dinheiro fictício do jogo Banco Imobiliário provavelmente valia mais do que os dólares zimbabuanos! A moeda corrente não tinha qualquer base para ser valorizada. O povo do país, investidores estrangeiros e empreendedores que eventualmente tinham feito negócios no país perderam completamente a fé no governo.

Os países podem até mesmo substituir ou eliminar a moeda corrente – ou partes dela. Em 2016, sem qualquer aviso prévio, o primeiro-ministro indiano, Narendra Modi, fez um anúncio bombástico na TV de que o governo retiraria imediatamente de circulação as notas de 500 e 1.000 rupias. Modi disse que o objetivo da medida era verificar o uso de notas falsas em atividades ilegais e terrorismo. Depois de longa demora, o governo emitiu novas notas de 500 e 2.000 rupias em substituição, mas limitou a quantia que os clientes de bancos poderiam trocar e, subsequentemente, quanto poderiam sacar. Por vários meses a economia indiana ficou praticamente paralisada.

A falta de dinheiro vivo gerou violência e houve relatos de mortes entre os clientes que há muito esperavam nas longas filas em frente aos bancos para trocar notas e fazer saques.[4] O PIB despencou pela metade em meio a repentinos e notáveis declínios na agricultura e na indústria e houve paralisia no setor de transporte de caminhões, incapaz de pagar pelo combustível. As cotações das bolsas da Índia ficaram em baixa por seis meses. Economistas indianos, alguns que até haviam apoiado a iniciativa, rapidamente revisaram seu pensamento.

Portadores da antiga moeda tinham poucas opções e, em alguns casos, perderam anos de investimento em poupança, devido à inabilidade de conversão para as novas notas em momento propício. O episódio foi outra demonstração contundente de como as instituições detêm todo o poder na relação banco-cliente.

A decisão da Índia foi semelhante à do presidente Nixon, em 1969, de tirar de circulação as notas de US$ 500 e US$ 1.000 nas quais apareciam, respectivamente, os retratos de William McKinley e Grover Cleveland. Justificativa de Nixon: as notas facilitavam a transferência de dinheiro por grupos criminosos internacionais. Na época em que escrevia este livro, o Banco Central Europeu estava considerando retirar de circulação notas de 500 euros. Portanto, se dinheiro vivo pode ser usado anonimamente por criminosos, deveriam os cidadãos respeitadores da lei ser proibidos de usar dinheiro vivo? Os que os governos gostam mesmo é de forçar a sociedade a usar uma forma de dinheiro que possa ser totalmente rastreada e controlada. Discordo veementemente dessa atitude.

Recentemente, assistimos à queda histórica da economia venezuelana e sua moeda, o bolívar, virar pó. Antes disso, a Venezuela estava se estabilizando como o país mais rico da América do Sul, com petróleo em abundância e livre de convulsões políticas que afligiam outros países na região. Porém, com a chegada de Hugo Chávez e seu corrupto sucessor, Nicolás Maduro, ao poder, o país tomou decisões erradas uma após a outra. Entre elas, colocou-se antagonicamente em relação aos Estados Unidos, que impôs sanções contra o regime de Maduro forçando-o a esgotar suas reservas de petróleo.

A inflação alcançou percentuais na casa do 1 milhão, enquanto o bolívar perdeu 95% de seu valor em relação ao dólar americano. De acordo com um relatório de 2018 da BBC, um frango de 2 kg poderia custar, na Venezuela, mais de 14 milhões de bolívares e pagava-se mais de 10 milhões por 1 kg de carne.[5] Um artigo de 2019 do *New York Times* informou que cerca de um décimo da população havia deixado o país,[6] muitos desses eram aqueles que não podiam ou não gostariam de viver à base de miúdos não conservados em geladeira e ficar disputando a tapa para encontrar água limpa e serviços básicos em meio a *blackouts* regulares. Um economista de Harvard, Kenneth Rogoff, citando o artigo do *Times*, considerou a questão venezuelana a maior "tragédia humana dessa escala afora a guerra civil em aproximadamente meio século".

FALHAS NO ATENDIMENTO

No início de minhas incursões no mundo do Bitcoin, enquanto escrutinava os sistemas de moedas fiduciárias, reconheci quantas vezes as instituições haviam sido omissas comigo e minha família. Considere a seguinte situação que ocorreu em 2018 quando quis entrar no torneio World Series of Poker

(WSOP) em Las Vegas, o mais prestigioso torneio de pôquer com prêmios em dinheiro que chegam a milhões. Desde a época em que aprendi o jogo, após concluir a faculdade, sempre gostei de fazer pequenas apostas no pôquer. Depois de vender a BTCC, tinha tempo para aperfeiçoar minhas habilidades e participei de um número maior de torneios de pôquer. Ganhei o suficiente diante de bons jogadores para acreditar que poderia me dar bem no torneio anual WSOP. Para ter a oportunidade de me testar diante de lendas do pôquer e estrelas em ascensão, eu teria de pagar a taxa de inscrição de US$ 10.000, uma das maiores taxas de inscrição do mundo, o objetivo desse valor era evitar que jogadores menos habilidosos participassem do arriscado divertimento.

Eu era cliente do Wells Fargo há mais de 25 anos e tinha mais do que o necessário em minha conta-corrente para fazer o saque. Planejei fazer um saque de US$ 20.000 em dinheiro, US$ 10.000 para a taxa de inscrição no WSOP outros US$ 10.000 para jogar pôquer ou outros jogos no cassino. Mas quando parei em um banco de um subúrbio a cerca de dez quilômetros da famosa Las Vegas Strip, para ter acesso ao que supostamente era meu dinheiro, tive de passar por uma série de conversas que duraram quase meia hora com caixas desconfiados e um gerente de filial mais cético ainda.

Eles me fizeram perguntas que pareciam inócuas, mas elaboradas com o intuito de determinar se eu iria fazer algo ilícito – ou, no mínimo, no limite da legalidade – com minha retirada. Devido ao saque de um valor elevado, o caixa tinha de falar com o gerente para concluir a tarefa.

"Sr. Lee, trata-se de um saque grande. O senhor não preferiria um cheque administrativo?", perguntou o gerente. Declinei da oferta e pedi dinheiro vivo.

"Para que o senhor precisa desse dinheiro?", foi sua resposta.

Fiquei perplexo e respondi imediatamente: "Mas que coisa, aqui é Las Vegas! Vou jogar nos cassinos".

"Que tipo de jogo?", perguntou o gerente.

Disse a ele que jogava dados e pôquer, e precisava do dinheiro para pagar a inscrição no torneio de pôquer WSOP.

O gerente do banco sugeriu novamente que eu poderia pegar um cheque administrativo e usá-lo para pagar a inscrição no cassino. O que ele não mencionou foi que os bancos cobram uma taxa para emissão de cheque administrativo, ao passo que não poderiam cobrar qualquer taxa pelo saque do dinheiro – para ter meu próprio dinheiro em mãos.

Portanto, pela última vez, respondi: "Não, obrigado. Vou levar em dinheiro, por gentileza".

Como cliente de longa data e com um saldo médio grande, primeiro pensei em levar meu descontentamento ao conhecimento do Wells Fargo. Mas decidi responder às perguntas com sinceridade embora não tenha compartilhado muita informação. Achava que essa abordagem iria afastar qualquer tipo de suspeita adicional. Deixei o gerente e o caixa cientes de que eu precisava do dinheiro para o torneio e forneci alguns detalhes sobre a competição. Mas, sinceramente, o que interessa a eles o que eu faria com meu próprio dinheiro? Não se tratava de um empréstimo bancário, em que eu pediria dinheiro e eles teriam a responsabilidade de avaliar se seria apropriado me conceder o empréstimo. No meu caso, tratava-se do meu próprio dinheiro! Meu próprio dinheiro!

Houve mais demora até que fossem contadas as notas de cem dólares. Eles tinham de contar a quantia duas vezes: uma vez na máquina outra vez diante de mim, uma nota de US$ 100 a cada vez. As notas formaram 10 pilhas ordenadas que eu rapidamente coloquei em um envelope e depois na minha mochila. Considero uma grande ironia um banco fazer tantas perguntas sobre um saque em dinheiro vivo em uma cidade onde grandes somas mudam de mãos regularmente. É verdade que algumas grandes somas mudam de mãos ilegalmente. Mas quanto mais eu ponderava sobre a situação, mais me inquietava. Temos liberdade em relação ao que fazer com nosso próprio dinheiro? Ou os bancos podem ter um peso tão grande na decisão, como se fôssemos crianças que precisam da permissão dos adultos para nossas escolhas e atividades do dia a dia?

As perguntas dos funcionários do banco eram uma clara invasão de privacidade. Se eu não tivesse respondido com franqueza, provavelmente teriam negado meu pedido de saque em dinheiro e citado regras e regulamentações contra fraudes e lavagem de dinheiro. Eles certamente me diriam, ao negar a retirada em dinheiro, que seria para segurança da conta e minha própria proteção. E, pior ainda, poderiam marcar minha conta com um alerta vermelho ou emitir um relatório de atividade suspeita para os órgãos reguladores do sistema bancário. Quais teriam sido as consequências disso tudo? Sinceramente, não sei.

Não era da conta deles se eu gastasse o dinheiro na taxa de inscrição de um torneio de pôquer, se eu comprasse 300 camisas estilo havaiano no Walmart ou comprasse erva em uma loja que aviasse receitas de marijuana (isso mesmo, fumar maconha para fins recreativos agora é legal em Las Vegas, Nevada). Além disso, qualquer coisa que precisassem saber sobre minhas contas ficava prontamente disponível na tela de seus computadores, mas os bancos fazem essas perguntas desnecessárias alegando a defesa da segurança da conta. Isso cria mais uma incongruência, já que os bancos e outras instituições financeiras falham na proteção de nossos dados pessoais.

Prova disso foi a falha de segurança ocorrida em 2019 na instituição Capital One e que comprometeu informações pessoais de mais de 100 clientes. Um engenheiro de *software* foi capaz de invadir as plataformas da empresa para roubar informações. Ou considere o banco do qual sou cliente há muito tempo, o Wells Fargo, que ainda está tentando limpar sua reputação depois que a diretoria – formada por experientes executivos do setor bancário – sancionou um programa que cobrava taxas de clientes livres de qualquer suspeita associadas a linhas de crédito e a cartões de débito e crédito fraudulentos. O banco pagou US$ 185 milhões em multa pela mutreta, e seu CEO, John Stumpf, concordou em ser banido pelo resto da vida do setor bancário. As campanhas de marketing da instituição continuaram a se concentrar em questões de confiança.

Ao longo de anos, tive problemas contínuos com o WeChat Pay, a plataforma de pagamento chinesa que usava para enviar dinheiro a meus amigos e familiares. O WeChat Pay tem um limite anual aproximado de US$ 30.000 que as pessoas podem transacionar. Portanto, eu tinha que cuidadosamente parcelar minhas transações ao longo do ano.

À parte disso, um dos bancos que uso na China recentemente instituiu uma taxa para envio de mensagens SMS de alerta, em que sou notificado de qualquer atividade na minha conta. Eu não uso tanto essa conta, mas ironicamente todos os meses recebo uma única mensagem SMS do banco, notificando-me que eles deduziram a taxa de serviço SMS especial do meu saldo. Portanto, literalmente eu pago a eles todos os meses para me avisarem que eu paguei a taxa. Muitas vezes fico pensando se eu não deveria simplesmente solicitar a desabilitação desse recurso de notificação SMS e economizar a taxa mensal. Essa situação e minha experiência com o WeChat Pay e o Wells Fargo Bank escancaram minha falta de controle sobre meus ativos.

Repito que não tenho nada contra as moedas tradicionais. Vim de uma família que prosperou usando sistemas monetários fiduciários (e ouro, que lhes deu um ponto de partida para uma nova vida em Hong Kong). Eles usavam dinheiro vivo para criar seus negócios, particularmente em Abidjan, núcleo comercial da Costa do Marfim em que meus pais se estabeleceram nos anos 1970, e usavam o dinheiro vivo como língua franca do comércio – e, por vezes, dólares americanos, em geral empilhados em pacotes e amarrados com elásticos. Minha família sacava o dinheiro diretamente na boca do caixa do banco no qual mantinham contas há anos.

Esses dólares, originários da maior potência econômica do mundo, eram sinal de confiança. Poucos achavam que os dólares iriam se sustentar ao longo do tempo.

Tanto verbalmente quanto por ações, meus pais ensinaram meus irmãos e a mim a usar o sistema de monetário fiduciário. Eles nos ensinaram a fazer previsões de gastos, poupar e trabalhar com bancos; identificar a diferença entre contas corrente, poupança e de investimento em ações e, caso você tenha planejado de maneira inteligente, colocar dinheiro para trabalhar para você para garantir um alto padrão de vida. Ouvimos eles nos contar muitas vezes como haviam se mudado para a Costa do Marfim em um momento propício para empreender e ver os frutos do trabalho deles – uma fábrica que vendia produtos tanto internamente quanto para o exterior, uma casa com número de quartos suficiente para todos em um país em que algumas famílias se espremiam em uma casinha de um ou dois cômodos, viagens e estudos no exterior. E o sucesso deles nos possibilitou adquirir os computadores pessoais mais atualizados, início de minha paixão eterna por tecnologia.

Minha habilidade de ganhar e cuidar de moedas fiduciárias como investidor e homem de negócios de sucesso permitiram-me arriscar bastante e cultivar interesses pela culinária francesa, vinhos e pôquer. Tenho imóveis nos Estados Unidos e na China, e um dia meus filhos provavelmente seguirão os meus passos e frequentarão uma universidade nos Estados Unidos. Concordo com Henry David Thoreau, ensaísta americano que promovia as virtudes de uma existência mais simples mas também dizia que "riqueza" era "a capacidade de viver plenamente a vida".

Até que os negócios adiram ao Bitcoin de forma mais ampla, continuarei a pagar pela maioria das coisas do jeito tradicional com moeda fiduciária, usando cartões de crédito, dinheiro, sistemas de pagamento e outras ferramentas para finanças pessoais. Tenho contas em dólares e *yuan* chinês. Eu até admiro muitas ferramentas tecnológicas para finanças desenvolvidas para servir os clientes; elas transformaram nossos *smartphones* em mini-bancos.

Digo isso para reforçar que meus ataques às moedas fiduciárias não são pessoais. Não sou um renegado contra o *establishment* querendo derrubar nossas maneiras de fazer negócios.

Os Estados Unidos, do jeito que conhecemos, não existiriam sem os Bancos Centrais europeus do final do século XVIII, que emprestaram dinheiro para uma causa patriota e um novo sistema bancário nacional que respaldaram o lado unionista na Guerra de Secessão. Ao longo da história, os bancos alimentaram a exploração, o empreendedorismo e a propriedade.

Sem empréstimos bancários, Sam Walton, sinônimo de Walmart, empresa em que trabalhei, não teria sido capaz de transformar sua pequena loja em um império do varejo. Os empréstimos bancários continuam a ajudar proprietários de pequenos negócios que caem no radar do capital de risco. Em 2019, o Wells Fargo, depois de suas agruras amplamente divulgadas sobre as quais me referi alguns parágrafos antes, gerou cerca de US$ 85 bilhões em empréstimos hipotecários, e o Bank of America, outros US$ 55 bilhões.

Os sistemas monetários tradicionais têm seu lugar no mundo por enquanto. Eles têm nos dado bons fundamentos de como avaliar objetos e serviços e também como realizar transações financeiras adequadamente. No meu caso, lembro-me carinhosamente das cadeiras almofadadas em que meu pai e eu sentávamos na filial do BayBank em Lawrenceville, New Jersey, no início de meu período de estudos no colegial quando abrimos minha primeira conta corrente.

Tendo dito isso, também sou capaz de examinar lucidamente os sistemas monetários e as instituições que são ponto central para eles. Esse sistema de longa data cresceu a tal ponto de estar hoje fora de controle. Nosso dinheiro vale menos a cada ano e seu valor depende do julgamento de burocratas que não estão pensando em nós. Ao contrário, os bitcoins consistentemente ganham valor devido à sua natureza deflacionária, que foi propositadamente projetada no sistema Bitcoin.

Mas os bancos também têm muita ingerência sobre o que podemos fazer com nosso dinheiro, exigem informações pessoais em demasia para que possamos usar seus serviços, cobram tarifas exageradas e não fornecem o nível de segurança ou atendimento para que queiramos continuar usando-os. Pelo fato de funcionarem em uma estrutura monetária maior, eles não se sentem obrigados a mudar o foco. Em grande parte se consideram imunes a críticas por operarem às custas dos consumidores. Como acontece com todos os sistemas vigentes há longa data, o principal objetivo deles é se protegerem. Mais uma vez, na contramão desses interesses, o Bitcoin serve à sua comunidade e apenas à sua comunidade.

POR QUE OS ÓRGÃOS REGULADORES TÊM RETARDADO A ADOÇÃO, MAS NÃO DEVERIAM FAZÊ-LO

Q ual é o nível de regulamentação necessária para se viver de forma pacífica e produtiva? Em que situações as regras e restrições ultrapassam os limites e passam a interferir em vez de habilitar as pessoas?

Essas são duas partes de uma grande questão, debatida ao longo de eras pelos maiores filósofos da História. Eles partem do pressuposto de que a maioria das pessoas são boas – premissa razoável em minha opinião, mas em caso de punição, existem regulamentos ou codificação para frear nossos impulsos menos nobres e esclarecer o que é certo ou errado. E isso se aplica a todos os empreendimentos, inclusive aos sistemas monetários e ao Bitcoin.

Podemos não gostar de regras, mas precisamos de um punhado delas.

"Se os homens fossem anjinhos, não seriam necessários governos", James Madison registrou de maneira célebre em "O Federalista – ensaio nº 51", um dos 82 de sua autoria ou coautoria com Alexander Hamilton, acrescentando, "Ao se estruturar um governo que deve ser administrado por homens para os homens, a grande dificuldade está no seguinte: é preciso primeiro capacitar o governo para poder controlar os governados e, em seguida, obrigá-lo a se conter".

Madison compreendeu o desafio organizacional que os líderes políticos sempre enfrentaram. Eu comecei a ponderar mais essa questão à medida que me aprofundava no estudo do Bitcoin e pensava nas miríades de maneiras pelas quais as instituições financeiras por mim escolhidas não atendiam às minhas necessidades. Também me fez pensar em outras situações em que o governo e outras organizações complicavam minha vida em vez de facilitar.

As diversas civilizações responderam a essas questões de forma diferente, de acordo com suas culturas, os desafios econômicos e sociais por elas enfrentados e suas lideranças. A regulamentação tem uma longa história.

De 2500 a 1700 a.C., a área compreendida entre os rios Tigre e Eufrates, um dos quatro berços da civilização ocidental, gerou os primeiros códigos de lei registrados. O mais famoso deles, o Código de Hamurabi – em homenagem ao poderoso soberano da Babilônia – foi gravado em uma enorme coluna de diorito negro, parte da qual se encontra hoje exposta no museu do Louvre.

Hamurabi, grande líder militar, percebeu a necessidade de governar seu império em rápida expansão, que se estendia por 77.700 km^2 nas terras que hoje formam o Iraque, a Turquia, o Irã e a Síria. Seu conjunto de 282 leis procurava moldar o comportamento social e comercial apropriado, tomando como base o que provavelmente são as áreas mais frequentes de conflito interpessoal.

Algumas dessas leis eram notadamente brutais, mas outras pareciam estar genuinamente preocupadas em tratar as pessoas de modo justo. Para garantir contabilidade confiável, o código exigia que clientes de mercadores de grãos, lã e óleo "anotassem o valor" das mercadorias que compravam e pegassem um recibo com a quantia paga. "Se o agente for descuidado e não pegar o recibo [...] o dinheiro sem recibo não deve ser colocado em sua conta", de acordo com a lei 105 do código.

O código também delineava um sistema de pagamento. Um lavrador recebia anualmente oito *gur* (unidade de medida daquela época) de grãos; um pastor, seis *gur* (questiono se isso seria razoável; o pastoreio me parece mais um cargo administrativo); e "um homem que emprega um boi, 20 *sila* de grãos por cada dia em que ele é empregado". Médicos que salvaram uma vida recebiam algo entre 2 a 10 *shekels* dependendo da classe social do paciente – homem livre, plebeu ou escravo.

Os impérios egípcio, grego e romano ao longo dos milênios seguintes estabeleceram suas próprias regras e regulamentações, muitas delas de cunho financeiro, como forma de manter a ordem em seus vastos territórios. A base de suas ações era a preocupação de que as pessoas não poderiam tratar umas às outras de maneira razoável sem regras que as governassem. Seus sistemas incluíam mecanismos embutidos para garantir que os indivíduos obedecessem às leis. A ideia de uma rede financeira ou plataforma legal em que os participantes não tinham de confiar a um terceiro a verificação da correção de uma transação ainda não tinha se difundido.

Embora registros arqueológicos escritos fossem escassos, talvez o que mais se aproximava desse fundamento do *blockchain* fosse o conceito egípcio de Ma'at, apesar de difícil de traduzir, e que descrevia uma espécie de equilíbrio natural baseado na supremacia da lei. O Ma'at se aplicava a todos os aspectos da cultura, inclusive o fechamento justo de negócios e interações pessoais. Ele garantia que todos, desde o quase divino faraó até o camponês mais pobre teriam de se comportar virtuosamente.

O sistema previa uma série de questões civis. A Pedra de Palermo, assim chamada após ter sido comprada no século XIX por um negociante palermitano e, provavelmente, a narrativa histórica mais antiga do Antigo Egito, sugere que os egípcios acreditavam em um censo e, por extensão, no registro de terras e propriedades pessoais que poderiam ser transferidas. Um papiro oficial do reinado de Kahun II descreve a tentativa de um homem de cobrar uma dívida em nome de seu pai.[1] Outros documentos eram destinados a contratos de propriedades rurais e acordos trabalhistas e de escambo, esse último envolvendo a troca de trabalho por *commodities*.

Aristóteles via as cidades-estado como a extensão organizacional perfeita da natureza política do ser humano e da necessidade de ordem. A cidade-estado garantia que as pessoas deveriam viver de maneira ética, com segurança e produtividade. As regras eram importantes. "O ser humano, quando perfeito, é o melhor dos animais, mas quando separado da lei e da justiça, se torna o pior de todos eles", escreveu ele em sua obra *Da Política*.

Da Política faz um exame minucioso das questões financeiras. Ele traz um relato de Tales de Mileto, matemático e astrônomo que por vezes é considerado o primeiro grande filósofo, que empreendeu uma forma precoce de mercado de futuros e interação não hierarquizada. De acordo com Aristóteles, Tales de Mileto obteve ganhos inesperados e de grande monta após pagar aos donos de prensas para olivas por seu uso no ano seguinte. Ele tomou como base para seu investimento a expectativa de uma ótima safra. Aristóteles não fez menção alguma de um órgão regulador. Tales tratou diretamente com as partes envolvidas na transação. Teria sido Tales de Mileto o pai dos sistemas financeiros não hierarquizados?

Contudo, Aristóteles também apresentou uma das primeiras definições formais de dinheiro, descrevendo-o como uma *commodity* ou unidade de valor que fornece um meio para troca e contabilidade. Ele promove as vantagens dos sistemas monetários em relação a outros sistemas mais ineficientes e difíceis de controlar, que eram a norma, desde que a unidade de troca seja fácil de carregar, armazenar e usar em cálculos. Além disso, deve ser durável e ter valor próprio. Contudo, ele também revela certo cinicismo em relação ao dinheiro.

"Dinheiro é uma garantia de que podemos vir a ter o que desejamos no futuro", escreve ele em seu *Ética a Nicômano*. "Ele garante a possibilidade de satisfazer um desejo novo quando este surge". Gosto dessa definição.

Que endosso para o Bitcoin poderia ser maior do que este, que aumenta de valor ao longo do tempo?

Pouco mais de meio século antes do nascimento de Cristo, o orador Cícero discorreu sobre o que ele considerava a quebra da supremacia da lei na República Romana. Como líder político em ascensão e, posteriormente, um dos dois cônsules da República – espécie de coimperador –, Cícero viu a deterioração do elaborado sistema de equilíbrio entre os poderes do governo à medida que as classes mais altas e os governadores de províncias que controlavam a vida política passaram a fazer da propina e da extorsão uma prática comum. Cícero temia que esse declínio resultasse no desmantelamento dos direitos humanos e na formação de uma ditadura.

Era a autoridade central se excedendo. Isso lhe soa familiar?

Mais tarde em sua carreira, em duas obras, *Da República* e *Das Leis*, e em seus famosos discursos, Cícero exortava a República Romana a retornar a uma época mais honorável consistente com o direito natural, que ele via como um guia para o comportamento individual. "A lei é a mais elevada razão, implantada na natureza, que comanda o que deve ser feito e proíbe o contrário", escreveu Cícero em seu *Das Leis*.

A lei deve tratar todos igualmente, acreditava Cícero, tanto para garantir uma sociedade justa quanto para garantir a liberdade individual. O respeito às leis leva a um bom governo, encoraja comportamentos corretos e desencoraja aqueles errados. Não é isso mesmo o que os legisladores atuais visam fazer?

Fundamentando tais contemplações filosóficas estava a questão de como alcançar equilíbrio e equidade na sociedade por ações individuais e institucionais. Um tema manteve-se firme: o Estado (e eu uso o termo para englobar todas as formas de governo), para o bem ou para o mal, tem de estabelecer limitações.

AUTORIDADE CENTRAL *VERSUS* AUTORIDADE DESCENTRALIZADA

Mais de um milênio depois foi redigida a Carta Magna. Ela significou um passo determinante para a libertação do regime puramente autocrático ao garantir que o rei da Inglaterra também estava sujeito à lei e ao limitar seus poderes, inclusive a imposição de tributos só seria possível com o consentimento do Parlamento. Ela também garantia aos homens livres o direito de serem julgados, estabelecendo as bases para a 5ª Emenda da Constituição dos Estados Unidos. O antagonismo da regra tentando ora favorecer uma entidade central ora um sistema mais disperso que dá aos estados, cidades e indivíduos mais autonomia cresceria de modo mais intenso, e se refletiria ao longo do tempo.

O filósofo político dos séculos XVIII e XIX, Thomas Hobbes, escreveu sobre compromissos e trocas que o homem faz para garantir sua sobrevivência. Seu contemporâneo do Iluminismo, John Locke, considerava o governo uma forma de proteger os direitos naturais da "vida, liberdade e propriedade". Os princípios de Locke influenciaram fortemente Thomas Jefferson enquanto elaborava a Declaração de Independência dos Estados Unidos, James Madison e outros autores da Constituição Americana. Jefferson favoreceu os direitos dos estados e menos poder para uma única autoridade centralizada.

Ao longo dos anos, o pêndulo tem ido de um lado a outro, entre poder mais centralizado ou difuso, entre mais ou menos liberdade individual. Não vou revelar minhas crenças políticas nessas páginas, porém, apenas como observação, penso que temos maior propensão a uma restrição menor no último caso, particularmente em questões financeiras. Essa tendência reflete a desconfiança das pessoas que estão no comando. Observe quantos eleitores, seja nas eleições municipais, estaduais ou federais, dizem que não gostam de nenhum dos candidatos e reclamam do governo. Eles se sentem da mesma forma em relação às grandes empresas, resultado de escândalos que infestaram muitas dessas instituições e, quem sabe, experiências individuais desagradáveis.

A pandemia do coronavírus apenas exacerbou essas questões. Teriam os governos o direito de exigir que a população adote o uso de máscara e mantenha uma distância mínima de dois metros entre as pessoas? Deveria ser permitido que se fechasse a economia em nome da saúde pública? Ou seriam tais ações tomadas com mão de ferro, infringindo o direito individual de cada um de nós de determinar o que é melhor para nossa própria saúde? E o que dizer a respeito do direito do governo em mudar o cenário econômico emitindo e injetando mais moeda visando estimular uma economia combalida? Poderiam nossas louvadas instituições financeiras mudar seus horários de funcionamento, suspender operações *on-line* e restringir nossa capacidade de efetuar transações ou poder sacar dinheiro?

A pandemia, particularmente em seu período inicial, lembrou às pessoas a falta de controle que elas exercem sobre seus ativos, já que alguns bancos fecharam agências, reduziram o horário de expediente e retardaram uma série de serviços dificultando para os clientes o pagamento de seus compromissos e a movimentação das contas. As filas de consumidores em pânico que se formaram diante de lojas de gêneros alimentícios e farmácias com baixos estoques de produtos básicos eram ecos distantes das filas para sopa da época da Depressão de 1929. As reservas em dinheiro de bancos locais seguiriam o modelo do arroz, feijão, pão e papel higiênico? À medida que a pandemia ganhava força, pensei naquela famosa cena do filme *A felicidade não se compra* em que o personagem de Jimmy Stewart, George Bailey, reparte quase todas as suas economias e seus últimos dois dólares de empréstimo a uma multidão assustada e, ao mesmo tempo, raivosa, e salva seu banco.

Eu não me sentia completamente confiante em relação à capacidade dos bancos nos quais mantenho contas de proteger meu dinheiro à medida que a pandemia evoluía e isso me lembrou o que as famílias passaram nos primeiros dias da Depressão. Os sistemas que foram crescendo ao longo de décadas são conscienciosos ou mais resistentes às intempéries? Estariam as pessoas que dirigem as reputadas organizações tomando decisões sensatas? Andrew Ross Sorkin respondeu a essas perguntas com um sonoro **não** em seu livro *Too big to fail (Grande demais para quebrar)*.

O impacto duradouro dos eventos recentes irá, pelo contrário, aumentar nossa receptividade a sistemas alternativos livres da intrusão de autoridades centrais. O Bitcoin, como já afirmei, não mais parecerá tão exótico e cada vez mais pessoas serão atraídas por sua infalível lógica, eficiência e economia. E dado o espírito mais libertário da época, ele dará a sensação de controle e liberdade que muitos anseiam. As pessoas entenderão e apreciarão o significado de um sistema disponível publicamente sem a interferência inerente dos sistemas monetários tradicionais com bancos centrais. Eles irão desfrutar de uma verdadeira independência financeira – sem bancos, cartões ou outras organizações centralizadoras.

O BITCOIN NÃO PRECISARÁ DE MUITA REGULAMENTAÇÃO

Chegamos de novo a um aspecto único da natureza humana: a necessidade de ser o mais livre possível, junto com a dependência de regras de engajamento preestabelecidas. O Bitcoin não precisará de muita ajuda, e esta é uma de suas maiores vantagens. Mas para satisfazer o anseio humano por certa ordem, são necessárias algumas diretivas. De que modo o Bitcoin deve competir com outros tipos de ativos como as *Exchange Traded Funds*, fundos negociados na bolsa), as ETFs,[NT7] os fundos mútuos e as ações? Quem deve garantir a entrada no setor de empreendedores honestos e com os recursos adequados?

E naqueles poucos casos em que ocorrer conduta ilícita, a quem os consumidores poderão recorrer e quais soluções estarão disponíveis? Como o Bitcoin (e outras criptomoedas) deve ser taxado quando alguém tiver lucro ou se o indivíduo for compensado com bitcoins?

"Um ambiente regulatório claro que incentive a inovação e, ao mesmo tempo, proteja os investidores é um passo importante na evolução das moedas digitais como tecnologia", informava uma postagem de 13 de março de 2018 no *blog* da Coinbase.[2] "A clareza regulatória encorajará e acelerará a atividade empreendedora em moedas digitais, resultando em novos produtos e serviços que beneficiem consumidores e empresas." Concordo totalmente.

Legislação no curso da história, passadas décadas antes de as moedas digitais serem tecnologicamente possíveis, dá alguma orientação mas, compreensivelmente, não seria capaz de prever muitas das questões que as criptomoedas suscitam hoje em dia. A *Securities Act*, de 1933 e a *Securities Exchange Act* do ano seguinte, subprodutos da Depressão de 1929, foram elaboradas visando proteger os investidores de fraudes em ações, exigindo que as empresas fornecessem informações claras e precisas sobre seus negócios, diretoria, desempenho financeiro, a natureza dos valores mobiliários oferecidos e garantissem um ambiente justo. A *Securities Exchange Act* (Lei de Mercados de Capitais) criou a *Securities and Exchange Commission*, Comissão de Valores Mobiliários), SEC, hoje, um dos órgãos reguladores mais temidos nos Estados Unidos.

Em 1946, a decisão da Suprema Corte no caso "SEC v. W. J. Howey Co." definiu o que é investimento. Em uma decisão de seis votos contra um (o cargo de presidente do Supremo estava vago e um ministro, Robert Jackson, não participou do caso), os ministros determinaram que um

---

NT7: Sugestão de leitura caso queira saber um pouco mais sobre o assunto: https://www.investopedia.com/terms/e/etf.asp.

investimento fundamentado no arcabouço da Lei de Mercados de Capitais de 1933 era qualquer "contrato, transação ou esquema através do qual uma pessoa investe seu dinheiro em um empreendimento comum[NT8], e é levada a ter uma expectativa de lucros única e exclusivamente a partir dos esforços do promotor ou de um terceiro".

Alguns legisladores atuais e outros que consideram questões relativas às criptomoedas têm invocado o "Teste de Howey" para determinar se as criptomoedas são valores mobiliários. Eles veem o investimento em bitcoin como atividade especulativa e que deve sofrer a mesma tributação sobre ganhos de capital que é imposta aos investidores na venda de ações. Contudo, os órgãos reguladores ainda precisam aceitar completamente esse argumento. Em uma decisão em meados de 2019, a SEC rejeitou a reivindicação feita pela Cipher Technologies Bitcoin Fund, um fundo de investimentos fechado, de que o Bitcoin deveria ser considerado um valor mobiliário. "Não acreditamos que os atuais compradores de bitcoin dependam de esforços essenciais de empreendimento e de gestão de terceiros para conseguirem lucro", assim se posicionou a SEC.

Penso que essa determinação faça sentido. O Bitcoin em si não é uma empresa com fins lucrativos, é uma rede descentralizada que criou uma alternativa para nosso sistema monetário atual. Seu objetivo, se é que se pode dizer que a plataforma Bitcoin tem algum objetivo, é conquistar adeptos e não auferir lucro. O bitcoin pode ser mais considerado uma *commodity* digital, um ativo, como outros ativos ou propriedades que as pessoas podem ter.

Em julho de 2020, um juiz federal, considerando um conjunto de fatos diferente no caso "United States v. Harmon", chegou a uma conclusão similar: o bitcoin era um tipo de dinheiro.[3] Dinheiro "comumente significa um meio de troca, um método de pagamento ou reserva de valor", escreveu o juiz federal, Beryl A. Hall, acrescentando: "O bitcoin é tudo isso". A decisão permitiu aos promotores prosseguirem com a acusação de lavagem de dinheiro contra Larry Dean Harmon, operador de uma bolsa de bitcoins não autorizada, segundo o Money Transmitters Act (lei sobre serviços de

---

NT8: Excelente explicação disponível em: https://jduspra.com/legalnews/cryptocurrencies-and-the-securities-and-6989064/.

transferência monetária) de Washington, DC. A decisão cobria uma pequena jurisdição, porém, se coadunava com a abordagem ao Bitcoin adotada por órgãos estaduais e federais em relação à lavagem de dinheiro.

Embora limitadas em seu escopo, essas decisões significativas são um bom presságio para o Bitcoin. Elas reforçam a condição (e utilidade) do Bitcoin como moeda. Elas também são uma esperança de que os obstáculos para aprovar regulamentação efetiva e mais ampla podem ser suplantados. Se a SEC e uma vara judicial são capazes de responder, numa escala limitada, a questões regulatórias das empresas, então órgãos do governo têm capacidade para promulgar editos mais abrangentes. Obviamente, decisões mais abrangentes somente podem acontecer quando tais órgãos tiverem um firme entendimento de como o Bitcoin funciona e por que eles não devem tentar regulamentá-lo como se fosse mais um tipo de ativo.

Devem ser cuidadosos e não fingir que são capazes de limitar drasticamente seu uso ou coisa pior. A esta altura, uma perspectiva draconiana como essa seria equivalente a tentar colocar um tigre de volta à jaula com as próprias mãos.

Acredito que os órgãos reguladores já levaram muito tempo para resolver a maioria das questões regulatórias envolvendo criptomoedas, porém, como evangelizador, estou ávido para ir para as próximas etapas.

Eu realmente entendo que existem questões um tanto espinhosas envolvendo tributação e segurança que precisam ser resolvidas. Há também um componente psicológico evidente nas conferências que faço nos EUA: as pessoas costumam perguntar sobre a futura legalidade dos ETFs e da proteção ao consumidor no domínio das criptomoedas. Às vezes tenho a sensação de que elas estão buscando uma garantia adicional do governo por meio de legislação ou código de diretrizes. Elas também revelam um aspecto da natureza humana encontrado até mesmo nos indivíduos mais libertários: estamos condicionados a buscar aprovação de uma autoridade superior.

INÍCIO VAGAROSO

Por natureza, os governos se movem lentamente, já que os legisladores avaliam o potencial impacto de suas ações para seu futuro político. Quando questionam as maneiras tradicionais de condução de um negócio, elas também levantam dúvidas sobre a necessidade de haver instituições por trás delas. No caso das criptomoedas, tais instituições são os bancos comerciais e o todo-poderoso Banco Central. Os bancos comerciais compõem a maioria do vasto setor financeiro. Eles são uma parte importante que também exerce enorme influência sobre a política. Embora aprecie que líderes políticos levem um tempo para ponderar sobre decisões importantes, no caso das criptomoedas, acredito que eles estão "pisando em ovos" para evitar ofender os bancos.

Note que o congresso americano e as assembleias legislativas têm sido retardatários no campo regulatório, realizando suas primeiras audiências anos depois de a China e outros países terem aprovado suas primeiras leis visando o Bitcoin. O Banco Popular da China (BPDC), o Banco Central chinês controlado pelo governo, declarou em 2013 que o Bitcoin não era uma moeda corrente e impediu que seus bancos e empresas aceitassem bitcoins. Na minha opinião, uma decisão errada, porém, ao menos eles estavam considerando a questão.

Algumas discussões regulatórias em outros países centravam-se em uma questão menor: como a criptomoeda deveria ser chamada. Entre os nomes tínhamos:

- *moeda digital* na Argentina, Tailândia e Austrália;
- *commodity virtual* no Canadá, Taiwan e na China;
- *criptotoken* na Alemanha;
- *token para pagamentos* na Suíça;
- *cibermoeda* na Itália e no Líbano;
- *moeda eletrônica* na Colômbia e no Líbano;
- *ativo virtual* em Honduras e no México.

Todos nomes diferentes! Para mim, *criptomoeda* está ótimo. E não precisamos reconsiderar Bitcoin como um nome, mesmo que soe como uma moeda para jogos *on-line*. "Aquilo que chamamos de rosa, com qualquer outro nome continuaria cheirosa", escreveu Shakespeare. Mas acredito que tais discussões são reflexo da incerteza que envolve todos os novos movimentos.

Neste livro, usei **criptomoeda** para me referir ao movimento de moeda digital, **Bitcoin** para fazer referência à plataforma e **bitcoin** para me referir à moeda; são três entidades distintas. Note que muitos legisladores e investidores erroneamente trocam Bitcoin por criptomoeda. A criação do Bitcoin levou ao movimento atual das criptomoedas. Até poderíamos dizer que sem o Bitcoin, as criptomoedas não existiriam hoje.

Note que alguns projetos de lei também fazem referência ao *blockchain*, que é a tecnologia por trás do Bitcoin, para a qual seus proponentes sonham aplicações mais abrangentes e potencialmente pioneiras nas áreas empresarial, de entretenimento, do governo e outros setores. Em vez de projetos de lei separados focados em *blockchain*, irei cobri-los como outro sinal do impacto do Bitcoin e a importância de sua tecnologia subjacente: o *blockchain* público descentralizado.

Prova disso são os comentários do então diretor do LabCFTC (a unidade de pesquisa financeira da Commodity Futures Trading Comission, Comissão Reguladora do Mercado de Mercadorias e Futuros), Daniel Gorfine, durante uma audiência em julho de 2018 sobre as criptomoedas perante o Comitê de Agricultura da Câmara dos Representantes[NT9] dos EUA.[4] Com formação em Direito, Gorfine falou de maneira otimista de um mundo financeiro "em rápida evolução" acionado por "inovação baseada em tecnologia".

"Isso mudou a maneira pela qual os participantes do mercado interagem, como as negociações são formuladas e processadas, como são avaliados os riscos e a criação de mecanismos de proteção (*hedge*), e também como as operações comerciais são executadas", disse Gorfine. "Os participantes do mercado não dependem mais de interações face a face e telefonemas. Em vez disso, os mercados tornaram-se cada vez mais eletrônicos, digitais e interconectados. Por sua vez, esse novo mundo cria novos mercados, oportunidades, desafios e riscos regulatórios", inclusive as criptomoedas.

Gorfine fala de um "objetivo maior e compartilhado que traga clareza e certeza ao mercado" para garantir que as criptomoedas alcançaram seus

---

NT9: A Câmara dos Representantes dos EUA equivale, aproximadamente, à nossa Câmara dos Deputados.

objetivos maiores. Mas ele também defende uma abordagem "refletiva" que "não iria guiar ou impedir o desenvolvimento dessa área de inovação".

"Embora alguns possam buscar o estabelecimento imediato de linhas claras, a realidade é que pronunciamentos regulatórios precipitados provavelmente errarão o alvo, apresentarão consequências não planejadas ou não conseguirão captar nuances importantes referentes à estrutura de novos produtos ou modelos."

Gorfine acrescentou que era "importante não sermos precipitados em compreender [...] os contornos de aplicar a lei de valores mobiliários e [...] a estrutura de *commodities*".

O ex-presidente da CFTC, e que depois se tornou o consultor-sênior do MIT Media Lab, Gary Gensler, deu seu depoimento ao mesmo comitê logo após Gorfine, adotando uma postura igualmente positiva, porém, comedida. Ele comparou a tecnologia do *blockchain* e as criptofinanças com "novas tecnologias que surgiram no passado, das ferrovias no século XIX à internet no final do século XX", que também geraram intensos debates sobre questões de regulamentação.

"Contudo, operar dentro de limites estabelecidos por políticas tem ajudado a fomentar mercados de capitais tradicionais há décadas e são igualmente importantes para as criptofinanças, mesmo que os detalhes para alcançar os objetivos precisem ser adaptados para acomodar novas tecnologias", disse Gensler. Ele enumerou uma pequena lista de benefícios públicos obtidos com base nesse arcabouço, entre os quais cumprimento das leis fiscais, resguardar-se de lavagem de dinheiro ou financiamento de atividades terroristas, promoção da estabilidade financeira, fomento da inclusão, crescimento econômico e proteção de investidores e consumidores.

Gensler acrescentou: "Alcançar esses amplos objetivos de políticas públicas fomenta o crescimento econômico e é coerente com a promoção da inovação. Tais princípios básicos de proteção ao investidor e integridade do mercado estão incorporados nas leis de valores mobiliários e *commodities* dos EUA independentemente da forma de investimento. Tais regras de senso comum reforçam a confiança nos mercados e incrementa nossa economia".

Contudo, aqueles que prestaram depoimento ao mesmo comitê, entre os quais Amber Baldet, na época liderando o projeto de *blockchain* do

JPMorgan e hoje diretor cofundador da *startup* de *blockchain* Clovyr e Scott Kupor, sócio-gerente da poderosa empresa de capital de risco Andreessen Horowitz, receberam uma resposta ambígua, com um legislador, o democrata Collin Peterson por Minnesota, comparando as criptomoedas com "um esquema de Ponzi[NT10]". "O que está por trás disso?", perguntou Peterson. O que ele não entendeu foi que para uma coisa ter valor, não necessariamente tem de ser apoiado por algo mais. Trata-se de uma ideia errônea comum.

Mas não se tratava de ceticismo partidário. Prova disso são as dúvidas levantadas pelo republicano por Minnesota, Rick Allen, sobre a criação de "mais uma opção de oferta monetária [...]. Eu simplesmente não sei como isso funciona", disse Allen. "Nosso dólar estabelece os parâmetros para o resto do mundo." Esse tipo de comentário demonstra falta de conhecimento sobre a diferença entre moeda fiduciária (em que o valor é declarado por ordem de uma autoridade monetária) e uma *commodity* valiosa, cujo valor inerente se deve à sua utilidade e escassez. O ouro, por exemplo, tem valor inerente, pois pode ser usado para fins industriais e outros fins comerciais (inclusive joalheria), tem propriedades químicas únicas (ele é denso, inerte e estável) e é escasso (em relação a outros metais e elementos naturais).

Há críticas ainda mais duras entre aqueles deputados sem cargo no governo, nenhuma delas mais mordaz do que a do democrata pela Califórnia, Brad Sherman, que chamou as criptomoedas de "uma estupidez" em uma audiência, em março de 2018, do Subcomitê de Mercado de Capitais, Valores Mobiliários e Investimentos da Câmara dos Representantes dos EUA. Ele as associou a uma série de atividades ilícitas. "Elas ajudam terroristas e criminosos a movimentar dinheiro pelo mundo. Ajudam *startups* a cometer fraudes, levam dinheiro embora e em apenas 1% das vezes criam realmente um negócio útil, porém, mais uma vez atrevo-me a dizer que apenas uma minúscula porcentagem de toda a ladroeira e crime ajude a financiar algo que acaba sendo útil."

NT10: Plano para ganhar dinheiro encorajando pessoas a investir, oferecendo-lhes rendimentos elevados e usando o dinheiro delas para pagar investidores anteriores. Quando não houver mais um número suficiente de novos investidores, aqueles que investiram por último acabam perdendo o dinheiro. Charles Ponzi organizou o primeiro esquema desse tipo em 1919, nos Estados Unidos. Fonte: *Oxford Business English Dictionary* (OUP, 2006).

Um ano depois, Sherman solicitou o banimento completo das criptomoedas, dizendo que protegeria o poder e a influência do dólar americano nos mercados globais. "Grande parte de nosso poder internacional advém do fato de o dólar ser a unidade padrão para as finanças e transações internacionais", disse Sherman, acrescentando que "o propósito anunciado dos apoiadores das criptomoedas é tirar nosso poder [...]. A vantagem delas em relação à moeda soberana é exclusivamente colaborar para o desempoderamento dos Estados Unidos e da supremacia da lei".

Aproximadamente na mesma época, em uma audiência para considerar se o Facebook propagandeava a criptomoeda Libra, um colega de Sherman que não tinha papas na língua, o democrata Maxine Waters, demonstrou preocupação sobre "privacidade, negociação, segurança nacional e política monetária"[5] – todos problemas que acontecem com outros tipos de ativos também.

Embora acredite nisso, Sherman, Waters e outros com visões e preocupações igualmente negativas constituem uma minoria em declínio. A maioria dos legisladores que estuda o assunto entende o potencial das criptomoedas, ou pelo menos reconhece que o Bitcoin já está bastante consolidado para ser proibido ou restringido via regulamentação. E espero que parte dos negativistas se transforme em adeptos. Na qualidade de precoce e frequente apoiador das criptomoedas, o republicano de Minnesota, Tom Emmer, disse em uma audiência de 2018 do Subcomitê de Serviços Financeiros para Mercado de Capitais, Valores Mobiliários e Investimentos da Câmara dos Representantes: "As pessoas tendem a ter medo daquilo que não conhecem". Acrescentou: "Se as pessoas que navegaram pelos oceanos na época de Colombo tivessem acreditado que a Terra é plana, não teríamos as grandes descobertas do Novo Mundo".[6] Muito bem dito. A razão para você estar lendo este livro é que assim como Cristóvão Colombo, você se recusa a acreditar que a Terra é plana. Você está se esforçando para aprender sobre o Bitcoin, do mesmo modo que Colombo assumiu o risco de navegar para oeste, indo além do ponto onde se imaginava que terminaria o mundo. E ele não caiu da borda do mundo, ao contrário, tornou possível um novo começo. O mesmo é verdadeiro para o Bitcoin.

Embora o congressista Emmer tenha manifestado preocupação em outra audiência do Subcomitê de Mercado de Capitais, de que o zelo excessivo dos legisladores aplacaria o "espírito empreendedor" da criptomoeda, reconheceu também a necessidade de alguma regulamentação. Ele introduziu três projetos de lei distintos sobre criptomoeda e *blockchain* no final de setembro de 2018 (em tradução livre): Resolução Apoiando as Moedas Digitais e a Tecnologia *Blockchain*, Segurança Jurídica para o *Blockchain*[NT11] e *Safe Harbor* para Contribuintes com Ativos Bifurcados.

A Resolução proclamava o "apoio" do Congresso para o "desenvolvimento de" criptomoedas nos Estados Unidos e recomendava que "o governo federal [...] fornecesse um ambiente legal leve, consistente e simples". As outras duas deliberações visavam dar proteção aos mineradores e outras "entidades *blockchain*" bem como aos consumidores portadores de criptomoeda que tivessem bifurcado – em outras palavras, cindidas de outra moeda digital.

"Os Estados Unidos deveriam priorizar a aceleração do desenvolvimento da tecnologia *blockchain* e criar um ambiente que possibilite ao setor privado americano conduzir à inovação e ao maior crescimento", disse Emmer ao anunciar os projetos de lei.

"Os legisladores deveriam abraçar as tecnologias emergentes e fornecer um sistema regulatório claro que possibilite o florescimento delas nos Estados Unidos."

Após um ano, Emmer juntou-se a outros vinte congressistas para solicitar ao Comissário do IRS (equivalente à Receita Federal brasileira), Charles Rettig, que esclarecesse como os contribuintes deveriam informar criptomoedas, particularmente como deveriam calcular e acompanhar a base de custo dos ativos – seu preço original e outros fatores. A solicitação para que Emmer desse orientações era a segunda em menos de um ano. "Orientação é algo esperado há muito tempo e essencial para o informe correto desses ativos emergentes", escreveu Emmer. "O apoio bipartidário que esta carta recebeu é uma clara mensagem ao IRS de que são necessárias diretrizes claras para o informe de moedas virtuais." Concordo com Emmer e gosto dos pontos por ele acentuados, exceto pela forma como se refere ao Bitcoin e às criptomoedas chamando-as de *moeda virtual*. Embora esse termo

---

NT11: Para melhor entendimento, leia o texto disponível em: https://emmer.house.gov/the-blockchain-regulatory-certainty-act.

tenha "pegado" no governo e na legislação, penso que seja uma maneira muito imprecisa de descrever o Bitcoin. Não há nada de "virtual" no Bitcoin, assim como *e-mails* e *websites* não são virtuais. O Bitcoin é tão real quanto outro ativo ou moeda qualquer.

Emmer concluiu: "Meus colegas e eu estamos otimistas de que o IRS dará a orientação necessária para os contribuintes que estejam com dificuldades em lidar com as exigências para o informe de imposto de renda".[7]

No mês seguinte, Rettig prometeu dar orientações "muito em breve", mas o órgão ainda tem de levar a ideia adiante, embora em julho de 2019 o IRS tenha começado a enviar cartas para mais de dez mil investidores em criptomoeda, alertando-os a pagarem o imposto devido sobre suas transações em criptomoedas. "O IRS está ampliando seus esforços no que tange às moedas virtuais, tendo inclusive aumentado o uso de análise de dados", disse Rettig em uma declaração do IRS.[8] "Estamos focados em fazer cumprir a lei e ajudar os contribuintes a entenderem a questão completamente de forma a poderem cumprir suas obrigações." As cartas vieram um ano depois de o IRS ter lançado uma campanha de Cumprimento das Leis Tributárias para Moedas Virtuais.[9]

Em seus comentários em julho de 2019, durante discussões do Comitê de Serviços Financeiros da Câmara dos Representantes sobre a criptomoeda Libra do Facebook, o republicano pela Carolina do Norte, Timothy McHenry, descreveu "o mundo que Satoshi Nakamoto anteviu – e outros estão construindo" como "uma força que não se pode deter". Assim como Emmer, McHenry demonstrou preocupação em relação aos legisladores estarem confiando demais nos próprios posicionamentos contrários ao Bitcoin. "Não devemos tentar deter essa inovação e os governos não podem impedi-la", disse ele. "E aqueles que tentaram já se deram mal."[10]

Em comentários naquele mês em duas audições do Comitê do Senado para Sistema Bancário, Habitação e Questões Urbanas, visando analisar a Libra, o senador republicano por Idaho e presidente do comitê, Mike Crapo, demonstrou preocupação sobre a privacidade, mas passou também, decididamente, a apoiar as criptomoedas. "Parece-me que as inovações da tecnologia digital são inevitáveis, podem vir a ser benéficas e acredito que os EUA devam assumir papel de liderança no desenvolvimento dessas inovações e das regras que devam ser seguidas", disse Crapo. "O ecossistema das moedas digitais e do *blockchain* é diverso e deve-se tomar cuidado para determinar quais lacunas podem estar presentes no arcabouço existente e criar uma abordagem mais abrangente."[11]

No momento em que este livro estava prestes a ser lançado nos Estados Unidos, o Congresso havia apresentado pelo menos trinta projetos de lei relacionados a criptomoedas para esclarecer o panorama regulatório. Mais de um terço deles tentava criar uma base regulatória padronizada para criptomoedas e *blockchain*. Aproximadamente a mesma quantidade pretendia usar criptomoedas para lavagem de dinheiro, tráfico de pessoas e terrorismo. Os demais projetos visavam o uso potencial pelo governo americano da tecnologia de *blockchain* e de dólar digital.

Ao menos dois dos projetos tratavam da preocupação com a entrada do Facebook no criptoespaço bem como a possibilidade real de outras grandes empresas de tecnologia com recursos e seguidores suficientes também introduzirem uma moeda própria. Observo novamente que nem a Libra nem nenhuma outra criptomoeda têm as características únicas ou a promessa de vir a ser uma reserva de valor universal e um meio de troca aceito globalmente como o Bitcoin tem. Mas ambos os projetos de lei antecipam importantes questões que irão aumentar a consideração do Bitcoin pelo público.

A Lei de Proteção ao Consumidor contra a Manipulação de Mercado, introduzida por Jesús García (Democrata-Illinois) e Rashida Tlaib (Democrata-Minnesota), supostamente foi feita para ajudar a garantir que empresas de tecnologia desenvolvedoras de criptomoedas bem-sucedidas estejam sujeitas à mesma visão regulatória de empresas do mercado financeiro. O Financial Stability Oversight Council (Conselho Supervisor da Estabilidade Financeira), órgão do Tesouro americano que a lei Dodd-Frank criou para proteger os consumidores contra outra implosão do setor bancário como a ocorrida em 2007, vê as criptomoedas como um recurso útil disponibilizado pelo mercado financeiro, forma extravagante de dizer "sistema de pagamento". "Grandes empresas de tecnologia como Facebook e Google estão se mudando para o setor de serviços financeiros onde atualmente eludem a regulamentação bancária existente", disse García ao introduzir seu projeto de lei. "O Congresso tem a responsabilidade de proteger as famílias trabalhadoras e de manter separados atividades bancárias e comércio."[12]

Permita-me deixar claro novamente minha posição: embora eu seja um evangelizador do Bitcoin e confie no grande futuro das criptomoedas, entendo também a necessidade de regulamentação. Sou realista ao perceber que o Bitcoin (e o universo das criptomoedas como um todo) encontra-se no estágio inicial de sua evolução e ainda tentando resolver questões fundamentais – algumas menos importantes, mas necessárias –, mas em breve ele será natural e fará parte de nosso cotidiano. A regulamentação faz parte do que eu chamo de trabalho de esclarecimento comum de novos negócios. Em menor escala, países da África Ocidental, onde meus avós se estabeleceram, enfrentaram fenômenos similares à medida que tiveram de encarar empresas estrangeiras. Os governos tinham de determinar o que seria permitido. À medida que o tempo foi passando, suas decisões ficaram mais fáceis, já que começaram a ver nessas empresas um combustível para alimentar suas economias.

O DEBATE REGULATÓRIO NO EXTERIOR

O debate regulatório sobre criptomoedas não é exclusivo dos Estados Unidos. Alguns países estão mais adiantados no estabelecimento de uma metodologia em relação às criptomoedas. Alguns se empenharam de forma errônea na tentativa de regulamentação, normalmente cometendo excessos – a prova é o suposto banimento das criptomoedas na China e esforços similares de outros governos autoritários. Outros se encontram em estágios iniciais, alguns países sentem-se inseguros quanto ao que fazer em meio ao interesse vertiginoso dentro de suas fronteiras.

Um aspecto comum entre as diversas atitudes desses países diante das criptomoedas é a preocupação com os consumidores. Em um relatório baseado em pesquisa de opinião, de 2018, sobre a regulamentação das criptomoedas em 130 países e outras áreas geográficas que haviam dado alguma orientação jurídica sobre o tópico, o Centro Global para Pesquisa Jurídica da Biblioteca de Direito do Congresso americano constatou que muitas "jurisdições alertaram sobre possíveis dificuldades com os mercados de criptomoedas."[13] Os alertas, geralmente vindos de Bancos Centrais, em grande parte giravam em torno de como explicar as diferenças entre moedas fiduciárias emitidas pelo Estado e as criptomoedas. Mas os alertas também tratavam de risco e volatilidade, 'e [...] muitas das organizações que facilitam tais transações não são regulamentadas'".

O relatório também constatou que muitos governos alertaram os consumidores de que talvez não tivessem meios legais para recuperar prejuízos causados por erros ou delitos, além de destacarem o potencial de as criptomoedas serem usadas em práticas ilegais, particularmente lavagem de dinheiro e terrorismo. Conforme já mencionei, embora a Mt. Gox e outras invasões de *hackers* tenham sido graves, acredito que as críticas em relação às vulnerabilidades a invasões e mau uso do Bitcoin e de outras criptomoedas sejam exageradas, convenientemente fazendo vista grossa às frequentes brechas de segurança nas instituições financeiras tradicionais.

Não obstante, o relatório constatou que muitos países fizeram emendas a suas legislações financeiras no que tange à lavagem de dinheiro e crime organizado visando às transações em criptomoeda. Agora eles exigem níveis de fiscalização bem mais rigorosos dos bancos e outras instituições financeiras. Países e jurisdições com regras mais estritas ou que baniram total ou parcialmente as criptomoedas tendem a ser os mais autoritários. Quando este livro estava prestes a ser lançado, Argélia, Marrocos, Bolívia e Paquistão haviam banido todas as atividades com criptomoedas. Não é de surpreender que esses países estavam sujeitos a alguma forma de ditadura, monarquia constitucional ou um regime de partido único. Catar e Barein, que tradicionalmente impõem severas restrições às ações de seus cidadãos, só permitem aos consumidores participar do universo das criptomoedas fora de suas fronteiras.

Ao menos uma meia dúzia de outros países, entre os quais mais significativamente China e Irã, haviam impedido que organizações financeiras dentro de seus territórios facilitassem o comércio ou quaisquer transações relacionadas com a compra ou venda de mercadorias com o uso de criptomoedas. Essa minitendência faz sentido. Regimes autoritários e aqueles sob forte pressão econômica e social (Irã, Bolívia) são naturalmente receosos de perder o controle de qualquer aspecto de sua economia, particularmente o meio de troca.

Mas eles estão errados nessa questão. Farei outra observação sobre a natureza da sociedade e uma confissão. Eu não me dei conta das inúmeras variações de sistemas políticos nos diversos países até me tornar adulto. Aprendi que alguns sistemas alegadamente democráticos e socialistas podem ter vertentes autoritárias, e por outro lado, governos autoritários podem implantar certas reformas democráticas.

Prova disso é a transição da China para uma economia de mercado mais livre ao longo das últimas duas décadas, o que tem causado aumentos extraordinários do PIB, acumulação de riqueza sem precedentes, consumo de artigos de luxo, uma classe média que cresceu rapidamente e tem mais liberdades do que tinha nos anos 1990 ou antes. Minha própria possibilidade de trabalhar sem impedimentos e por anos em Xangai e, posteriormente, poder abrir um negócio no país tendo passaporte americano, são testemunho das novas liberdades depois de um duro regime autoritário. O país retrocedeu em algumas áreas, como atestam as recentes demonstrações em Hong Kong. Estou ciente de que na China, tenho de tomar cuidado com o que falo e não desfruto das mesmas liberdades que tenho nos Estados Unidos. Esse complexo ambiente, receptivo em certos momentos e hostil em outros, apenas intensifica minha crença no Bitcoin.

O Bitcoin transcende limitações, regulamentação ou outros aspectos pois, no final das contas, o Bitcoin é apenas informação (chaves privadas de carteiras). A maior parte do tempo, ele é simplesmente informação eletrônica digital; portanto, você não pode vê-lo ou tocá-lo. Ele é praticamente invisível, embora seja muito poderoso, tanto como ideia quanto no uso diário. Seu funcionamento depende das chaves da carteira, que lhe garantem total e exclusivo controle sobre seus recursos e permitem que você participe, de modo seguro e sob um pseudônimo, da rede Bitcoin. Desde que você tenha essas chaves privadas sob controle, pode adquirir ou vender *bitcoins*, ou usá-los para comprar bens e serviços. Mais importante ainda, com o Bitcoin você jamais depende de qualquer terceiro atuando como intermediário, sempre tem total controle e é aí que reside sua beleza.

Com o Bitcoin, não importa quanto você está transacionando (centenas, milhares ou dezenas de milhares de dólares), ou onde ou quando você quer executar uma transação. O Bitcoin jamais enfrentará restrições em qualquer desses aspectos ou exigirá aprovações e permissões adicionais. Nem mesmo seus processos serão modificados caso o estilo de governo se torne mais autoritário e restritivo. O Bitcoin é imune à censura e coibições. Ele foi desenhado e construído para ser assim. Uma vez vivo, jamais poderá morrer. E lembre-se, apesar dos esforços para restringi-lo, o Bitcoin está vivo e passa bem, e tem sido assim durante os últimos doze anos.

Arrisco-me a dizer que mesmo países que não reconhecem as criptomoedas ou estão nos estágios iniciais e ainda não acreditam em seu futuro, veem o potencial das moedas digitais e da tecnologia por trás delas. Eles parecem sinceros em seus esforços para criar um ambiente regulatório amistoso para as criptomoedas. A Espanha pertence a esse grupo, entre outros países. Tenho também esperança de que haverá interesse de outros países na criação das próprias criptomoedas. Embora essas iniciativas pouco tenham a ver com o Bitcoin, ainda assim são prova da influência dele. É a pedra lançada que continua criando ondas no lago. Mas não se confunda. O Bitcoin é o original; todas as demais criptomoedas apenas o imitam.

TOKENS ICO NÃO SÃO BITCOIN

Uma rápida palavra sobre a *Initial Coins Offering* (oferta inicial de moedas), ICO, que passaram a ter um controle regulatório rigoroso depois de uma série de mega-ofertas, inclusive duas que ultrapassaram a marca de US$1 bilhão em 2017 e 2018. Em uma ICO, um empreendedor ou uma equipe de projeto emite *tokens* para levantar recursos do público para financiar seus projetos de *blockchain*. Os investidores em geral têm a opção de usar moeda fiduciária, bitcoin ou qualquer uma das principais criptomoedas para comprar os *tokens* e podem ter excelente retorno sobre o investimento caso o projeto alcance sucesso no lançamento. Além de poderem ser classificadas dentro do domínio geral das criptomoedas, estes *tokens* de ICOs não estão relacionados com o Bitcoin. É possível também compararmos as criptomoedas aos créditos de bilhetes de metrô ou fichas de fliperama. Elas operam segundo diferentes premissas e não têm o mesmo potencial de investimento. Não estou menosprezando aqueles projetos interessantes e transformadores. Alguns desses projetos estão criando novas aplicações para a tecnologia *blockchain*, porém, mais uma vez, o *blockchain* em si não é Bitcoin e as ICOs não tornam o Bitcoin possível.

Eu mencionei as ICOs aqui somente porque elas continuam sendo uma preocupação dos órgãos reguladores e do público em geral, ambos os quais têm se impressionado favoravelmente mas, ao mesmo tempo, ficam preocupados com grandes somas que ganharam. Refletem elas ambição exagerada, similar à de outras empresas que ganharam muito dinheiro no passado e estão ávidas por tirarem proveito de uma próspera nova tendência? Seriam trapaceiras? Em alguns casos, as ICOs eram ligadas a projetos que ainda estavam anos-luz de produzir um produto final. Os investidores pareciam estar pagando por uma ideia ou a noção de uma ideia, que talvez valesse a pena, ou não. Eles compravam num momento de euforia na esperança de vendê-las para os mais ingênuos, com um apetite ainda maior por euforia.

Durante certo período entre 2017 e 2018, parecia que todo novo empreendedor de *blockchain* e criptomoedas com que me deparava estava pronto para fazer uma oferta de *token*. Muitos estavam bastante comprometidos com aplicações para *blockchain*, mas por vezes me dava a impressão de que as ideias eram, na melhor das hipóteses, incompletas, resultado mais do medo de perder a próxima grande onda do que qualquer outra coisa. Enquanto as apostas rolavam, eu estava mais inclinado a comprar ações de grandes empresas de tecnologia na bolsa de valores do que comprar as notas promissórias de *tokens* dos muitos projetos de *blockchain* propagandeados. Embora não vá censurar nenhum projeto em particular, considere os projetos a seguir que geraram quantias enormes – e muita controvérsia também.

- Block.one (também conhecido como EOS), criador de *software* com código-fonte aberto voltado para a tecnologia *blockchain*, que levantou US$ 4,1 bilhões antes mesmo de a companhia ter um projeto formal para apresentar ao mundo.
- O *app* para mensagens criptografadas, Telegram, que permite às pessoas enviar mensagens, fotos e arquivos de áudio, levantou US$ 1,7 bilhão.
- O provedor para armazenamento de arquivos distribuídos, Filecoin, que levantou US$ 258 milhões.

- Tezos, provedor de tecnologia para bancos de dados distribuídos e que apareceu com destaque em um artigo da *New York Times Magazine*, que levantou US$ 232 milhões.

Mas as ICOs também criaram problemas, alguns projetos fracassaram e outros prometiam mais do que poderiam oferecer. Muitos desses projetos ainda não se sedimentaram. O Telegram atrasou o lançamento de sua plataforma e propôs novas condições para reembolsar os investidores após ter sido multado em US$ 18,5 milhões pela SEC por terem ofertado valores mobiliários não registrados. A Tezos passou por divergências com o pessoal de alto escalão em relação à orientação estratégica e gestão financeira da companhia. Ela também sofreu uma série de ações judiciais.

Na verdade, as ICOs foram perdendo interesse à medida que os preços das criptomoedas perderam o ímpeto. Mas alguns países ainda viam uma oportunidade de proteger os consumidores contra aquilo que eles receavam ser futuras ICOs fraudulentas. Quando este livro estava para ser lançado (nos EUA), China, Macau e Paquistão baniram completamente as ICOs. Nova Zelândia e os Países Baixos se valem de um órgão regulador apropriado para regulamentar as ICOs dependendo se classificam determinada ICO como valor mobiliário ou outro tipo de ativo. E, nos Estados Unidos, uma oferta de ICOs tem de cumprir as regras da SEC, dificultando o lançamento.

UM PROBLEMA DE TRIBUTAÇÃO

Similar aos Estados Unidos, a tributação em muitos países permanece sendo uma questão entediante que se deve esclarecer ao longo do tempo à medida que legisladores, órgãos reguladores e líderes empresariais forem se aclimatando ao uso mais difundido das criptomoedas. Embora a maioria dos países não tarife lucros resultantes da mineração de criptomoedas, o cenário global atual apresenta um mosaico de abordagens. Elas refletem não apenas os diferentes sistemas tributários, mas os diferentes estágios de aceitação da moeda. Em diversos graus, eles resolvem o problema principal de como categorizar as criptomoedas como ativo, inclusive ganhos advindos da mineração e venda de bitcoins ou outras criptomoedas. Os lucros deveriam ser considerados ganhos de capital, renda ou alguma outra coisa? Deveriam elas tratar de forma diferente empresas e consumidores? Veja algumas soluções praticadas atualmente.

- Israel, que surgiu como centro de inovação tecnológica, tributa as criptomoedas como um ativo financeiro.
- Suíça, cuja região de Zug é um dos polos mundiais de criptomoedas e *blockchain*, trata as criptomoedas como moeda estrangeira. Zug e Ticino, que se encontram próximas dos centros bancários tradicionais do país, já aceitam bitcoins como meio de pagamento, assim como México e Ilha de Man (a lista aumentará em breve).
- A Grã-Bretanha exige que as sociedades anônimas paguem um imposto de empresas sobre os ganhos com criptomoedas; empresas não dotadas de personalidade jurídica pagam imposto de renda; e pessoas físicas, um imposto sobre ganhos de capital.

Alguns observadores do Bitcoin e de outras criptomoedas são desencorajados pela natureza desconexa da regulamentação e pelo futuro incerto. Se eu iria querer uma lista de regras já em vigência? É lógico que sim. Se eu penso que isso já deveria ter acontecido e que não precisamos complicar as coisas? Mais uma vez, sim.

Mas estou animado com o ponto onde chegamos. Fico pensando quanto o setor caminhou em cerca de uma dezena de anos. Tom Emmer ainda era membro do poder legislativo estadual de Minnesota quando Satoshi Nakamoto publicou seu *white paper* e, embora eu jamais tenha me encontrado com Emmer, meu palpite é que as criptomoedas não faziam parte de seu vernáculo muito antes de ele conseguir uma cadeira na Câmara dos Representantes em 2014. Nem a maioria dos demais legisladores estava familiarizada com o termo.

Atualmente, o Congresso tem um grupo de políticos a favor do *blockchain* e vários comitês e subcomitês regularmente entrevistam especialistas e promovem debates de várias horas sobre o papel potencial do Bitcoin no sistema financeiro americano. Na verdade, as conversações – não obstante os parlamentares Brad Sherman, Maxine Waters e outros céticos – são mais sobre quando e como o Bitcoin se tornará uma realidade do dia a dia.

Eu apreciava particularmente os comentários otimistas do senador Mike Crapo no Comitê para o Setor Bancário. Crapo não é nenhum *millennial* nem faz parte de alguma outra classificação de gerações que cresceu convivendo com tecnologia. Ele é um advogado de 70 anos, formado em Harvard, com sinais de calvície nas têmporas de um dos estados mais vermelhos[NT12] do país. Não é um lugar em que rapidamente se possa associar com algo que pareça "moderno". A atividade mais famosa de Idaho é a cultura de batatas e embora os setores tecnológico e científico agora respondam por um quarto dos negócios do estado, ele ainda é mais conhecido pela agricultura, manufatura e serviços.

Mas Crapo, em seu prático terno azul, discursando em um dos amplos salões revestidos de painéis de madeira do Capitólio, entendia claramente o valor das criptomoedas – e, por extensão, do Bitcoin. E isso faz sentido. Idaho tem uma alíquota baixa em comparação à maioria dos demais estados, é aquele com menos regulamentações entre todos os estados[14] e com um ambiente propício para negócios. Quando penso nos assim chamados "estados vermelhos", que são a favor de valores mais libertários, fico otimista e acredito que legisladores e órgãos reguladores aprovarão leis favoráveis ao Bitcoin e outras criptomoedas.

Estou confiante também de que as novas leis irão preservar as características únicas do Bitcoin. A maioria dos legisladores é a favor de produtos e serviços que facilitem os negócios e não há nada mais favorável para isso do que as criptomoedas. Ao permitir que pares interajam diretamente, as criptomoedas eliminam praticamente todos os processos que poderiam interferir em uma transação.

UM CZAR DAS CRIPTOMOEDAS?

Dito isso, farei duas recomendações que, dados meus argumentos para a descentralização, podem parecer um contrassenso. Sou a favor da criação

---

NT12: Estados vermelhos e estados azuis se referem aos estados em que os eleitores predominantemente votam, nas eleições presidenciais americanas, no Partido Republicano (vermelho) ou no Partido Democrático (azul).

de um czar[NT13] e de um órgão regulador de criptomoedas no nível federal, focado na regulamentação e todas as demais questões relativas às criptomoedas.

Isso mesmo, você leu corretamente. Estou sugerindo a formação de uma organização de comando e controle para supervisionar um mercado em grande parte construído com a premissa de que a centralização seria ônus. Porém, não vejo nenhuma contradição nessa proposta.

Os czares governamentais, tendo recebido o direito de mandato e instruções claras, têm servido à nação de forma capaz ao longo da história americana recente, algumas vezes com objetivos de curto prazo, mas em outras ocasiões com objetivos de longo prazo. Franklin Delano Roosevelt fez amplo uso dos czares na Segunda Guerra Mundial para vencer a batalha de propaganda e coordenar a produção de alimentos e cadeias de suprimento. Barack Obama nomeou czares para conduzir a recuperação dos setores bancário e financeiro depois da recessão de 2008. Czares da AIDS ajudaram a encontrar soluções para aquela crise sanitária. E embora o Departamento de Segurança Interna dos EUA tenha merecidamente recebido críticas por sua politização ao longo dos últimos cinco anos, em grande parte do tempo ele foi muito bem-sucedido em sua tarefa de tornar os aeroportos mais seguros.

Não tenho certeza se o czar e a agência reguladora seriam parte do "ativo fixo" ou uma solução de curto prazo. Esse problema se resolverá por si só, dependendo do quão rapidamente as criptomoedas alcançarem maior aceitação. Mas estou certo de que um czar ou agência reguladora não terá de se envolver diretamente na criação de legislação para criptomoedas; pelo contrário, eles devem servir como uma força orientadora, resolvendo as questões mais difíceis que têm deixado legisladores de mãos atadas, dirigentes empresariais e consumidores. Em vez de vários órgãos reguladores buscando algo às cegas, muitas vezes tratando do mesmo assunto, um ponto único de *expertise* estabeleceria linhas de discussão claras. Essa ação clarificadora, por sua vez, ajudaria a legitimar as criptomoedas e a aumentar

---

NT13: Czar: neste contexto, é a pessoa nomeada para coordenar e aplicar a política governamental em energia, combate às drogas etc. em determinada região. Fonte: *Gran Diccionario Oxford* (OUP, 2008).

a conscientização das pessoas a respeito do assunto. Um czar e agência reguladora seriam uma força fomentadora, em vez de limitante.

O czar deve vir do próprio setor: algum investidor, empreendedor, tecnólogo ou uma combinação dos três, possuidor de profundo e amplo conhecimento. Ele deve compreender as principais questões das partes envolvidas, entender as preocupações dos consumidores e demonstrar abertura para mudanças. Além disso, a pessoa deve ter bom relacionamento com legisladores e dirigentes do setor financeiro. Deve ainda ter habilidades diplomáticas para defender a causa em situações em que seja necessário e diminuir as tensões em outras ocasiões para conduzir políticas na direção certa. Esse indivíduo também deve ser capaz de desmistificar e explicar claramente as criptomoedas para o público em geral, para uma comunidade empresarial mais ampla e para os formuladores de políticas públicas e representantes eleitos.

Como segunda recomendação, acredito que o czar e a agência reguladora dedicados às criptomoedas deveriam criar uma "Declaração Universal dos Direitos das Criptomoedas" que descreva em linguagem clara e concisa o que as pessoas podem fazer com criptomoedas e limite a capacidade de o governo ou outra autoridade desencorajar seu uso. A declaração seria um ponto de referência fácil para consumidores, empresas e comunidade jurídica, garantindo o lugar permanente das criptomoedas no mundo financeiro como forma de investimento, reserva de valor e meio para realizar transações. Ela deveria delinear claramente que governos e quaisquer outras autoridades não podem por capricho limitar o emprego de criptomoedas. Não diferentemente da Declaração de Direitos da Constituição americana, a declaração protegeria um direito fundamental: nesse caso, permitiria a uma pessoa física ou jurídica realizar transações com uma moeda legal de sua escolha. Eu incluiria os itens a seguir.

- Os consumidores terão direito de comprar ou vender criptomoedas diretamente, sem qualquer limite.
- Os consumidores terão direito de usar criptomoedas para transações legítimas, sem o envolvimento ou autorização de terceiros.
- Os consumidores terão direito de investir em fundos que têm criptomoedas, como fundos mútuos e ETFs.

- Os consumidores terão direito de ter a posse de suas criptomoedas diretamente, gerenciando suas próprias chaves privadas em carteiras não hospedadas, sem ter de divulgar qualquer informação ao governo.
- O governo irá garantir o direito de operação para bolsas de criptomoedas legítimas e outros provedores de serviços que ajudem as pessoas a adquirir e negociar criptomoedas.
- O governo garantirá que as criptomoedas possam operar em pé de igualdade com moedas fiduciárias e outros ativos.
- O governo não pode confiscar arbitrariamente ativos em criptomoedas.
- O governo não pode taxar a mais as criptomoedas; deve tratá-las como outros tipos de ativos.

Isso resolveria tudo? Dificilmente. E minha expectativa é que esta "Declaração de Direitos" tenha adições à medida que o setor de Bitcoin e criptomoedas for evoluindo – da mesma forma que a Declaração de Direitos da Constituição americana. E é provável que também vejamos mudanças na agência reguladora que algum dia supervisionará as atividades com criptomoedas. É isso que se deve esperar. O Bitcoin se encontra em um estágio de solução quanto às incertezas regulatórias normais. Mais importante ainda, os fundamentos do setor são sólidos e a percepção do Bitcoin está evoluindo.

O que me encoraja ainda mais é que o Bitcoin jamais foi classificado como ilegal em qualquer país livre. Trata-se de um sinal revelador de que até mesmo aqueles que duvidam não se sentem suficientemente potentes para criar obstáculos. Isso faz sentido, porque o Bitcoin acaba se resumindo a informação digital na forma de chaves privadas das carteiras e ao *software* de código aberto que opera os nós na rede Bitcoin. Os únicos países em que o Bitcoin foi julgado ilícito foram aqueles autoritários, propensos a proibir qualquer coisa que lhes pareça representar uma ameaça. Seria uma surpresa que Vladimir Putin ou Xi Jinping não gostem do Bitcoin, por ser algo que lhes escapa totalmente do controle? E apesar disso, a atividade do Bitcoin floresce tanto na Rússia quanto na China, pois nem esses países conseguem detê-lo.

Coreia do Norte e Irã têm problemas ainda maiores.

Talvez você queira saber se alguma entidade poderia deter ou extinguir o Bitcoin que é, essencialmente, uma longa cadeia de letras e números.

Seria possível forçar alguém a compartilhar suas chaves privadas, sob tortura ou coação? Mais uma vez, eu diria que esse tipo de sociedade teria problemas maiores do que a percepção de ameaça de um novo sistema monetário.

O Bitcoin é como uma criança em um parque infantil no qual outras crianças uma vez tiveram a oportunidade de brincar. Quanto maior for o número de crianças brincando no parque, a prefeitura tem de estabelecer algumas regras para garantir a segurança de todos.

Mas ele continua a ser um grande parque repleto de potencial.

VAMOS FILOSOFAR: O DINHEIRO É UM DIREITO NATURAL

Pode parecer estranho considerar o dinheiro um direito natural. Direitos naturais são um conceito imaginado para definir os direitos fundamentais da existência humana. O filósofo inglês do século XIX, John Locke, e seus discípulos acreditavam que os seres humanos tinham direitos inalienáveis, que não poderiam ser negados por nenhuma instituição ou indivíduo. "Os homens [...] sendo todos iguais e independentes, nenhum deles deve prejudicar o outro em sua vida, saúde, liberdade ou posses", escreveu Locke em seu Segundo Tratado sobre o governo.

Cerca de um século depois, o estadista Edmund Burke mudou de direção se afastando das teorias lockianas sobre a natureza humana e governança e afirmou que os chamados "direitos naturais da espécie humana [são] coisas sagradas".

Alguns avarentos – e consumidores nervosos em uma recessão – podem considerar o dinheiro sagrado, mas não da maneira que Burke imaginou. Tenho de admitir que na maior parte de minha vida nunca havia imaginado o dinheiro como um direito natural. Para mim o dinheiro era um objeto tangível, moedas e cédulas usadas quase diariamente, do mesmo modo que uma escova de dentes ou uma xícara de café. Mas quando me interessei pelo Bitcoin, comecei a pensar no dinheiro em termos mais abstratos, como uma reserva de valor que por acaso tem uma presença física. As moedas que diversas civilizações criaram eram soluções práticas para representar essas reservas de valor. O que mais poderiam fazer? Os babilônios, criadores das primeiras moedas; os soberanos da dinastia Tang na China Antiga que imprimiram as primeiras cédulas da história; os Medici e várias iterações de bancos centrais ao redor do mundo ao longo do século XX não tinham a tecnologia para produzir um método alternativo que representasse valor como o Bitcoin.

O Bitcoin me permitiu pensar no dinheiro de forma diferente. Percebi que dinheiro era um conceito mais profundo do que os objetos físicos que as pessoas, por séculos, aceitaram como meio de troca – dólares, francos, marcos, pesos, ienes, euros e outros. Essas moedas fiduciárias são relíquias de sociedades de um mundo diferente. Elas não lidam com os novos desafios que surgiram em meio às rápidas mudanças tecnológicas, econômicas e políticas. Elas limitam os consumidores e as empresas que têm forte desejo de se libertarem dos sistemas comerciais tradicionais.

Quanto mais ponderava sobre a essência do dinheiro, mais me dava conta de que dinheiro representa os frutos de nosso trabalho – os resultados de nosso trabalho passado. E qualquer dinheiro que não gastamos imediatamente, podemos poupar para uso futuro. Dinheiro é prova do trabalho de alguém, uma forma de reservar valor para uso futuro.

Com esse pano de fundo, comecei a encarar o dinheiro como um direito natural. Com isso, digo que o dinheiro nos dá a liberdade nua e crua de fazer o que quisermos com ele, em hora e lugar de nossa escolha. Nenhuma instituição deve interferir nessa liberdade. Ter o controle de nosso sistema para avaliar as coisas deve ser tão natural quanto ser livre e estar fisicamente seguro no mundo. De fato, vejo uma interconexão entre dinheiro e vida, liberdade e propriedade.

Sei que muitos não entenderão ou aceitarão o que estou propondo, pois cresceram acreditando que os sistemas monetários fiduciários cuidariam bem deles. A educação que tiveram inoculou-os com as fraquezas inerentes aos sistemas fiduciários. A maioria acredita erroneamente que tem total liberdade de fazer o que quiser com seu dinheiro. Como dissuadir alguém de uma crença quando não conhece algo melhor?

Criei um teste chamado "liberdade com seu dinheiro". Minha crença é que, quando confrontadas com a realidade, as pessoas reconheçam que não têm liberdade total em relação a seu próprio dinheiro. Por outro lado, elas reconhecem que o Bitcoin realmente oferece esse tipo de liberdade e que o dinheiro deveria ser um direito natural.

Julgue você mesmo. Faça o teste. Há sete perguntas para responder com *sim* ou *não*. Não há resposta errada. Suas respostas dependem apenas de sua experiência.

1. Ao depositar um cheque, você tem acesso à quantia total imediatamente?
2. Você tem controle físico imediato do dinheiro que mantém em uma conta-corrente, conta-poupança ou no mercado monetário? Isso é, exceto pelo dinheiro que você tem na carteira, pode usar o dinheiro que está no banco quando e como quiser?
3. Se quiser enviar dinheiro para alguém, você consegue completar a transação imediatamente, sem a intervenção de um banco ou qualquer outra instituição financeira?
4. Você pode sacar ou transferir qualquer quantia a qualquer momento?
5. Consegue completar a transferência, o pagamento ou saque sem pagar uma taxa bancária exorbitante?
6. O seu dinheiro, incluindo juros acumulados, tem o mesmo poder de compra hoje de quando você o depositou no banco?
7. Desconsiderando o dinheiro que tem na carteira, você consegue fazer qualquer coisa com ele sem a presença de um terceiro?

Se você respondeu não em qualquer uma das perguntas, então não tem liberdade total com seu dinheiro. Na verdade, eu tenho o mesmo problema, apesar de minhas aquisições de bitcoins ao longo dos anos. Não tenho plena liberdade de uso do meu dinheiro, pois continuo a ter moeda fiduciária e a trabalhar com instituições financeiras tradicionais. Isso porque apenas algumas empresas aceitam bitcoins. Esta é a realidade por enquanto, embora eu esteja otimista de que esse cenário mudará nas próximas décadas. O dinheiro como direito natural é uma ideia muito radical e o Bitcoin, com sua capacidade de garantir plena liberdade de uso, é o único caminho a seguir.

    Estas sete perguntas ilustram quase perfeitamente a falta de controle que temos sobre nosso dinheiro toda vez que um terceiro estiver envolvido. Friamente falando, temos pouca voz, se é que alguma, sobre o ritmo em que grandes instituições financeiras completam nossas transações. O mesmo acontece com as taxas que nos cobram ou as regras que nos impõem e restringem nossas atividades financeiras pessoais e comerciais. Em termos de pôquer, eles sempre estão com um *"royal straight flush"* independentemente do que tivermos na mão. Se fosse um jogo de xadrez, eles sempre controlariam o tabuleiro. Eu, por exemplo, não gosto dessa sensação. Gosto de pensar que tenho uma soma mais do que suficiente para realizar o que desejo.

    Tive uma sensação de impotência quando uma agência filial do Wells Fargo me fez ficar esperando ao tentar sacar US$ 20.000 do meu próprio dinheiro para pagar a taxa de inscrição do prestigioso torneio World Series of Poker (WSOP) de 2018 e apostar no cassino, como já expliquei. Tive sensação similar quando o mesmo banco – outra agência em Santa Monica, Califórnia –, há dois anos, me fez esperar mais de uma hora antes que conseguisse fazer uma transferência de US$ 100.000 para a conta de um amigo em Hong Kong, usando uma ordem eletrônica internacional para transferência de fundos (*wire transfer*) via SWIFT [NT14].

    Não importou o quão sofisticada era a tecnologia do banco nem o fato de eu ser um cliente do banco há 28 anos, estar lá pessoalmente e ter apresentado um documento oficial como prova. Talvez o valor da transferência, particularmente destinada ao exterior, fez com que o gerente da agência não se sentisse à vontade. Ele me disse que a decisão deles de rejeitar a

---

NT14: SWIFT™ (abreviatura de) *Society for Worldwide Interbank Financial Telecommuncations* – Rede de computadores que permite aos bancos-membros de todas as partes do mundo movimentarem, de forma segura, dinheiro de um para outro. Fonte: *Oxford Business English Dictionary*, (OUP, 2006).

transferência era para minha própria proteção; pareciam preocupados que eu poderia estar cometendo ou sendo vítima de fraude.

Não importava que eu estivesse fisicamente dentro da agência, não estava realizando a operação bancária via celular ou pelo *site* do banco. Até poderia entender a preocupação do banco se a transação fosse feita sem que vissem quem estava por trás (*on-line*). Mas lá estava eu, em carne e osso, o dono da conta e que deveria ter autoridade suprema sobre seu próprio dinheiro.

Uma vez que eles estavam com meu dinheiro, me vi obrigado a jogar segundo as regras deles. E a falta de transparência ao longo do processo era exasperadora. Aparentemente, uma *wire transfer* de US$ 100.000 era muito elevada, particularmente se fosse direcionada a Hong Kong, China. Os funcionários da agência me fizeram ficar esperando enquanto verificavam a questão com o departamento de fraudes deles. Fiquei ressentido com o atraso que, no final, foi de mais de uma hora, a falta de transparência sobre o que os funcionários responsáveis pela detecção de fraudes estariam ponderando em suas deliberações ou quem finalmente daria o OK para a transação. A situação era simplesmente absurda. Será que eles realmente pensam que o titular de uma conta há tanto tempo iria se apresentar em pessoa para realizar uma transação de legalidade questionável? E quem são eles para julgar como devo usar meu dinheiro? Afinal, era meu próprio dinheiro. Eu não estava pedindo dinheiro emprestado para o Wells Fargo para depois remetê-lo a Hong Kong. Deveria um banco realmente ter o direito de negar uma *wire transfer* para alguém que eu mesmo designei? Além disso, o Wells Fargo, um banco com aproximadamente US$ 2 trilhões em ativos sob gestão e ávido por reabilitar sua reputação de um escândalo de fraude há poucos anos, foi além desse dano ao ser nada cooperativo e obtuso. Até hoje não sei quem decidiu atrasar minha transação, para, depois, liberá-la. Mandei um *tweet* relatando meu descontentamento naquele mesmo dia. Como crédito para o Wells Fargo, um executivo responsável pela gestão do relacionamento com os clientes me ligou de volta dias depois para ouvir minha reclamação.

O Wells Fargo também não era diferente do banco chinês onde tenho conta, que tinha uma política de limitar depósitos e transferências internacionais a US$ 50.000 por ano, devido às regras de controle de capital vigentes na China. Esse banco estava simplesmente obedecendo a regras estabelecidas pelo Banco Central deles, regras que vinham do governo, que queria controlar o fluxo de dinheiro que entrava e saía do país para estimular o crescimento econômico. Por que não se pode simplesmente ter mercados de capitais livres *e* crescimento econômico?

IMPLORANDO PELO SEU DINHEIRO

A relação entre um banco e seus clientes me faz lembrar aquela entre pais e filhos, em que a criança tem de pedir permissão para comprar alguma coisa. O banco estabelece as regras e não importa o quão polpuda seja sua conta ou há quanto tempo você é cliente. Todo mundo tem de obedecê-las. Mas isso é inevitável quando se deseja ser cliente de um banco. Poucas pessoas protestam contra os atrasos contraprodutivos e as regras dos bancos.

Os atrasos são custosos, contraprodutivos e, acima de tudo, semeiam desconfiança.

À medida que me aprofundei no Bitcoin, achei incompreensível a falta de protesto das pessoas. É como se virassem zumbis depois de passarem seu dinheiro para os bancos.

É uma visão estranha, particularmente nos Estados Unidos, país originado de uma rebelião contra a não aceitação das liberdades fundamentais. É ainda mais estranho à luz do clima político recente, consumido pela mesma questão. Se você for de direita, tem receio de sua capacidade de usar princípios religiosos para orientar suas ações não religiosas, de conduzir seus negócios sem interferência, de ter a posse de uma arma e até mesmo de usar uma máscara. Se você for de esquerda, estará preocupado com a liberdade de direitos de reprodução, liberdade de expressão e de se reunir pacificamente e, hoje em dia, até mesmo com direito ao voto. Não sou tendencioso em qualquer uma dessas questões, exceto pelo fato de observar que ambos os grupos acreditam que a sociedade cerceia suas liberdades.

A maior parte dos americanos, acredito eu, conhece pelo menos superficialmente a primeira linha da Declaração da Independência, que diz: "todos os homens são dotados [...] de certos Direitos inalienáveis, entre os quais a Vida, a Liberdade e a busca da Felicidade". Historicamente tem havido certo debate sobre o que o autor da Declaração, Thomas Jefferson, quis dizer com felicidade, embora pareça ter sido extraído de *Dois tratados sobre o governo*, de Locke, em que ele teoriza que o governo existe para proteger "a vida, a liberdade e a propriedade" de um indivíduo.

Na época de Locke, propriedade era sinônimo de terra, a principal fonte de riqueza na Inglaterra que remonta à Idade das Trevas. A aquisição e o uso de tais terras se davam em grande parte sem qualquer controle até que Guilherme, o Conquistador, criou a primeira lei inglesa sobre propriedades em seu *Domesday Book*. Guilherme, um nobre francês cuja vitória sobre o rei Haroldo na Batalha de Hastings, em 1066, é comemorada pela tapeçaria de Bayeux (sempre achei engraçado o fato de os ingleses terem tido um rei francês e ter sido usada uma primeira versão do idioma francês na administração), criou um código que incluía regras para propriedade de terras e a respectiva cobrança de impostos. Graças à visão de Guilherme, o código de *Domesday* serviu de base não apenas para a legislação inglesa subsequente, como para os sistemas jurídicos de países que a Inglaterra colonizou. Ele contemplava certas proteções e limitações contra o confisco de bens e essas restrições foram reforçadas e aperfeiçoadas ao longo dos séculos.

A bem da verdade, os proprietários de imóveis sabem bem as frustrações provocadas por impostos sobre imóveis cada vez mais altos e processos morosos para alvará de projetos de construção. Deixe de pagar certas taxas e encare a dor de cabeça do privilégio do Fisco[NT15] enfrentada pelos proprietários de imóveis. Mas se adotarem uma gestão financeira razoável, não terão de temer a possibilidade de o governo confiscar a propriedade arbitrariamente, ou mais grave ainda, reduzir artificialmente seu valor – pelo menos não em uma sociedade livre.

A lei inglesa sobre propriedades não fazia nenhuma menção sobre moeda corrente. O Banco Central da Inglaterra, criado no século XVII, lançou mão dos processos de alvarás em grande parte para nutrir as guerras intermináveis do país pela hegemonia europeia e estabeleceu a política

---

NT15: Direito da entidade pública sobre bens enquanto houver impostos pendentes sobre os mesmos; gravame fiscal, ônus fiscal. Fonte: *Dicionário Trilingue de Termos de Negócios* (Paulo Norberto Migliavacca, DFC Editora, 2001).

monetária inglesa há séculos. Ele emprestava dinheiro, estabelecia regras para transações e, obviamente, imprimia papel-moeda de curso legal. Era uma forma engenhosa de levantar recursos numa época em que a posição creditícia do governo era ruim. O banco permaneceu uma sociedade de capital fechado – tecnicamente controlado por acionistas – até ter sido nacionalizado em meados do século XX. O modelo de governança do banco, que incluía estabelecer os termos para transações e a impressão de moeda a critério do próprio banco, atribuía a ele um papel muito abrangente nos negócios e na economia como um todo.

Esse sistema centralizado, como já disse, era cheio de falhas, extremamente controlador e, muitas vezes, sujeito a julgamento incorreto pelos banqueiros que estabeleciam a política. Não digo isso de maneira severa. Os criadores dos bancos centrais, inclusive o Federal Reserve dos EUA, inovação do início do século XX que surgiu em resposta a uma crise geopolítica, fizeram o máximo que podiam com os recursos e o conhecimento que tinham na época. Simplesmente não havia uma solução tecnologicamente melhor.

E como já mencionei, tais instituições, inclusive bancos centrais poderosos da França, Alemanha, Japão e, agora, da China, trabalharam bem. Eles financiaram iniciativas durante a guerra; fomentaram a recuperação pós-guerra e apoiaram revoluções industriais, médicas e tecnológicas, além de ajudar a construir a florescente classe média que impulsionou o crescimento econômico pelo consumo gastando bilhões anualmente. Eles forneceram os recursos para o empreendedorismo e também podemos atribuir a eles o crédito por ajudarem no surgimento de mercados em desenvolvimento e na globalização da economia. O crescimento da China e da Índia são, no mínimo, um testemunho parcial da influência dos bancos centrais.

Mas suas fraquezas inerentes se tornaram visíveis à medida que o mundo mudava.

Os dirigentes dessas instituições estão presos no seu modo rotineiro de agir. Eles são lentos para reagir e incapazes de atender ou proteger um ambiente verdadeiramente livre, em que empresas e indivíduos possam fazer o que quiserem, quando e onde decidirem. Eles operam um sistema bastante consolidado que, apesar de bem intencionado, é a antítese da ideia de liberdade com o próprio dinheiro. Embora a liberdade em relação ao próprio dinheiro não fosse tão importante no passado, ela é importante agora, especialmente porque finalmente temos a tecnologia para dar a todos plena liberdade de movimentar seu dinheiro com criptomoedas digitais descentralizadas, tendo como base *blockchains* públicos.

UMA ABORDAGEM DIRETA

Mas, em termos práticos, pode o dinheiro ser um direito natural? É possível termos real liberdade com nosso dinheiro? Existe vontade de mudança? E, em caso positivo, com o que ela se pareceria? Se você já aceitou a ideia de um sistema monetário potencial não hierarquizado conforme descrito por Satoshi Nakamoto, como milhões de pessoas já aceitaram, então a resposta é um sonoro **sim** para as três primeiras perguntas. O número de transações com bitcoin tem aumentado de um punhado, há uma década, para mais de um milhão hoje. As taxas de *hashing*, o poder de processamento da rede Bitcoin, vêm se elevando ano após ano, sem perspectiva de interrupção. O Bitcoin, que é o modelo transacional mais direto, tem facilitado a condução de negócios tornando mais fluidos os pagamentos globais. Que homem de negócios inteligente iria querer ficar para trás nessa proposição?

Na qualidade de alto executivo e empreendedor, sempre busquei aumentar a eficiência. A maioria dos executivos e empreendedores que conheço concorda comigo. Eles são do tipo "vamos resolver a coisa", defensores de um princípio cujo nome homenageia justamente o filósofo medieval inglês, William of Ockham. A navalha de Ockham, a lei da parcimônia, afirma: "A pluralidade não deve ser postulada sem necessidade" (*Pluralitas non est ponenda sine necessitate*).

Em outras palavras, a solução mais simples ou mais direta para um problema é a melhor.

Eles construíram importantes partes de suas organizações fundamentados na ideia de que respostas complicadas raramente são claras e normalmente são contraproducentes. Seria bom que esses culpados, responsáveis pela crise hipotecária de 2008 e outros recentes descalabros financeiros tivessem considerado essa opção em vez de buscar maneiras de fazer apostas arriscadas.

Que princípio captaria melhor o espírito do Bitcoin do que a navalha de Ockham? Qual sistema monetário oferece eficiência absoluta ou se aproxima mais da plena liberdade com seu dinheiro? E em uma época em que a sociedade tem ficado cada vez mais desconfiada das grandes organizações e mais receptivas – ao menos nos Estados Unidos – à filosofia libertária, que sistema estaria mais em sintonia com a opinião pública? Nas últimas décadas, nossa sociedade criou uma série de pequenas empresas domiciliares de *experts* em eficiência e de entendidos ávidos por aplicar o princípio da navalha de Ockham em nome de maior produtividade e rentabilidade. E agora temos um novo sistema monetário que inclui esses princípios. Poderíamos tê-lo tido antes caso as tecnologias que o criaram existissem e se tivesse surgido alguém com noção de como reuni-las.

É como se o criador anônimo do Bitcoin tivesse a navalha de Ockham em mente enquanto elaborava seu sistema baseado no contato direto e um livro-razão público que registrasse cada transação com um imediatismo sem paralelo. Foi Satoshi um dos primeiros *Cypherpunks*, ou uma próxima geração descendente se preocupava muito com a intrusão institucional, seja do governo ou do setor financeiro? Ele, ela ou eles certamente tinham o intento de criar um novo e mais eficiente meio para transações comerciais.

Também é certo afirmar que o trabalho de Satoshi era parte da maturação natural da sociedade. A sociedade não está pronta para algo novo até que os eventos se combinem na ordem e *timing* corretos – que, quem sabe, inclua as conjunturas políticas e sociais.

Atualmente o Bitcoin pode se estabelecer, ao passo que não conseguia fazê-lo há 20 ou 30 anos, pois as pessoas agora estão em busca de maior habilidade para fazer o que querem sem sofrer interferência. Como confirmam os recentes movimentos autoritários nos Estados Unidos, na Europa e em outras partes do mundo, essa tendência provavelmente irá continuar. E nesse ambiente, pessoas verão de forma ainda mais negativa os custos embutidos e os controles de nosso sistema monetário. Elas estarão mais propensas a se defender. O Bitcoin dá a elas um caminho alternativo novo. Ao mesmo tempo, empresas que combateram a liberdade no manuseio de dinheiro perceberam essa mudança na opinião pública.

A liberdade de usar o próprio dinheiro é simplesmente a mais recente onda libertária que a sociedade tem abraçado, junto com a forma de viver plena e o direto à propriedade garantidos por lei e que não podem ser revogados – parecido com a liberdade de expressão ou de credo. É a garantia de que nossas instituições não podem, arbitrariamente, ficar com qualquer parte de nosso dinheiro, congelá-lo ou desvalorizá-lo, não podem interromper ou retardar uma transação ou fazer perguntas para determinar como alguém deve usar o próprio dinheiro. Eles não podem estabelecer novas regras para solucionar crises que normalmente são geradas por eles mesmos.

O uso do Bitcom deve ser uma condição natural, garantida pela constituição dos Estados Unidos e por outros governos pelo mundo, e com um nível de existência superior, não muito diferente da visão utópica de Edward Bellamy no livro *Olhando para trás* ou outros âmbitos ficcionais que prometiam maior eficiência. Mas de modo similar aos direitos originais centrais para as democracias, esses novos direitos exigirão luta – não física, esperamos nós – para mudar radicalmente a opinião pública. Thomas Jefferson teria sido um grande defensor do Bitcoin. Não estou tão seguro quanto a John Adams e Alexander Hamilton, particularmente esse último, que provavelmente entraria em choque com Jefferson em relação à necessidade de um sistema bancário centralizado, embora meu palpite seja de que eles mudariam de ideia e abraçariam a causa do Bitcoin assim como todos os que acreditam na livre iniciativa.

O Bitcoin personifica a liberdade com seu dinheiro, não apenas por levar à libertação quase completa das restrições bancárias e governamentais, mas por oferecer uma opção sem precedentes.

Use-o. Invista nele. Venda-o. Faça as três coisas.

O dinheiro tradicional e o digital são mundos paralelos que podem coexistir pacífica e produtivamente, embora eu não me surpreenderia, caso pudesse voltar aos Estados Unidos daqui a um século mais ou menos, se o Bitcoin e outras moedas digitais fossem a regra. Isso será verdadeiro quando os adolescentes de hoje, que crescerão em uma sociedade capacitada para o Bitcoin, finalmente assumirem o papel de liderança em todos os bancos e órgãos reguladores ao redor do mundo, inclusive o Federal Reserve. Em pouco tempo esses mesmos jovens serão nossos legisladores no Congresso e presidirão as mais importantes comissões de supervisão de criptomoedas digitais. O Bitcoin e outras criptomoedas serão naturais para eles, como são os computadores, *smartphones* e a internet para nós hoje em dia.

O Bitcoin tem e continuará a ter as mesmas qualidades que o tornam capaz de oferecer plena liberdade de manipulação do seu dinheiro. Quais características fazem do Bitcoin uma moeda realmente livre? Limitei a lista às características que explicarei a seguir.

Ele Mantém ou Aumenta de Valor

Posso até entender o modo de pensar de Milton Friedman e dos monetaristas de que se a inflação for mantida baixa é bom para a economia. Ela induz as pessoas a comprarem produtos, o que ajuda a alimentar a economia. Porém, muitas vezes fica fora de controle e me inquieto com as abordagens de muitos governos imprimirem dinheiro para tentar resolver crises infligidas por eles mesmos. Veja os problemas que economias em dificuldades enfrentaram ao longo do século XX à medida que emitiam mais moeda com a falsa percepção de que isso faria as pessoas se sentirem mais confiantes. Os venezuelanos, que sofriam com uma taxa de inflação de 6.500% (em janeiro de 2020)[1] poderão lhe dizer por que isso não funcionou tão bem. E há uma lista de países com experiências semelhantes.

Até mesmo em condições normais, o dinheiro perde valor muito rapidamente e é triste dizer, mas acabamos nos acostumando com essa tendência. Lembra-se do exemplo que uso em minhas palestras (o de puxar uma nota antiga de 100 com a pequena imagem de Ben Franklin)? Com ela se podia comprar muito mais nos anos 1980 do que se consegue atualmente. Contraste o "velho" Franklin com um bitcoin adquirido em 2013 a US$ 100, considerado na época um preço espetacular. Se você usasse esse mesmo bitcoin agora, poderia comprar um novo Tesla Model 3 ou até mesmo o Tesla CyberTruck que estava anunciado. O preço do bitcoin pode continuar a se elevar e cair muito, mas em um extenso espaço de tempo a curva será de subida – um grande sucesso.

Ele Pode ser Usado sem Sofrer Interferências

Meus bitcoins são inteiramente meus. Não tenho de pagar uma taxa para ter acesso a eles ou mantê-los como um ativo pessoal. Não tenho de responder a alguém que representa um terceiro. Se eu precisasse de US$ 10.000 para um torneio de pôquer, maconha (eu não fumo) ou simplesmente quisesse dá-lo a outras pessoas, desde que fossem meus e os tivesse na minha carteira, poderia fazê-lo sem problemas.

Não há intermediários na transação, nenhuma autoridade legal envolvida e ninguém para fazer julgamentos ou retardar ou declinar uma atividade. E eu acrescentaria que ele oferece um imediatismo que nenhum outro sistema de pagamento disponibiliza. A transação é transmitida e replicada globalmente em poucos segundos e o dinheiro chega à carteira de alguém em minutos. Mas no momento que você se afasta do Bitcoin, renuncia à liberdade. Você tem o direito de gastar como quiser, independentemente de usar esse direito diariamente, às vezes ou nunca. Os sistemas fiduciários não lhe dão essa opção.

Ele Possibilita Efetuar Transações de Qualquer Montante

Já disse que no sistema monetário fiduciário atual as autoridades externas podem retardar e censurar a quem damos dinheiro por meio de pagamentos, transferências ou mesmo doações. Se elas não gostarem de alguém em uma das pontas da transação por haver algo no histórico do emitente ou recebedor que as incomoda, ou em relação à natureza da transação, podem intervir e bloqueá-la. Elas podem censurar transações baseadas na quantia remetida. Isso se aplica a quantias abaixo ou acima de limites estabelecidos como normais. O último caso é mais óbvio, como percebi em minhas próprias agruras para sacar e transferir dezenas e centenas de milhares de dólares. Mas os bancos e outras instituições financeiras restringem transações típicas de menor valor por meio da cobrança de taxas.

Se eu decidisse transferir dinheiro eletronicamente em incrementos de US$ 1 (quantia considerada absurda), provavelmente teria de pagar os mesmos US$ 15 de taxa cobrados para transações maiores. Dependendo do lugar em que as pessoas efetuam operações bancárias e da natureza de suas contas, talvez tenham também de pagar taxa para receber uma transferência. Imagine o inferno que seria caso eu estivesse bravo com uma pessoa dessas contas que cobram pesadas taxas e simplesmente fizesse inúmeras transferências de pequeno valor para a conta bancária dela. Talvez o melhor exemplo seja o de pessoas fazendo remessas para familiares residentes em países mais pobres. As taxas cobradas simplesmente para movimentar dinheiro de um local para outro são em média 7%, de acordo com relatório da ONU.[2]

Ele Possibilita a Realização de Transações a Qualquer Momento e de Qualquer Lugar

Você poderia argumentar que com os aplicativos para celulares, temos a liberdade de realizar nossos negócios a qualquer momento e lugar. Mas estes *apps* são extensões de organizações que nos impõem suas próprias regras e regulamentos. A plena liberdade com nosso dinheiro oferece aos consumidores e às empresas a capacidade de conduzir seus negócios inteiramente segundo suas condições, mas sem os estorvos embutidos nos sistemas fiduciários. Atualmente isso inclui restrições que soam antiquadas sobre como alguém ou alguma entidade pode executar certas transações. Por exemplo, muitos bancos não completam *wire transfers* durante o fim de semana. E a maior parte das transações entre empresas enfrenta limitações quanto a quando elas podem ocorrer e para quais países. Grandes rincões do mundo sofrem com a falta de fácil acesso aos bancos. O Bitcoin supera esses obstáculos com facilidade. O horário de funcionamento dos bancos será algo do passado.

Não Existe Intermediário

Com plena liberdade com seu dinheiro, você sempre tem total e exclusivo controle sobre ele. Você se comunica diretamente com o indivíduo ou organização do outro lado de uma transação. Você realiza a transação e remete o dinheiro. Nenhuma outra entidade é envolvida e ninguém precisa lhe dar permissão. O dinheiro passa a ser como o ar ou a gravidade, que você pode ativar imediatamente sem medo de sofrer interferência ou punição. Faz parte de uma condição natural. Ele apenas deixou de existir no passado pelo fato de não termos a tecnologia, o conhecimento e os recursos necessários para criar esta liberdade. Agora, com o Bitcoin, podemos tê-la e ele está se transformando em uma nova forma de fazer negócios.

UM SETOR EM EVOLUÇÃO

Quando comecei a escrever este livro, parti do pressuposto de que poderia afirmar com segurança que o Bitcoin havia chegado para ficar. O que eu quero dizer é que acredito que ele fará parte do dia a dia, não será um elemento não convencional ou diferente temporariamente no centro das atenções por causa de um bando de piratas devoto da tecnologia. Afinal, a capitalização de mercado do bitcoin já ultrapassou os US$ 200 bilhões e, no longo prazo, aumentará ainda mais. As criptomoedas que se inspiraram ao menos parcialmente no bitcoin totalizaram outros US$ 60 bilhões em acréscimo de capitalização de mercado e estão claramente indo para os US$ 100 bilhões. (Em fevereiro de 2021, a capitalização de mercado do bitcoin atingiu US$ 1 trilhão.)

Outras importantes estatísticas sobre o Bitcoin em números eram igualmente encorajadoras quando comecei a escrever este livro. As dez maiores bolsas estavam gerando volumes de transações diárias que superavam os US$ 15 bilhões, a maior parte em bitcoin. (No final de janeiro de 2021, o volume de transações dessas bolsas passava de US$ 30 bilhões.) O número de carteiras Bitcoin estava caminhando para os 50 milhões com novos produtos aparentemente surgindo a cada dia, cada um prometendo uma experiência mais fácil e segura do que o anterior. Quase todos os pouco mais de 3 milhões do suprimento original de Satoshi Nakamoto de 21 milhões de bitcoins estavam em circulação (hoje menos do que 2,5 milhões ainda não circularam). O número de negociantes de criptomoedas ativos e verificáveis, isto é, que têm contas registradas e identificáveis em pelo menos uma bolsa com boa reputação estava na casa dos 10 milhões e em 2021 já estava próximo dos 50 milhões.

Por volta de 2011, quando adquiri minhas primeiras placas gráficas para mineração, ou mesmo alguns anos antes, esses dados seriam a prova suficiente que qualquer pessoa precisaria para aceitar o Bitcoin. O mercado era imenso e crescia rapidamente. Apesar do sobe e desce que eu disse para você ignorar, há poucas, se é que existe alguma, histórias de sucesso comparáveis à narrativa do Bitcoin.

Entre os investimentos recentes, talvez a Amazon seja o único ativo a alcançar crescimento semelhante, mas sua trajetória de sucesso veio apenas depois de a empresa mudar o modelo de negócios passando a vender de tudo, de pneus a xilofones. Você se lembra de quando a Amazon vendia apenas livros?

O valor total do Bitcoin, ou a capitalização de mercado como alguns chamam, atualmente faz parecer pequenos os tradicionais gigantes como IBM, General Electric, Boeing, John Deere, General Motors e Bank of America – marcas icônicas da história empresarial americana. E essas empresas levaram décadas para se destacarem. General Motors, IBM e o Bank of America original foram fundados com uma década de diferença, um após o outro, logo depois da virada para o século XX.

Com base em sua capitalização de mercado, o bitcoin estaria posicionado entre as 25 maiores economias do mundo, bem maior do que os Emirados Árabes Unidos, que é rico em petróleo, e do que o refúgio de tecnologia/criptomoeda/*blockchain* de Israel, Noruega, Áustria e África do Sul. Se apenas 25 milhões de pessoas tivessem contas registradas (algumas têm mais de uma), e ninguém mais estivesse interessado em Bitcoin (o que não é verdade), a comunidade do Bitcoin seria maior do que as populações da Bélgica e da Grécia juntas.

Esses dados estatísticos funcionaram como música ambiente em minhas negociações diárias com bitcoins e provaram que a plataforma havia alcançado o palco principal do mundo financeiro. Havia mesmo?

Uma das grandes verdades ao escrever um livro é que ele o força a pensar mais profundamente em questões que achava que havia resolvido na "távola-redonda" interna de sua mente. Você tem de fazer em pedaços os argumentos e recompô-los, ouvir com mais cuidado a nuance de céticos, reconsiderar informações e eventos e ver tudo com outro olhar.

Portanto, enquanto dava os toques finais neste livro e verificava se eu poderia ou não dizer com segurança que ele havia chegado lá, pensei no que poderia ter deixado passar. De quais detalhes e contra-argumentos eu não teria me dado conta? Estabeleci-me com sucesso como evangelizador do Bitcoin. Acredito que eu tenha arrebanhado muitos corações e mentes para a causa, inclusive alguns antigos céticos. Porém, meus convertidos originaram-se em ambientes controlados – palestras em conferências, sessões do YouTube e aparições na mídia – e, ocasionalmente, em discussões mais informais.

Mas se quisesse estar à altura de meu papel, precisaria ser mais contundente e isso significava ter uma visão crítica até em relação às hipóteses mais básicas, mesmo as fundamentadas em raciocínio matemático.

"Nem tudo que pode ser contado, conta. Nem tudo que conta, pode ser contado", escreveu o sociólogo de meados do século XVIII, William Bruce Cameron, citação muitas vezes erroneamente atribuída a Albert Einstein, que compreendia a inadequação de certas medidas matemáticas. Os números não são tudo.

"Ou a Matemática é muito grande para a mente humana, ou a mente humana é mais do que uma máquina", escreveu um amigo próximo de Einstein e igualmente gênio, Kurt Gödel, que também lecionava em Princeton.

A quantificação numérica como medida de sucesso pode induzir ao erro. A consciência de marca e o total engajamento a novos produtos ou serviços – tecnológicos ou não – dependem de vários fatores, muitos deles subjetivos. Precisamos ter os números de quantos álbuns a Beyoncé vendeu para saber que ela é uma grande cantora e influenciadora cultural? Ou que Aaron Judge, do Yankees, foi o maior pontuador da liga de *home runs* (volta completa em torno do campo) e está entre os mais temidos rebatedores da história do beisebol? Ou precisamos conhecer o total de usuários do TikTok para saber que ele está profundamente enraizado na sociedade?

Calcular a popularidade do Bitcoin é capcioso devido a seu sucesso em proteger a identidade individual. Não sabemos quem está por trás de cada conta de endereço de carteira digital, e até mesmo para o cumprimento da lei teria de ser feito um esforço hercúleo para desmascarar um participante do Bitcoin. Privacidade combinada com tecnologia de livros-razão distribuídos descentralizados é o que torna o Bitcoin especial. Descobrir o segredo de uma caixa-forte seria mais fácil.

Aqueles que investem em bitcoins apreciam o controle, a privacidade e a segurança oferecidos a eles pelo Bitcoin. Muitos que têm um volume de ativos de moderado a significativo mantêm várias carteiras para se vacinarem contra brechas de segurança. A mesma pessoa poderia comprar bitcoins em vários momentos usando endereços diferentes. Eu mantenho carteiras em meu *laptop*, celular e nas *Ballet wallets*, minha nova startup. Se *hackers* penetrarem em uma de minhas carteiras, roubarão apenas uma pequena parte de meus ativos, o restante de meus bitcoins estará a salvo em locais diferentes, cada um com sua chave privada própria. Mesmo que alguém me associasse a um endereço – algo praticamente impossível – enfrentaria uma dificuldade ainda maior para usá-lo.

Outros investidores proeminentes têm estratégia similar, dividem seus bitcoins em dispositivos móveis, *laptops*, discos rígidos e carteiras "frias". Eles criaram o que chega a ser pequenas fortalezas de bitcoins.

Depois tem o caso de Tyler e Cameron Winklevoss, irmãos gêmeos que logo depois de adquirirem 1% dos ativos em bitcoins do mundo, fizeram quatro cópias de sua chave, dividiram cada cópia em três partes e guardaram cada parte em cofres de aluguel de bancos regionais pouco conhecidos espalhados pela área central dos Estados Unidos.[1] Os gêmeos criaram a chave privada jogando dados para formularem os números-chave, reduzindo assim o risco de alguém descobrir o padrão numérico. Porém, mais uma vez: Como um *hacker* saberia que a chave privada que estaria tentando decodificar pertenceria aos irmãos Winklevoss ou a outra pessoa, ou por hipótese, se os irmãos Winklevoss teriam estabelecido ou não carteiras adicionais ao longo dos anos para proteger ainda mais seus ativos?

Não há nenhuma maneira de saber o que alguém está fazendo num dado momento no ecossistema do Bitcoin ou quantas pessoas estão envolvidas. O detentor de uma carteira ou usuário registrado de uma bolsa de criptomoedas não equivale a uma pessoa. Podemos apenas chegar a um número aproximado de quantas pessoas têm um bitcoin num dado momento.

Alguns observadores do Bitcoin poderiam indicar o volume de negócios diário, que registra a atividade nas principais bolsas, como um indicador do estabelecimento do setor. E sim, o tamanho e o aumento das transações, que chegou a bilhões, têm sido impressionantes. Entre outras coisas, isso reflete que há uma comunidade de Bitcoin vibrante e considerável. Mas não é possível indicar com exatidão quantas pessoas diferentes estão adquirindo e vendendo bitcoins (ou qualquer outra criptomoeda), com ou sem carteiras, nas bolsas de criptomoedas ou de alguma outra forma. As mesmas pessoas poderiam ser responsáveis por várias transações, e o volume delas não nos informa se o Bitcoin veio para ficar ou se é apenas uma moda passageira com data de validade.

Todos esses fatores me encorajaram a pensar que saber a quantidade de bolsas e pessoas detentoras de bitcoins nos dá apenas parte da resposta sobre se o Bitcoin realmente chegou para ficar, ou não. Esses números meramente confirmaram o óbvio. Em uma década, o Bitcoin se expandiu, passando de uns poucos crentes, tecnólogos, aventureiros e pessoas curiosas e conservadoras, para dezenas de milhões de usuários. Seu crescimento não apenas está entre os casos mais admiráveis no mundo dos negócios e tecnologia, é uma prova cabal de seu potencial.

Mas a pergunta permanece: Podemos afirmar ou não que o Bitcoin chegou para ficar? Ou é mais correto dizer que ele está indo nessa direção?

Há uma diferença. "Chegada" significa que algo está definitivamente aqui para ficar. "Ir numa dada direção" não é ruim, mas também sugere que seu ponto de apoio permanece tênue. Obviamente, eu gostaria de apresentar um argumento mais convincente caso pudesse provar o primeiro. A atividade de bolsas e carteiras e aumentos de preço não seriam suficientes. Como já disse, escrever um livro testa seu raciocínio num bom sentido, faz com que você se torne um observador mais aguçado e o leva a desenvolver compreensão mais apurada das tendências que vinha observando.

À medida que me aprofundava na promessa do Bitcoin, me vi pelo menos parcialmente concordando com Cameron Winklevoss e questionando meu próprio entendimento de por que o Bitcoin chegou. Havia outros claros sinais, além dos números, de que o Bitcoin estava arraigado na sociedade e tinha tenacidade. São sinais subjetivos por natureza, mas igualmente compelem à análise que tanto tem despertado atenção.

Classifiquei essas razões em seis categorias, apresento-as aqui na forma de perguntas e sem ordem específica. As respostas frisam minha crença de que o Bitcoin se tornou parte integrante do mundo financeiro global e sua importância aumentará cada vez mais.

Porém, eu o encorajo a pensar além de meus argumentos e a fazer perguntas. O Bitcoin só se fortalece por meio de contra-argumentos bem fundamentados.

O QUE PODERIA SUBSTITUIR O BITCOIN?

Contraste o crescimento do Bitcoin com outros fenômenos tecnológicos recentes que pareciam prometer novidades, mas cederam espaço a produtos melhores – ou em breve o farão. Nenhum produto ou serviço tem futuro se não for capaz de atender demandas melhor do que qualquer outra coisa que já existe no mercado.

Nenhum setor reflete melhor essa realidade do que a tecnologia bancária voltada para o consumidor. Os caixas de banco *drive-through* que despontaram no final da década de 1980, equipados com tubos de ar comprimido e sistemas de comunicação por voz para depósitos e retiradas de dinheiro pareciam ser o futuro. Apesar de tão inovadores na época, rapidamente perderam espaço para os caixas automáticos *drive-through* com interfaces *touch-screen* que possibilitaram a dispensa ou redução de funcionários internos.

Embora essas máquinas ainda sejam usadas e agora incorporem inteligência artificial e aprendizagem de máquina para ajudar o usuário em suas operações bancárias (isso me dá calafrios), há um número menor delas[2], porque as empresas realizam cada vez mais negócios eletronicamente e as pessoas confiam cada vez mais em seus aplicativos bancários no celular. Caso tivesse de apostar, eu não investiria dinheiro no futuro das ATMs, pois, gostemos disso ou não, o dinheiro físico está em extinção.

Tecnologia de verificação? As tarjas magnéticas nos cartões de crédito ou débito que você passa na maquininha do comerciante pareciam o ápice da eficiência e conveniência e representavam anos-luz de avanço em relação a sistemas anteriores – que também foram avanços em relação ao antiquado equipamento mecânico que usava folha carbonada nas transações com cartão de credito há pouco mais de duas décadas.

Os cartões de crédito datam dos anos 1950. Você se lembra do Diner's Club, a empresa pioneira no setor? Acho que não. Certamente não vejo esse cartão com frequência. Você sabia que antes da emissão do primeiro cartão de crédito a American Express era mais conhecida por cheques de viagem que poderiam ser obtidos apenas em um banco afiliado ou nos escritórios da própria American Express? Embora pudesse levar cerca de uma hora para conseguir os cheques, as pessoas estavam dispostas a tolerar essa inconveniência pelo fato de os cheques serem mais seguros do que levar grandes quantias em dinheiro vivo. Exigia-se que a assinatura do portador do cheque fosse conferida para poder usá-lo em uma transação. Atualmente existem cartões que não precisam de contato físico, não é necessário passá-los ou inseri-los em uma máquina, basta aproximá-los de uma tela de pagamento. Esse cartão por aproximação foi criado por causa da epidemia de covid-19 (e se os epidemiologistas estiverem corretos, para outras pandemias que poderão vir) porque não há risco de disseminação de vírus. O Apple Pay é um ótimo exemplo dessa tecnologia de cartão sem contato e eu o utilizo sempre; até faço pagamentos usando meu Apple Watch.

Observe as mudanças radicais em outros setores. Carros híbridos e que poupam combustível com tecnologias que possibilitam aos motoristas rodarem cada vez mais quilômetros com um litro de combustível já estão perdendo espaço para carros elétricos que não precisam de combustível. Os Mac-Book Airs agora pesam pouco mais de 900 g, menos da metade dos primeiros modelos, e com mais memória e capacidade de processamento do que seus predecessores; os dispositivos móveis são, da mesma forma, mais finos, de linhas elegantes e mais poderosos. Esses computadores pessoais (utilizo esse termo livremente englobando *laptops* e outros dispositivos menores) agora servem como centros de controle para eletrodomésticos com "internet das coisas" ou IoT, dando aos usuários o poder de ligar e desligar aparelhos, ajustar controles de temperatura e observarem sistemas de segurança. As interfaces se parecem com painéis de comando de aeronaves.

As tecnologias que mencionei tiveram um substituto lógico. Então chegou o Bitcoin como alternativa aos sistemas monetários tradicionais. É um sistema de pagamento mais seguro, privado e ágil que surgiu no momento em que as pessoas buscavam exatamente essas qualidades nos serviços financeiros. Ele veio atender às necessidades surgidas quando a economia se tornou mais global e possibilita que áreas remotas do planeta se conectem financeiramente sem o envolvimento de terceiros, o que não seria possível há poucos anos. Acima de tudo, ele é incrivelmente bem construído.

O que irá substituir o Bitcoin? Há algo melhor para solucionar os problemas mais flagrantes do nosso sistema monetário atual? O que tecnicamente falta a ele para vingar?

A menos que você consiga pensar em algo que eu não pensei, suas respostas às três perguntas provavelmente serão "nada". Não há um sucessor lógico para o Bitcoin, nenhum projeto ou serviço que faça melhor o que ele oferece. Alguns defensores de outras criptomoedas acreditam que suas moedas irão suplantar o Bitcoin. Não tenho nada contra elas, ao contrário, aprecio a ideia e a destreza tecnológica por trás do Ethereum, Litecoin e outros, cada um soluciona um problema que o Bitcoin talvez não resolva completamente ou explora novos territórios relacionados. Eles refletem maior curiosidade e abarcam a tecnologia da criptomoeda.

Estou particularmente curioso em saber qual seria a influência da plataforma de contratos inteligentes do Ethereum, que potencialmente poderia ir além dos sistemas monetários. A plataforma pode mudar a natureza das interações em muitas áreas, como de profissionais de direito, empréstimos e hipotecas, além da manutenção de registros públicos. Mas o Ethereum não é mais adequado do que o Bitcoin para se tornar uma unidade de medida aceita mundialmente ou figurar como uma moeda de reserva[NT16] global. Mesmo que a oferta fosse limitada (e não é), o volume de transações e a capitalização de mercado fossem maiores nesse aspecto, as principais preocupações do projeto Ethereum não envolvem moeda corrente e reserva de

---

NT16: A moeda de reserva é guardada em grandes quantidades pelo Bancos Centrais ou outras autoridades monetárias como parte de suas reservas em divisas. Ela pode ser usada em transações internacionais, investimentos internacionais e em todos os aspectos da economia globalizada. Normalmente é considerada uma "moeda forte".

valor. Provavelmente surgirão sistemas paralelos, porém, sem a popularidade ou o nome reconhecido do Bitcoin. Acima de tudo, nenhuma dessas novas moedas alternativas será capaz de suplantar o fato de que o Bitcoin foi a primeira.

No que tange às plataformas de pagamento, ainda não vi uma que não seja retrô em sua estrutura centralizada e inferior à do Bitcoin. Se surgir alguma fundamentada no princípio da descentralização, estou ávido por lhe dar boas-vindas.

Críticos podem questionar a tenacidade de um sistema sem um pilar central para ancorá-lo ou uma empresa que se responsabilize por sua estratégia de crescimento, segurança e *marketing*. Essa lacuna parece ser a antítese da maneira que as empresas vêm operando tradicionalmente e pode parecer uma abertura para que seja substituído. Porém, o verdadeiro poder e o potencial do Bitcoin são sua capacidade de sanar tais preocupações sem qualquer esforço especial. A segurança já está incorporada no uso de criptografia, sistema de prova de trabalho e livros-razão distribuídos que possibilitam que todo mundo faça o papel de monitor da precisão.

E a parte mais encorajadora da evolução do Bitcoin tem sido seu crescimento estritamente orgânico. A quantidade de adeptos do Bitcoin têm aumentado e chegou à casa de dezenas de milhões sem ação de *marketing*. Isso significa que o Bitcoin tem crescido por mérito próprio, um convertido conta a outro seus benefícios e as pessoas passam a entender sua utilidade e potencial por meio de seus próprios dispositivos. Essa trajetória ascendente sem o apoio tradicional do mundo corporativo e passando por várias crises econômicas, escândalos e meio-escândalos, reforçam a permanência e a probabilidade de que nada irá substituí-lo tão cedo. Eu escrevi este livro para disseminar a mensagem do Bitcoin. E você o está lendo porque é um curioso a respeito do Bitcoin e, quem sabe, em breve se tornará um convertido.

O BITCOIN VIROU MANCHETE?

No início de 2014, não muito depois de eu ter transformado a BTCChina em um dos primeiros e principais provedores de serviços para Bitcoin na

China, o comentarista de negócios chinês e celebridade da TV, Larry Hsien Ping Lang, convidou-me para um debate em seu programa sobre os méritos do Bitcoin. Lang é brilhante, uma personalidade tipo Jim Cramer que estabelece fácil relação com a audiência, fala com clareza e assume posições de alguém que há muito cultua o dinheiro. Assisti ao seu programa durante a época em que vivi na China enquanto dissecava empresas e debatia com líderes empresariais sobre eventos e tendências e contra-argumentava com eles. Percebi que Lang era cuidadoso, adotava perspectivas visando agradar as autoridades chinesas que se melindravam facilmente com comentários que parecessem ser uma crítica, mesmo pequena, à economia do país.

O Bitcoin já havia provocado rumores de descontentamento dentro do governo, que considerava sua popularidade uma ameaça à política monetária e à filosofia política de controle e comando. Sabia que Lang faria o papel de cético, destacaria as falhas aparentes do Bitcoin. A população poderia até mesmo estar do seu lado. Eu usei um chapéu preto metafórico em defesa do Bitcoin.

Gostei da oportunidade de evangelizar diante de uma enorme audiência televisiva. Até então eu havia dado algumas entrevistas na China, a maioria para publicações de negócios da mídia impressa menor. O Bitcoin simplesmente não era suficientemente interessante para merecer atenção da grande mídia, ainda era considerado uma coisa estranha, um objeto difícil de compreender e com nome esquisito.

Minha sensação, com base em minha experiência, é que a maioria das novas organizações considerava o misterioso Satoshi Nakamoto e seu grupo de seguidores extravagantes matérias de grande interesse e que a fascinação da China pela moeda digital era notável. Mas provavelmente eles também acreditavam que o Bitcoin não teria grande futuro devido à sua complexidade e às falsas percepções de que ele era vulnerável. De qualquer forma, quando Lang chamou para o debate, estava ávido por falar sobre o Bitcoin.

Até aquele dia, eu acreditava que venceria o debate de 2014 com Lang, como certas tendências depois do evento pareceriam atestar.

A clientela e as receitas da BTCChina, que haviam crescido, continuavam a subir muito, assim como as taxas de *hashing* para mineração que refletiam a paixão do país e o interesse global pelo Bitcoin. E em uma de nossas conversas mais exaltadas, acenando efusivamente ambas as mãos, Lang declinou rapidamente um hipotético presente de 100 bitcoins. A imagem congelada e o videoclipe de nossa conversa virou um meme de criptomoeda que circulava nas mídias sociais. (Até hoje as pessoas na China trocam essas imagens e videoclipes toda vez que os preços do bitcoin aumentam para fazer chacota com Lang.) Questionei por que ele recusaria dinheiro de graça, e ele retrucou de maneira ríspida dizendo que o bitcoin não valia nada. Naquela época, no início de 2014, o valor de 100 bitcoins era apenas cerca de US$ 50.000. Na época da publicação deste livro, o valor de 100 bitcoins já era mais de US$ 5 milhões e continuará a subir! A multidão da mídia social do Bitcoin amava minha impertinência e talvez tenham contribuído para o impulso do Bitcoin. Fico imaginando se as pessoas ainda ridicularizam Larry Lang por recusar um presente de 100 bitcoins.

Porém, quando olho para trás, se destaca muito a falta de interesse da mídia, mais do que os incidentes do episódio. Se eu estivesse recebendo pedidos da mídia todas as semanas e convites para conferências, meu debate com Larry Lang teria sido um entre muitos outros. Eu não teria ficado tão eufórico como fiquei na minha veemente defesa.

Contraste minha caixa de entrada de *e-mail* daquele momento com os dias atuais. Naquela época, eu recebia rotineiramente pedidos da mídia para tecer comentários ou ser palestrante em conferências, além de mensagens diretas no LinkedIn e Twitter. Apareci na Bloomberg, CNBC, BBC e fui citado em várias publicações tradicionais e de negócios do mundo, entre as quais *New York Times*, *Financial Times*, *Wall Street Journal* e *The Economist*.

Surgiu também um sem-número de pequenas publicações setoriais. A CoinDesk, ideia de um capitalista que faz investimento de risco por trás do bem-sucedido *app* para *streaming* de música, o Spotify, havia acabado de ser lançado quando tive o debate com Lang. Atualmente ele tem mais de 3 milhões de visitantes mensais[3] e patrocina uma série de convenções ao redor do mundo. O evento New York Consensus de 2018 atraiu mais de 9.000 pessoas, superando a capacidade do centro de convenções do Hilton de Nova York.

O Bitcoin é também, atualmente, um tópico regular em programas de negócios, normalmente com aparição regular de defensores de destaque do Bitcoin, muitos deles investidores bem-sucedidos. Esses programas não tratam de um tópico antes de alcançar certa escala, estão cientes de seu poder influenciador sobre a consciência do público. Fica claro que para um novo ativo conquistar posição de destaque, tem de alcançar certo limiar na consciência do público. O Bitcoin pode ainda não ter chegado ao nível das ações FAANG: Facebook, Apple, Amazon, Netflix e Google, mas está a caminho e não é menos importante do que algumas das pequenas e médias empresas sobre as quais se discute nesses programas. Embora não lhe recomende seguir os conselhos deles – concentrados em opiniões de interesse e de curto prazo para a audiência , longe do perfil do investidor –, a crescente atenção da mídia é o único grande sinal de que o Bitcoin veio para ficar.

SERIAM OS TÓPICOS RELATIVOS AO BITCOIN MAIS SOFISTICADOS?

Esse item é o corolário do assunto anterior. Pode-se dizer muito a respeito da maturidade de um movimento ou setor pela natureza das conversas. As pessoas estão desinformadas sobre o básico ou já têm algum conhecimento? Elas estão focadas no panorama todo – o que ele é, como funciona, quando e onde pode ser usado – ou estão intuindo padrões e fazem perguntas sobre os detalhes? Se estiverem no primeiro caso, provavelmente são iniciantes. Se estiverem no segundo, já se encontram além do ponto inicial e consideram o movimento ou setor algo mais permanente. Posso estar falando o óbvio, porém, lembre-se: a maioria das análises de tendências financeiras ou de outro gênero se baseia em observações do senso comum.

O que pude notar quando mais repórteres e comentaristas vinham em busca de minha *expertise* foi que suas perguntas e tópicos haviam mudado. Durante os três anos seguintes após meu debate com Lang, meus interlocutores queriam se concentrar nos fundamentos e previsões de preço – mesmo com o preço do bitcoin tendo rompido a barreira dos US$ 1.000 e a BTCC (a BTCChina foi rebatizada como BTCC em 2015, porque expandimos os negócios para fora da China) tenha crescido e se tornado muito influente, com consumidores correndo para adquirir bitcoins na plataforma.

Alguns enviavam perguntas antecipadamente. Gostei de aparecer nas primeiras páginas. Comecei a prever o que eles queriam cobrir e desenvolvi uma série de tópicos para discussão com alguns *slogans* que eu imaginava que seriam sucintos e suficientemente interessantes para atrair o público televisivo. Não me importava com a repetição dos temas; sentia que estava prestando um serviço útil não apenas à minha própria empresa, mas para todo o setor do Bitcoin. Portanto, fiz o que faria em qualquer outra apresentação de PowerPoint.

Certifiquei-me de frisar certas palavras em voga e explicá-las de um jeito mais fácil: **descentralização**, cujo entendimento é difícil para muitas pessoas que cresceram e estão acostumadas com sistemas bancários tradicionais; **livros-razão distribuídos**, mais fáceis de serem explicados simplesmente mostrando uma figura de vários contadores trabalhando *on-line*; **criptografia**, uma espécie de código supersecreto que possibilita a qualquer pessoa participar dos sistemas Bitcoin; **moeda digital**, que associo ao ouro, mas sem o brilho do objeto físico. Repetia minhas previsões de que o bitcoin se elevaria para números de cinco dígitos e depois para seis e sete dígitos, embora não estivesse tão seguro em relação a quando ele poderia atingir certos valores e de que o investidor inteligente o encararia como um investimento de longo prazo. Você deve ter percebido que não me afastei dessas posições; portanto, nesse aspecto, imagino que eu não tenha evoluído.

Mas por volta de 2017, quando o preço do bitcoin começou a aumentar novamente como um foguete, e chegou a US$ 20.000, percebi que estava ouvindo perguntas diferentes. A bem da verdade, as pessoas continuavam fascinadas pelo preço – e eu não as incrimino, era época de empolgação em que todos vislumbravam a possibilidade de fazer fortuna. Mas os repórteres e âncoras também queriam discutir a regulamentação, preocupações específicas com segurança e o papel potencial do Bitcoin em fundos e outros produtos financeiros. Em uma aparição na TV Bloomberg com Rishaad Salamat, grande parte do tempo foi dedicada às possíveis implicações da coibição de criptomoedas na China. Em outro programa diferente, discuti os obstáculos ao ETF para Bitcoin e por que sua aprovação era inevitável. Em uma série de entrevistas, que achei um indicativo encorajador, não fizeram nenhuma pergunta sobre fundamentos ou preços das criptomoedas.

Poderia dizer o mesmo em relação às perguntas nas conferências, que cada vez mais se voltaram para os pontos fracos do Bitcoin, em vez de generalidades.

Minha experiência coincide com estudos, incluindo uma sondagem da YouGov, de 2018, que constatou que mais de 7 entre 10 pessoas havia ouvido falar do Bitcoin[4]; e um relatório do Crypto Radar de 2019 indicou que mais de 6% dos americanos tinham bitcoins e outros 7,5% planejavam comprar alguns.[5] Embora esses números não sejam impressionantes, representavam considerável ganho em um setor com apenas uma década de existência. A sofisticação de minhas conversas refletiam, ao mesmo tempo, maior conscientização do que é o Bitcoin, e isso só acontece com temas que passam a ser comuns e despertam interesse.

O PREÇO DO BITCOIN CONTINUARIA A SUBIR?

O que vou dizer agora parece contradizer meu pensamento anterior sobre não se fixar muito em números e preços. Porém, como já expliquei, as estatísticas ajudam a traçar um panorama, salientar tendências em termos concretos e confirmar as próprias ideias. Em alguns casos, elas também podem anunciar o rompimento de certas barreiras psicológicas. Um setor ou movimento que alcança certo nível de crescimento conquista valor simbólico, influenciando a opinião pública.

Alguns observadores acreditam que o Bitcoin atingiu uma série desses marcos e teriam bons argumentos ao colocar o bitcoin em evidência por ter alcançado paridade com o dólar americano em 2012 e ultrapassar as marcas de US$ 10 e US$ 100 em rápida sucessão pouco mais de um ano depois.

A paridade com o dólar levou algumas pessoas a pensarem no bitcoin como se fosse outra moeda qualquer – o euro era negociado com um valor pouco maior que o dólar. E US$ 10 e US$ 100 pareciam extraordinários no início de 2013, já que esses níveis foram alcançados muito rapidamente, pouco depois dos dias em que o bitcoin era negociado na casa dos centavos.

Mas vejo maior significância no bitcoin superando os níveis de US$ 1.000 e US$ 10.000. O primeiro chamou a atenção do público devido à velocidade de sua ascensão no final de novembro de 2013. Na maior parte do ano, o Bitcoin tentou permanecer acima dos US$ 100 e ainda estava flutuando em torno dessa marca em meados de setembro quando decolou de repente, por volta da terceira semana de outubro.

Eu estava bastante ocupado contratando mais agentes de atendimento ao cliente e engenheiros de *software* para atender ao aumento da demanda pelos serviços da BTCChina quando o bitcoin sorrateiramente ultrapassou US$ 800 e depois US$ 900 e lá permaneceu, de forma tentadora, por alguns dias. Confesso que me peguei verificando o preço do bitcoin regularmente durante essa distensão. Certa manhã, quando despertei no horário usual, às 7 horas, com o bitcoin negociado acima de US$ 1.000, eu sabia que havíamos ingressado em novo território e que o mundo do Bitcoin havia mudado radicalmente.

Seria hipocrisia se eu dissesse que não estava feliz de ver a concretização de minhas previsões e o valor de meus ativos aumentarem vertiginosamente – havia adquirido alguns bitcoins quando era negociado com um único dígito. Mas eu ainda não tinha uma quantia próxima do necessário para me aposentar em uma ilha tropical. Minha alegria era ver o bitcoin atingir um importante marco. Mesmo que US$ 800 ou US$ 900 não pareça muito menos do que US$ 1.000, sei que quatro dígitos capturaria a atenção da mídia e do público de outro modo. A essa altura, o ouro não estava muito acima, a Amazon não havia alcançado US$ 1.000 e a Google estava com menos da metade desse preço.

A súbita elevação para US$ 10.000 ou mais era ainda maior do que eu previra para a cotação do bitcoin. Não muito tempo depois ele ultrapassou os US$ 1.000 e se reduziu em diversas ocasiões para alegria dos céticos. Eu disse ao meu *staff* na BTCChina e àqueles que ingressavam no setor que me pediam conselhos que haveria um período de alta ainda maior dentro de três a quatro anos. Só não sabia dizer o quão acentuado seria esse aumento e quão efetivo seria reduzir gradualmente as preocupações de alguns indivíduos levando o Bitcoin a uma situação mais próxima do convencional.

O Bitcoin iniciou 2017 por volta dos US$ 1.000 e rapidamente triplicou seu valor para US$ 3.000 quando começou a subir. Mesmo durante o período de alta nas ações daquele ano, poucas ações conseguiriam igualar esse desempenho e nenhuma com o potencial do Bitcoin. O frenesi de entrar no mercado resultou, naturalmente, que muitas pessoas ficassem receosas de perder a oportunidade, o que é chamado FOMO: *fearful of missing out* (medo de perder a oportunidade, MDPO). Recuperações de preço FOMO acontecem quando os preços do bitcoin se elevam de forma absurda devido a uma enorme demanda repentina causada por um grande influxo de novos investidores.

Independentemente de os investidores terem entrado de modo certeiro no mercado nesse momento por terem desenvolvido uma avaliação mais embasada ou terem erroneamente ido em busca de ganhos rápidos, o frenesi teve o mesmo efeito: o Bitcoin deu um grande passo em se tornar menos estranho e assustador. E aqueles que ignoraram a euforia repentina por um tempo suficientemente longo e se aprofundaram na questão conseguiram ver uma lógica racional no preço, com padrão similar aos recentes aumentos súbitos das ações de empresas de tecnologia, entre as quais Amazon, Google e Facebook. As ações de todas elas subiram rápida e furiosamente nos primeiros dias antes de se precipitarem e, não muito tempo depois, alcançaram altas ainda maiores. Preocupado com volatilidade e segurança? As críticas feitas às ações de empresas de tecnologia não teriam evidenciado e fustigado a questão da volatilidade desde que essas empresas passaram a ter os holofotes voltados para elas no palco dos investimentos? As ações de empresas de tecnologia não representavam a parte de alto risco de uma carteira?

Nos meses que se seguiram, mesmo depois de o bitcoin ter brevemente ultrapassado US$ 20.000 em dezembro de 2017 e caído abaixo de US$ 7.000 dois meses depois, a mídia de negócios tradicional atacou com intensidade sem precedentes. Poucas publicações assinalaram as altas imbatíveis das criptomoedas. Outros encomendaram artigos, entre os quais a matéria de capa da *The New York Times Magazine* que analisou o fenômeno de alta das ICOs (ofertas iniciais de ativos). O artigo da *Times* focava a Tezos, que em 2017 levantou a quantia gigantesca de US$ 232 milhões. O tráfego *on-line* em busca das maiores publicações setoriais aumentou muitas vezes e o público participante de conferências e outros eventos subiram a níveis estratosféricos. E toda semana surgia uma nova publicação, um *blog* ou fórum sobre negócios cobrindo o Bitcoin.

Até fiquei animado por esses ganhos terem vindo no momento em que eu preparava o fechamento de nossa bolsa doméstica na China depois da coibição das bolsas de criptomoedas pelo governo chinês. Os cidadãos chineses eram até então os mais prolíficos investidores em bitcoins. Com o Bitcoin prosperando enquanto o maior mercado criava um novo e formidável obstáculo, era um bom sinal. O Bitcoin havia se transformado em algo que nenhuma instituição ou força poderia desconsiderar ou parar. A US$ 10.000 ou alguns milhares de dólares acima ou abaixo desse nível, líderes econômicos e políticos teriam de levar em conta o Bitcoin – o quanto antes possível.

Você poderia argumentar que o Bitcoin ainda está lutando contra muitos dos mesmos medos que enfrentou ao longo de sua existência. Mas o número de pessoas pulando fora ao menor sinal de alvoroço tem diminuído, ao mesmo tempo que a legião de defensores do Bitcoin se expande. Hoje ele continua lutando para ter maior aceitação em relação há um, dois ou três anos. Superar a barreira dos US$ 10.000 pela primeira vez tinha muito a ver com aceitação. Isso foi um sinal de que o Bitcoin veio para ficar, mesmo se os preços não permanecessem necessariamente acima dos US$ 10.000.

ESTARIA O GOVERNO MAIS ENVOLVIDO?

Não sou uma pessoa dada à política. Não fico acompanhando os pormenores de quem vence ou perde a luta pelo poder em Washington DC ou no Comitê Central chinês. Sou propenso a ser libertário porque valorizo a liberdade e a emancipação. Quanto menos o governo interferir em minha vida – social, econômica e em outros aspectos – melhor, embora seja favorável à sua eficiência em serviços essenciais. Portanto, não acompanhei em detalhes as deliberações do Congresso sobre o Bitcoin. Não fico monitorando em quais comitês e subcomitês há audiências ou quem está se apresentando diante deles em nome das criptomoedas e do *blockchain*.

Conforme já deixei claro, *blockchain* é uma tecnologia descentralizada que está revolucionando o dinheiro digital, e Bitcoin é um sistema de moeda digital inventado em 2009 que usa *blockchain* como seu vigamento. O Bitcoin deu à luz o *blockchain* e elevou seu *status* tornando-o conhecido por um público mais amplo além daquele pequeno grupo de *geeks*.

UM SETOR EM EVOLUÇÃO

Nunca depus em nenhum tipo de audiência do Congresso, embora conheça muitas pessoas que já fizeram isso, nem atuei como lobista.

Porém, sou capaz de identificar legisladores que apoiam a causa das criptomoedas. Conheço aquele congressista republicano por Kentucky, Thomas Massie, que apresentou proposta de lei para auditar o Federal Reserve e foi ironizado em uma convenção de libertários em 2013 quando diziam que o Bitcoin poderia substituir o Federal Reserve.[6] Notei a presença de Massie pois ele é o tipo de pessoa que o Bitcoin precisa, um pensador alternativo com graduação em Engenharia pelo MIT que construiu a própria casa aquecida com energia solar. Na qualidade de libertário com experiência acumulada de um profissional STEM (da área de Ciências, Tecnologia, Engenharia e Matemática), ele seria capaz de entender e apreciar a criação de uma rede não hierarquizada que usava criptografia e matemática para garantir a integridade da moeda e suas transações. De antemão, não me surpreendo por Massie ter sido o primeiro congressista a tecer comentários que abriram caminho para as reportagens da mídia.

Sei que Tom Emmer – congressista conservador de Minnesota ao qual já me referi e também severo crítico do Federal Reserve, tem sido um apoiador entusiasta das criptomoedas e do *blockchain* – promoveu o primeiro encontro com cidadãos sobre criptomoedas realizado por um congressista em agosto de 2020, no qual eram aceitos bitcoins para sua campanha à reeleição em 2020. Emmer sustenta que deixar o mercado determinar o destino das criptomoedas acolhe a tecnologia de base do Bitcoin e ele está receoso de uma regulamentação excessiva. Mas como vice-presidente do grupo de políticos no congresso a favor do *blockchain*, junto com o democrata pela Flórida Darren Soto, Emmer também está fazendo esforços para encorajar o IRS a claramente articular suas diretrizes de tributação das criptomoedas e seu lugar na categoria de serviços financeiros. Concordo com o otimismo de Emmer de que as criptomoedas terão um papel mais importante depois da pandemia. Isto tem de acontecer, já que não há volta para um mundo sem criptomoeda.

"À medida que formos saindo da crise, o Bitcoin não irá embora. Ele vai ficar mais forte", disse o congressista a Anthony Pompliano, do Morgan Creek Digital, sobre o *Pomp Podcast*[7] do investidor de risco, pouco antes de seu encontro com cidadãos – palavras desafiadoras de que gostei, assim como outros evangelizadores. "Basta observar, ele tem valor e quando algo tem valor, as pessoas irão assumir riscos e isso irá avançar."

O empreendedor e candidato à presidência em 2020, Andrew Yang, também aceita o bitcoin; a senadora por Wyoming, Cynthia Lummis, expressou sua preocupação em relação à perda de valor do dólar. Houve também Jared Polis, governador democrático pelo Colorado e fundador de duas empresas técnicas, e que, em resposta a críticos do Bitcoin, redigiu nota sarcástica em uma convocação em 2014 para proibir que notas de dólares fossem usadas como meio de troca, pois não eram regulamentadas. Como sabemos, uma série de crimes é cometida usando-se cédulas de dólares, entre os quais lavagem de dinheiro e financiamento ao terrorismo; portanto, parece hipocrisia não banir também o dólar americano.

Percebi os irados protestos de Donald Trump contra o Bitcoin, quando escreveu em uma série de *tweets*, em junho de 2019, que aquilo "não era dinheiro" e fora criado "do nada", mesmo com seu chefe de gabinete da Casa Branca, Mick Mulvaney, tendo-o apoiado. Li também o relato do ex-chefe de segurança de Trump, John Bolton, em *The room where it happened* (A sala onde aconteceu, em tradução livre), que foi ordenado ao secretário do Tesouro, Steven Mnuchin, para "ir atrás do bitcoin", embora ainda não esteja claro o que isso signifique. Como ir atrás do Bitcoin? Certamente, teria sido melhor se o presidente apoiasse o Bitcoin. Mas eu tirei Trump da cabeça classificando-o como produto de uma época diferente e não disposto a ou incapaz de entender o Bitcoin – e tem muita gente que lhe faz companhia.

A favor ou contra, vejo o crescente interesse entre líderes políticos como outro grande passo para o Bitcoin. Quando Massie verbalizou sua fantasiosa ideia de que o Bitcoin seria o substituto natural dos sistemas monetários centralizados, meu palpite é que dificilmente alguém do Capitólio, o que dirá da maioria dos outros centros de poder do mundo, teria usado a palavra **Bitcoin**. Por que eles a teriam usado? Poucos eleitores sabiam o que era. Os políticos vão, seguindo temas de interesse, onde estão os votos. Mas os tempos são outros e o foco cada vez maior dos legisladores nesse assunto reflete a envergadura do movimento e sua compreensão de que ele está rapidamente ficando cada vez maior.

QUEM É PARTIDÁRIO DO BITCOIN?

Esse é um corolário do que afirmei antes. Se você quiser saber se um movimento ou empreendimento tem integridade, considere as pessoas que o cercam. Quem está interessado? Quem está envolvido? Quem administra as coisas? Se forem pessoas respeitáveis com histórico de bom discernimento, há boa chance de haver algo por trás disso. Se os indivíduos que estiverem se engajando possuírem *backgrounds* mais questionáveis, o movimento provavelmente não terá muita tenacidade. Obviamente, você decidirá depois de vetá-los com cuidado. Novos artigos, formulários 10-K[NT17], outros documentos financeiros e, em alguns casos, referências pessoais são uma boa maneira de avaliar os indivíduos e o comprometimento deles com um empreendimento.

Os mesmos princípios são válidos para investimentos. Você será mais inteligente se seguir os passos da Berkshire Hathaway, trabalhar com um administrador de patrimônio experiente ou com uma respeitada firma de gestão de patrimônio do que se unir a um amigo de seu primo ou a uma empresa bem pequena que o contatou via *e-mail* anunciando um jantar grátis se você se cadastrar no *site* deles. Isso aconteceu comigo e, embora adore um bom filé, jogo essas propostas de investimento fraudulentas na Lixeira.

Quando avalio uma consultoria de investimentos, considero a opinião de pessoas que conhecem bem seus produtos e não me deixo levar pela euforia de algo que um monte de pessoas está elogiando. Sempre tratei os consultores de investimentos com cuidado e equilíbrio. Se alguém famoso endossa algo, há possibilidade de eu prestar atenção. Mas ficarei mais alerta se alguém famoso puder provar por que eu deveria dar atenção ainda maior. O *rapper* Snoop Dogg ganhou muito dinheiro com entretenimento, mas ele também se destaca fazendo anúncios para a T-Mobile, Pepsi,

---

NT17: Relatório financeiro que deve ser apresentado à Securities and Exchange Commission, SEC, todos os anos por empresas de capital aberto nos Estados Unidos. O relatório geralmente contém as demonstrações financeiras auditadas e uma descrição das operações da empresa. Fonte: *Dicionário de Direito, Economia e Contabilidade* (Marcílio Moreira de Castro, Editora Gen; Forense, 2010).

Adidas, Chrysler, entre outras marcas. Snoop Dogg também gosta de jogar pôquer e falou favoravelmente do Bitcoin... Simpatizo com isso. Porém, o quão comprometido ele é? "Você não consegue carregar água nos dois ombros", escreveu Charles Portis em seu romance *Bravura indômita,* que acabou virando filme vencedor do Oscar.

Os melhores defensores do Bitcoin resistem a qualquer escrutínio. Entre eles temos respeitados investidores, empreendedores e executivos do mundo corporativo. Vou me incluir nesse grupo. Passei quase duas décadas trabalhando para algumas das mais conhecidas empresas de tecnologia do mundo. Sou produto de uma vida corporativa, tenho todo o *know-how* de negócios e atuo com toda a precaução que as experiências nesse mundo me proporcionaram. Comandei departamentos de respeitados profissionais dessas empresas e, mais tarde, abri minha própria empresa, transformando-a em um dos maiores prestadores de serviços desse setor até que forças ocultas conspiraram contra ela. Você até poderia dizer que eu inteligentemente superei essas forças ao vender a BTCC no momento certo, antes de as condições piorarem e a empresa provavelmente falir.

Embora muitas pessoas tenham sido mais espertas adquirindo mais bitcoins do que eu, tive visão suficiente para minerar por conta própria e reconhecer seu potencial valor para o mundo. Adotei as estratégias de investimento mais conservadoras, com base na filosofia de Warren Buffett, que ele herdou de Benjamin Graham. Encontre algo em que você acredita que seja subestimado pelo mercado, mas você sabe que fornece um serviço inestimável; não tenha medo de se agarrar a ele, mesmo que os outros estejam indo numa direção diferente. A coisa mais controversa que faço é jogar pôquer *on-line* a dinheiro de verdade, embora dentro de limites preestabelecidos. Sob vários aspectos, sou bem preparado.

As fileiras de meus companheiros e enérgicos evangelizadores bem como muitos dos maiores investidores do Bitcoin incluem pessoas que participaram de bem-sucedidos empreendimentos da história recente. Conheço alguns deles. São todos muito respeitados por sua visão de negócios, particularmente no que tange às demandas de mercado e o senso de *timing.* Eles consideram seus investimentos cuidadosamente.

Parte da reputação do Bitcoin de ser volátil originou-se da falsa ideia de que apenas pessoas dispostas a assumir enormes riscos ou em busca de ganhos rápidos participam da plataforma. Contudo, a realidade é diferente: as pessoas com as maiores participações na plataforma Bitcoin chegaram nas posições atuais usando metodologia de trabalho de maneira sóbria e analítica. E usaram a mesma abordagem para o Bitcoin. Consideremos as pessoas a seguir, algumas delas são pouco conhecidas nos Estados Unidos.

O bilionário argentino Wences Casares fundou o primeiro provedor de internet de seu país, a Internet Argentina S.A., e a corretora Patagon, que ele vendeu para o Santander, o maior banco da Espanha. Subsequentemente abriu uma empresa de *games*, o Banco Lemon, com sede no Brasil, e uma carteira digital, e vendeu as três por algumas dezenas de milhões de dólares, antes de se concentrar no Bitcoin. Ele levantou um empréstimo de US$ 40 milhões para lançar a popular plataforma de criptomoedas Xapo, que detém mais de US$ 10 bilhões. De acordo com uma reportagem de 2017 na Quartz[8], Cesares foi responsável por convencer o fundador da Microsoft, Bill Gates, o cofundador do LinkedIn, Reid Hoffman, e outros empreendedores da área de tecnologia a comprarem bitcoins.

E Wences não é exagerado em sua visão. Em uma postagem de junho de 2017 no *blog* da Xapo, quando o bitcoin acabara de superar os US$ 2.000, ele escreveu que "há uma chance de pelo menos 20% de que o Bitcoin fracasse" e que "ele deve naufragar muito rapidamente – sem haver tempo de esboçar qualquer tipo de reação".[9] Ele recomendou às pessoas não adquirem mais bitcoins do que sua capacidade de bancar a perda e que, para a maioria, seria "1% do [...] patrimônio líquido".

O envolvimento de Tyler e Cameron Winklevoss adicionou *glamour* à comunidade do Bitcoin mais de um ano antes de ele ter superado os US$ 1.000. Os irmãos Winklevoss haviam participado do feudo mais notório da história da tecnologia com o fundador do Facebook, Mark Zuckerberg – descrito no *best-seller Bilionários por acaso* e no filme vencedor do Oscar, *A rede social* – em que os gêmeos foram representados como perdedores e vilões a despeito de terem recebido uma indenização de US$ 65 milhões. Mas o drama escondeu suas habilidades como homens de negócios que perceberam o potencial das redes sociais *on-line* e tinham grande interesse em tecnologia. Eles estavam, sobretudo, dispostos a respaldar suas convicções sobre o futuro do Bitcoin com suas contas bancárias. "Algumas pessoas o consideram o 'ouro 2.0'", disse Cameron em uma entrevista em

2013 na CNBC não muito tempo depois de seu investimento inicial tornar-se público, e promoveu o seu "aspecto tecnológico [...]. A ideia de que os pagamentos irão cada vez mais usar uma rede como a do Bitcoin para movimentação de dinheiro ao redor do mundo".[10]

Mais tarde ele acrescentou: "A maioria das pessoas concorda com o fato de que as moedas virtuais vieram para ficar".

Na mesma conversa, Tyler fez alusão às vantagens do Bitcoin nas transações financeiras de modo mais seguro e privado do que sistemas monetários tradicionais. "Ele se baseia na confiança, não em um indivíduo", disse ele.

Seriam eles bilionários do Bitcoin como diz o aprazível livro de Ben Mezrich (*Bitcoin billionaires*) sobre a entrada dos ricos no mundo das criptomoedas? Espero que sim! Não obstante, aprecio o envolvimento dessas pessoas; deixam uma visão otimista, com base no bom senso, em termos de preço e outras questões. "O cenário de alta desse caso representa uma capitalização de mercado de US$ 400 bilhões", disse Tyler na mesma entrevista ao *DealBook*. Na época, a capitalização de mercado do bitcoin era de aproximadamente US$ 4,3 bilhões.

"De certo modo, não faz sentido" que esse valor não seja 100 vezes mais, acrescentou ele.

O fundador do Twitter e do Square, Jack Dorsey, talvez seja o mais ferrenho e incansável defensor do Bitcoin do mundo das empresas de tecnologia, propagandeando regularmente seus benefícios e, num dado momento, comprando até o limite semanal de US$ 10.000 permitido pelo *app* para pagamento do Square.[11] Naquela época, ele já havia criado uma unidade de criptomoedas para o Square que algum dia iria tornar possível pequenos pagamentos em bitcoins. "Para o bitcoin se tornar uma moeda largamente usada no mundo – que não possa ser interrompida, adulterada ou manipulada a favor de ninguém – são necessárias melhorias na [experiência do usuário], segurança, privacidade e escala do bitcoin", escreveu a companhia em uma postagem de janeiro de 2020 no seu *blog*.[12]

Em uma reportagem de março de 2018 do *Times of London*, mesmo com o bitcoin tendo caído dois terços de seu valor desde o início do ano, Dorsey previa que o bitcoin superaria quaisquer obstáculos.[13] "O mundo, em última instância, acabará tendo uma única moeda, a internet terá uma única moeda", disse ele. "Pessoalmente, acredito que será o bitcoin", disse

Dorsey, acrescentando que isso aconteceria "provavelmente em dez anos, mas pode ser que ocorra antes".

Em junho de 2014, o carismático investidor de risco, Tim Draper – cuja carteira de investimentos soa como um "quem é quem" das ações das grandes empresas de tecnologia, entre os quais Twitter, Twitch, Baidu, Tesla e Skype – foi manchete ao adquirir 30.000 bitcoins no leilão da US Marshals pelo confisco de ativos da Silk Road, a plataforma que havia permitido aos indivíduos pagar por drogas e outros produtos e serviços ilegais. Ele investiu na Coinbase e repetidamente afirmava – usualmente vestindo uma de suas gravatas da marca Bitcoin – que o bitcoin alcançaria pelo menos US$ 250.000 em 2023. Em entrevista de 25 de fevereiro de 2020 à CNBC, Draper disse que ele havia transferido "grande parte" de sua carteira de investimentos para bitcoins depois de sair tardiamente de ações no ano passado.[14] "Sou simplesmente um crente – vejo e digo: 'Olhe, isso é simplesmente melhor'", disse Draper à CNBC. "No longo prazo as pessoas mudam para coisas melhores."

Dan Morehead tem sido, sem sombra de dúvida, o investidor mais agressivo em criptomoedas e *blockchain*. Em 2013, a Pantera Capital de Morehead, com sede em São Francisco, lançou o primeiro fundo Bitcoin, o Pantera Bitcoin Fund, que oferecia a indivíduos e instituições com grande patrimônio a oportunidade de investir em bitcoins sem se preocuparem eles mesmos em armazená-los. O fundo era uma aposta precoce e corajosa, quando o bitcoin estava sendo negociado em torno de US$ 60 e longe de impressionar as financeiras. Morehead não é um viciado em jogos de azar. Graduou-se em Engenharia Civil (*magna cum laude*) na Princeton e atuou cerca de dez anos como operador no mercado de capitais e em cargos executivos no Goldman Sachs, Bankers Trust e Deutsche Bank, antes de atuar como diretor financeiro para um fundo *hedge* e fundar uma plataforma eletrônica de corretora de câmbio.

Morehead começou a Pantera Capital como um fundo *hedge* macro global em 2003, mas ajustou o foco da empresa à medida que tentava determinar o rumo da economia global terrivelmente abalada. "Estamos no processo de tentar descobrir se o mundo está chegando ao fim (algo que ainda duvido) ou se a venda maciça global foi mais em função de US$ 75 bilhões em futuros sendo liquidados durante um único feriado nos EUA", escreveu Morehead em uma carta aos investidores no início de 2008, de acordo com um artigo do *New York Times*.[15]

O alvo da Pantera foi o Bitcoin depois de uma parceria com o Fortress Investment Group, a Benchmark e o Ribbit Capital, três das principais sociedades de investimento que vinham se apoiando em uma série de tecnologias e outras tendências. A Benchmark foi antiga investidora do eBay e do Uber, com participação também no Snapchat, no Instagram e na Zillow, ao passo que o Ribbit investiu na plataforma para investimentos Robinhood e na companhia de seguros Root (ela também se tornou investidora da bolsa Coinbase, que havia sido lançada no ano anterior).

A Pantera Capital passou a ter o controle majoritário do Pantera Bitcoin Fund, como se vê no nome. Seus investimentos incluíram algumas das mais conhecidas *startups* de *blockchain* e criptomoedas, entre as quais Coinbase, Polychain e as criptomoedas Ripple, Zcash e BitPesa, sendo que essa última foca no enorme setor de remessas da África Subsaariana. Morehead tem a serena autoconfiança de um piloto. Ele passou por várias flutuações do bitcoin e teve ótimo desempenho no mercado acionário – no final de 2017, seus fundos deram um retorno de 25.000% acima dos registros históricos.[16] Ele levantou US$ 13 milhões para o seu primeiro fundo Bitcoin, praticamente dobrou esse valor para o segundo fundo e, em 2019, chegou a um fundo de US$ 175 milhões[17] – outro sinal de que o Bitcoin havia se fixado na mente das pessoas. Em um longo boletim informativo para os investidores, em maio de 2020, ele previu que o bitcoin atingiria a marca dos US$ 115.000 em agosto de 2021.[18]

"Trata-se de um tempo realmente angustiante e muitíssimo confuso", escreveu Morehead. "Hoje, não tenho a mínima ideia do que irá acontecer em 99% das coisas. Entretanto, acredito muito que é quase inevitável que isso será extremamente positivo para os preços das criptomoedas."

Acrescentou ele: "Um dos nossos principais argumentos a favor do bitcoin em uma carteira de investimentos é ele ter tido uma taxa de crescimento anual composta de 209% em nove anos com correlação de longo prazo praticamente zero com ações, títulos de dívida, petróleo e outras classes de ativos. Segundo uma perspectiva da Teoria das Carteiras de Investimentos: se você conseguir encontrar alguma coisa que aumente nas maiores crises em um século, tenha uma parcela disso em sua carteira".

Em setembro de 2013, logo depois de os irmãos Winklevoss e Morehead aderirem ao Bitcoin, o ex-executivo de banco de investimento, Barry Silbert, criou o Bitcoin Investment Trust, a primeira ferramenta de investimento privado com sede nos EUA focada exclusivamente no Bitcoin. Sete meses depois, o Trust, parte de sua empresa Second Market, havia adquirido 100.000 bitcoins, valendo mais de US$ 40 milhões na época, sendo que Silbert abriu o Trust para pequenos investidores. Essa última ação foi um pequeno marco na história do Bitcoin, porque possibilitou que investidores medianos investissem em bitcoin sem fazê-lo através de uma bolsa de criptomoedas. O Trust anteriormente só era disponível para investidores seletos. Em 2015, depois de vender a Second Market para a Nasdaq, Silbert lançou o Digital Currency Group, que foi classificado como uma das empresas de capital de risco mais significativas voltadas para empresas de criptomoedas e Bitcoin em estágio inicial. Uma ramificação do Digital Currency Group, a Grayscale Investments, gestora de ativos em moedas digitais, tem mais de US$ 27 bilhões em ativos sob sua gestão.[19] Silbert está entre os mais otimistas do setor. Já em 2015, Silbert previa que Wall Street começaria a negociar criptomoedas e que os bancos forneceriam serviços em criptomoedas. Alguns dos principais investimentos do Digital Currency Group são as bolsas bitFlyer e Coinbase, a plataforma para pagamentos em criptomoedas Lightning Network (que investiu em minha *startup* BTCC). A companhia também é dona da principal publicação do setor de criptomoedas, a CoinDesk.

No mesmo mês de lançamento do Bitcoin Investment Trust, os irmãos Bart e Brad Stephens abriram o Blockchain Capital (outro investidor do BTCC). A empresa de capital de risco com sede em São Francisco havia investido em várias das mais importantes companhias de Bitcoin, inclusive a plataforma para pagamentos BitPesa, que ajuda os usuários de Bitcoin em países em desenvolvimento a completarem suas transações e a bolsa Kraken. A companhia também investiu na Libra, criptomoeda proposta pelo Facebook. Os Stephens trabalharam no mundo financeiro por cerca de 15 anos antes de demonstrarem interesse pelo Bitcoin e pela tecnologia *blockchain*.

E em fevereiro de 2021, o fundador da Tesla, Elon Musk, inflamou o mercado de bitcoin provocando uma alta súbita nos preços ao anunciar que sua empresa havia comprado US$ 1,5 bilhão em bitcoins. O anúncio veio aos poucos, ao longo de uma semana, depois de Musk ter adicionado um "#bitcoin" ao seu perfil no Twitter e posteriormente dizer na popular rede social Clubhouse que se arrependia de não ter adquirido bitcoins antes. "Sou um apoiador do bitcoin", disse Musk, acrescentando que acreditava que o bitcoin estava "prestes a obter aceitação mais ampla do pessoal do mercado financeiro convencional".[20]

Eu poderia reunir listas mais longas dos principais defensores do Bitcoin com currículos igualmente respeitáveis e invejáveis. O CEO da Coinbase, Brian Armstrong, passou anos como consultor de gestão de riscos de empresas na Deloitte. Meu irmão Charlie Lee era engenheiro de *software* no Google e mais tarde foi para a Coinbase. O cofundador da ConSensys, Joseph Lublin, é ex-executivo da Goldman Sachs. O CEO do provedor de serviços para pagamento em bitcoin BitPay, Stephen Pair, era engenheiro de *software* na IBM. Arthur Hayes, fundador e CEO da plataforma de derivativos Bit-MEX, era operador de derivativos de ações no Deutsche Bank.

A bem da verdade, existem outros com *background* menos tradicional e que se entusiasmam em desafiar sistemas já bem estabelecidos. O *status* de "fora da lei" deles é consistente com os primórdios do Cypherpunk das moedas digitais, que via má gestão e até mesmo malvadeza nas instituições tradicionais. Por qual outra razão eles se preocupam com um sistema para evitar plataformas existentes? É isso o que gosto no Bitcoin. Ele dá abertura às pessoas de todas as crenças e *backgrounds*. E, sim, inclui também as celebridades que algumas vezes ocuparam as manchetes por seus pronunciamentos e investimentos em bitcoin.

Permita-me esclarecer. Não dou muito valor aos avais dados por 50 Cent, Mike Tyson ou Kanye West, embora veja certa poesia em relação a William Shatner (o capitão James T. Kirk original da nave interestelar *Enterprise*) e seu engajamento e apoio ao Bitcoin de uma "fazenda" de mineração de Illinois. Não consigo me lembrar de dinheiro ter sido elemento para enredo de *Jornada nas Estrelas*, mas atualmente sou capaz de pensar em algumas possibilidades caso relancem a série – que tal: vilão alienígena monopoliza o mercado de moedas digitais intergaláticas?

Acredito ser mais significativo os líderes atuais de instituições tradicionais que apoiam o Bitcoin ou que acabaram tendo de respeitá-lo. A CEO da

UM SETOR EM EVOLUÇÃO

Fidelity, Abigail Johnson, é a primeira que me vem à mente. Qual empresa do mercado financeiro é mais representativa de solidez do que a Fidelity, que com quase US$ 2,5 trilhões em ativos sob sua responsabilidade, em grande parte devido à sua reputação de fornecer um excelente atendimento ao cliente? Gosto da semicapitulação do CEO da JPMorgan, Jamie Dimon – suficiente para que sua firma explore o desenvolvimento de uma criptomoeda – bem como a do CEO da SMH Capital (e ex-CEO da Prudential Securities), George Ball, que acabou se convertendo ao Bitcoin depois de se opor a ele ferrenhamente. "Nunca havia dito isso antes, mas sempre me opus ao *blockchain*, às criptomoedas, ao Bitcoin; mas se olharmos a coisa agora, o governo não é capaz de estimular os mercados para sempre", disse Ball, em videoconferência para o *site* da agência Reuters em agosto de 2020.[21]

Senti-me encorajado com a menção de Reid Hoffman e mais ainda com a de Bill Gates sobre Bitcoin, mesmo que eles não tenham proporcionalmente grandes investimentos em bitcoins em comparação com os respectivos patrimônios. "Se hoje tivéssemos de construir um sistema financeiro do zero, teríamos de fazê-lo em uma plataforma digital", disse Gates em um vídeo para um fórum sobre criptomoedas.[22] "A forma digital pode reduzir em até 90% o custo de uma série de transações, oferecendo praticamente acesso universal a produtos e serviços financeiros inovadores."

E mesmo que fosse um exagero mencionar Warren Buffett como um cético radical em relação ao Bitcoin – ao menos por enquanto –, posso destacar que ele teve bitcoins por um curto período, cortesia do fundador e CEO da Tron, Justin Sun, que pagou cerca de US$ 4,6 milhões em um leilão beneficente para poder jantar com Buffett.[23] Durante o jantar (do qual meu irmão Charlie também participou), Sun presenteou Buffett com um bitcoin em celular e tentou mudar a opinião dele, mesmo que fosse apenas um pouquinho, sobre o Bitcoin. Buffett, ainda não convencido, doou o bitcoin a uma felizarda instituição de caridade.

POSSO SUGERIR IGNORAR A TURBULÊNCIA?

Em 27 de julho de 2020, o bitcoin quebrou a barreira dos US$ 11.000 pela primeira vez em praticamente um ano, subindo US$ 1.400 em menos de 12 horas antes de um recuo para a faixa dos US$ 11.000. Em um *feed* pelo Twitter naquele dia, destaquei uma postagem de 1º de outubro de 2017, que eu havia feito quando o mercado em alta anterior estava alcançando rapidamente a mesma faixa de preço: "Por que #NotTooLate (não é muito tarde) para investir no #Bitcoin hoje: Você estará à frente de aproximadamente 7 bilhões de pessoas, adquirindo um ativo #gold-like (da mesma classe que o ouro) com 99% de desconto". Acrescentei então uma nova conclusão: "Cerca de três anos mais tarde isso continua sendo verdade."

Não estava querendo ser pedante; bem, talvez um pouco. Tenho uma boa sensação quando estou certo em relação ao Bitcoin, particularmente devido a todo o ceticismo que o envolve. Considero isso uma oportunidade de convencer as pessoas a comprarem bitcoins, tarefa que, por ironia, fica mais fácil quando o preço se eleva. Duas semanas depois, em 10 de agosto de 2020, com o bitcoin comercializado firmemente na casa dos US$ 11.000, destaquei um segundo *tweet* de 2017– de fevereiro daquele ano – que previa que o preço em 2020 "depois de ter caído pela metade" ficaria entre US$ 5.000 e US$ 11.000 (ao cair pela metade em 2020, a recompensa para os mineradores, paga a cada 10 minutos, foi de 12,50 bitcoins para 6,25 e eu imaginava que isso tornaria o bitcoin mais valioso).

"Não foi uma previsão de preço ruim", escrevi em meu comentário de agosto de 2020 sobre a minha previsão de 2017.

Na verdade, eu estava apenas parcialmente correto na minha previsão de 2017. Eu não havia indicado quando ocorreria o aumento brusco e minha previsão, embora impressionante, dado o preço de comercialização do bitcoin estar em US$ 1.165 na época, hoje parece quase ridiculamente vaga. Qualquer um com algum conhecimento das tendências dos investimentos em tecnologia poderia ter feito uma previsão similar.

Em 2020, fiz outra audaz previsão de preço quando o bitcoin estava sendo comercializado por volta de US$ 10.000, "tuitei" em 2 de junho para o fundador da Tesla, Elon Musk, que eu estava "esperando ansiosamente o #Cyber-Truck no próximo ano! Aí então, prevejo que seja possível comprá-lo com apenas um #Bitcoin. Se o preço do US$ BTC for maior do que US$ 39,900 [o preço de um Tesla Cybertruck] no final de 2021 eu DOAREI a alguém um @Tesla CyberTruck". No final da primeira semana de 2021, o bitcoin teve uma alta súbita, ultrapassando os US$ 40.000; portanto, irei presentear um CyberTruck, independentemente de qual seja o preço do bitcoin no final do ano.

Portanto, dando os méritos a mim mesmo, mas não muito, devo frisar que minhas previsões de 2017 e 2020 suscitam grandes verdades: (1) O bitcoin é imprevisível e (2) ignore sua imprevisibilidade.

Quanto à imprevisibilidade, tudo que posso dizer é que ninguém tem uma bola de cristal para saber o que irá acontecer com o bitcoin em um curto espaço de tempo. Ele pode disparar, afundar ou ziguezaguear como um eletrocardiograma.

Sobre a segunda verdade, se você comprou a ideia do bitcoin, volatilidade faz parte do pacote. E o mais importante: você não deve ficar acompanhando diariamente, ou quase diariamente, cada sobe e desce da moeda. Como já disse, e afirmo novamente, se você for um sagaz investidor em bitcoins, não ficará negociando todos os dias, ao contrário, buscará o longo prazo.

Dei-me bem nos investimentos em bitcoin que fiz. Conheço mais sobre bitcoin do que a maioria das pessoas e não caio nesses micromovimentos. "O Bitcoin continuará sendo o Bitcoin", sempre digo, apesar de seu preço de comportamento temperamental.

Aceite suas qualidades da mesma forma que aceita seus amigos mais eloquentes e de quem você gosta tanto quanto os mais reservados. Cada tipo de caráter tem um lado negativo, mas todos eles enriquecem nossa vida. Você simplesmente aprende a conviver com todas as facetas. Por enquanto, caso queira um investimento que não oscile tanto, compre títulos de dívida ou ações de concessionárias de serviços públicos, pois você não será capaz de prever com certeza como ficará o bitcoin ao longo de curtos períodos. O bitcoin desafia as análises usuais.

Retornemos aos enormes ganhos de julho de 2020. O aumento parecia estar (ou realmente estava) relacionado a uma combinação ímpar de eventos.

Do lado compreensível, um dia antes a US Comptroller of Currency (autoridade controladora da moeda dos EUA), parte do Tesouro americano que, entre suas atribuições, regula os bancos nacionais, informou que permitiria aos bancos manter fundos de criptomoedas. O anúncio representava uma pequena, porém importante, vitória do Bitcoin. Significava que os investidores agora teriam a opção de manter seus bitcoins em bancos. As pessoas conhecem bancos, mas não necessariamente carteiras digitais. Isso sinalizou mais um passo na aceitação da moeda digital por bancos e pelo governo.

Ainda do lado compreensível, a Mastercard, gigante do setor de cartões de crédito, anunciou no mesmo dia que faria uma parceria com o provedor de serviços de criptomoedas Wirex para emitir um cartão para pagamentos que permitiria aos consumidores trocarem criptomoedas por moedas fiduciárias. Além disso, em outra manchete favorável ao Bitcoin, a Rússia declarou que o Bitcoin era uma espécie de propriedade, anúncio que parecia frisar a relutante adesão do país às moedas digitais, mesmo continuando a vetar seu uso internamente como meio de pagamento.

Durante o mesmo período, a epidemia de covid-19 abalou a economia mundial, a insatisfação se propagou pelas principais cidades dos Estados

Unidos e havia preocupação quanto à capacidade de as pessoas poderem votar na eleição que se aproxima. Todo esse cenário de incerteza empurrou alguns investidores para o porto seguro tradicional, o ouro. Menos de um mês depois de ultrapassar sua histórica marca de US$ 1.776 por onça, o ouro subiu para mais de US$ 1.940 por onça e, em 6 de agosto de 2020, pela primeira vez na história ultrapassou os US$ 2.000.

"Observamos uma grande recuperação do ouro em 1980 e 2011 depois da crise financeira", eu disse a John Riggins em um *podcast* de 28 de julho para a *Bitcoin Magazine*. "É empolgante ver o ouro subir."

Porém...

O panorama naquela segunda-feira não diferia muito da semana passada ou outras semanas anteriores do mês. O coronavírus continuava a deixar o mundo em vários estágios de *lockdown*, e os Estados Unidos apresentavam as maiores taxas de infecção diária e de mortalidade. A taxa de desemprego na maioria dos países ocidentais industrializados subiu para próximo dos dois dígitos em meio à redução da atividade industrial. O consumo e o PIB continuavam a retrair enquanto todo mundo aguardava, esperançosamente, novidades sobre uma vacina eficaz.

E o mercado acionário que, teimosa e misteriosamente, havia permanecido em alta ao longo da pandemia, registrava outro dia de sucesso. O índice Down Jones subiu 100 pontos, o S&P 500 (Índice Standard & Poor's Composite de 500 ações) e o índice Nasdaq também subiram. As ações das FAANG (Facebook, Apple, Amazon, Netflix e Google) que haviam alimentado o sucesso do mercado acionário, apresentaram ganhos expressivos. Se os investidores estavam em busca de um porto seguro, como diziam alguns analistas, eles tinham outras opções além do bitcoin. Balanço daquele dia: os principais sinais eram contraditórios.

Não que o desempenho do bitcoin como ativo não relacionado devesse ter dependido fortemente desses acontecimentos, individualmente ou como um todo. Parte da premissa de Satoshi Nakamoto era criar uma moeda livre do curso normal dos eventos e da apreciação humana que abaixa a cotação das moedas tradicionais.

Avancemos rapidamente para o final de semana do Dia do Trabalho (primeira segunda-feira de setembro, nos EUA) em 2020. O simbólico, se não real fim do verão, geralmente é um período tranquilo em termos de negócios já que as empresas estão prontas para o último feriado prolongado da temporada. O Bitcoin continuava a girar em torno dos US$ 11.500 com alguns observadores antecipando que ele cruzaria os US$ 12.000 novamente em seu caminho para ganhos adicionais em 2021. Os irmãos Winklevoss estavam exultantes enquanto promoviam sua nova bolsa (a Gemini Exchange) no Twitter.

Outras proeminentes personalidades do mundo Bitcoin eram menos otimistas. De minha posição privilegiada em Las Vegas, para onde me mudei da China no início da pandemia, eu me sentia otimista. "Desta vez parece um pouco diferente", disse a Riggins em nossa entrevista. Com início em setembro, parecia que o bitcoin continuaria subindo.

Então, como normalmente acontece, houve grande variação sem aviso prévio. De 1 a 5 de setembro, o bitcoin caiu mais de US$ 2.000, ficando abaixo dos US$ 10.000, antes de se fixar na faixa dos US$ 10.000 a US$ 11.000 durante grande parte das seis semanas seguintes. Não havia nenhuma maneira fácil de prever o declínio, particularmente logo após seu impressionante desempenho em pleno verão.

Era possível ouvir as vozes dos céticos renovando suas queixas sobre a volatilidade do Bitcoin e o risco que ele representava para os investidores.

Ainda que confortavelmente na minha casa em Las Vegas, eu não estava mais agitado pela queda do Bitcoin do que estive um mês antes. Era meramente mais um dos sobe e desce do Bitcoin, mas suas propriedades básicas não se alteraram. Desde seu desempenho no verão, ainda era um grande investimento. Aqueles que tivessem comprado bitcoin em março, quando a pandemia começou a se espalhar, teriam ganho 200% em seus ativos, mas apenas cerca de 5% se fosse no final de julho – nada excepcional, porém, melhor do que muitas ações.

Os pessimistas estavam simplesmente cometendo o erro de sempre: observar o que aconteceu ao longo de um ou poucos dias, mas ignorando toda a situação. O Bitcoin até pode ser volátil, mas acredito que essa seja uma característica com a qual a maioria dos investidores consegue conviver, inclusive Warren Buffett. Em contraste com o Bitcoin, as ações da Berkshire Hathaway subiram apenas 3% ao longo do mesmo verão de 2020.

Note que a Berkshire Hathaway voltou aos tempos da juventude não muito depois de Buffett ter superado sua aversão de longa data pelo que ele considerara arriscado: as ações das grandes empresas de tecnologia e ter se tornado o maior acionista da Apple. As pessoas normalmente se esquecem dos momentos mais difíceis dos ativos quando eles estão indo bem e até mesmo os grandes investidores cometem erros e mudam de ideia. Também vale a pena frisar que qualquer investidor, inclusive Buffett, pode se beneficiar se tiver uma mente aberta.

A curta viagem na montanha-russa dos preços era um microcosmo perfeito do bitcoin. Ele poderia subir rapidamente, inspirando intensa euforia, mas também despencar tão velozmente que suscitaria dúvidas mesmo entre aqueles de ideias mais avançadas. Imagino que observar esse exercício resultou em grandes lições para os investidores que estavam atentos e queriam aprender. Entre outros detalhes, essa situação demonstrou que a volatilidade é nocivamente mal interpretada e não é necessariamente maléfica. E, de fato, investidores que se mantiveram firmes durante o "percurso" foram recompensados quando o bitcoin se aproximou dos US$ 30.000 no final de 2020.

ERRO DE JUÍZO SOBRE VOLATILIDADE

O que é volatilidade? Talvez mais importante seja dizer o que ela não é. E por que as pessoas não devem temê-la?

A definição sucinta é que a volatilidade descreve o quanto o preço de um ativo pode subir ou descer. A volatilidade de um ativo – algumas vezes descrita como **volatilidade realizada** – geralmente depende do seu histórico de desempenho. Analistas e publicações calculam a volatilidade de maneiras diferentes, depende do que eles acreditam ser mais relevante nos ciclos de preços. Há também a **volatilidade implícita**, que tenta prever o movimento de preços futuros.

É verdade que muitos investidores receiam a volatilidade e ela tem sido um dos maiores obstáculos para o bitcoin devido às suas grandes e frequentes oscilações de preço. Pesquisa realizada pela Fidelity Digital Assets em 2020 constatou que a volatilidade estava entre os principais motivos para as pessoas não adquirirem bitcoins.[1]

Qual é o apelido do índice de volatilidade da Chicago Board Options Exchange, CBOE, que calcula a volatilidade implícita do S&P 500? "Índice do Medo".

Mas volatilidade não é risco.

Nós erroneamente confundimos um com o outro devido a uma necessidade interna de controlar o ambiente. A volatilidade está fora de controle; portanto, nos parece inerentemente arriscada. Ao investir já sabemos, sem dúvida, que não somos capazes de impedir que nossos ativos diminuam de valor ou mesmo se tornem completamente sem valor. Sentimos medo dessa possibilidade e as dificuldades que ela pode provocar. O risco é assustador devido ao que pode vir a acontecer.

Essa reação é mais emocional do que racional. Poucas pessoas arriscam seu bem-estar quando investem. Encontramos maneiras de nos proteger de riscos e não nos colocar muito próximos de algo assustador que está prestes a acontecer. Ao mesmo tempo, costumamos esquecer que perder valor em um investimento é também uma oportunidade de grandes reviravoltas.

A história está cheia de casos com grandes reviravoltas. Henry Ford faliu antes de sua indústria de automóveis ter sucesso. Walt Disney também apresentou pedido de falência duas vezes. Um empréstimo bancário de última hora lhe possibilitou terminar o filme *Branca de Neve*, que foi sua oportunidade de recomeçar. Até mesmo Abraham Lincoln levou uma mercearia ao buraco antes de se reerguer. Por sinal, nenhum desses empreendimentos era arriscado, simplesmente foram vítimas de má administração.

É óbvio que há ativos que incorporam risco. Não vou me alongar mais sobre esse tipo de investimento porque o Bitcoin está longe de ser arriscado e suas frequentes e drásticas mudanças de preço um dia terminarão.

É suficiente dizer que investimentos arriscados usualmente envolvem *startups* que se originaram de alguma tendência tecnológica maior ou de uma empresa de biotecnologia trabalhando em um novo medicamento. Esses são os campos capitalistas que fazem investimento de risco ou, ocasionalmente, surge um novo fenômeno de financiamento coletivo (*crowdfunding*) ou ainda um investidor compra ações de baixo valor na esperança de grande reviravolta.

Investidores profissionais e individuais com grande conhecimento do mercado não se alarmam caso um empreendimento não dê certo. Eles são capazes de vencer as ondas e padrões de crescimento irregulares típicos de ativos arriscados. Os capitalistas de risco de ponta usam modelos matemáticos que lhes permite determinar onde devem investir e qual seria o provável sucesso do empreendimento. Eles também têm recursos para suportar certo nível de perda. A volatilidade não figura tanto no pensamento desses investidores quanto o cenário mais amplo e de longo prazo. Nesse aspecto, eles assumem riscos calculados.

A bem da verdade, capitalistas que fazem investimento de risco bem como pequenos investidores vêm assumindo parte desses riscos em Bitcoin e projetos de *blockchain*. A lista de investidores de risco de grosso calibre que criaram unidades focadas nessas áreas ou investiram em projetos promissores tem aumentado – e por bons motivos.

Conforme já disse, os empreendedores por trás desses projetos vêm resolvendo questões importantes ao tentarem tornar o mundo um lugar melhor. Mas isso não tem nada a ver com volatilidade de preços. Trata-se apenas de um risco calculado que algumas pessoas estão dispostas a correr.

A volatilidade funciona segundo certas regras. Podemos mensurá-la e, algumas vezes, até mesmo prever sua ocorrência. Ela está relacionada com eventos ruins ou favoráveis. Levando-se a volatilidade em conta e entendendo como funciona, ela nos capacita a tomar boas decisões.

Há ativos em que um investidor deve estar disposto a aceitar um nível razoável de flutuação nos preços quando ocorrerem, pois são fundamentalmente contínuos e provavelmente aumentarão. É preciso apenas ser paciente e manter a calma – não muito diferente de um comandante de avião.

"É impressionante ao que você consegue se acostumar", disse Chesley "Sully" Sullenberger, o amado piloto da U. S. Airways que, em 2009, pousou um Airbus A320 no meio do rio Hudson. Sullenberger não estava dando conselhos de investimentos, mas até poderia.

Se você estiver pensando investir em bitcoins, feche os olhos em relação ao preço em um dado dia, a menos que esteja simplesmente curioso ou algum evento característico seja capaz de testar uma teoria sobre por que o preço do bitcoin aumenta ou diminui. Essa é uma prática útil e talvez você consiga identificar algum padrão ou conexão que ninguém tenha observado. Caso se torne um evangelizador, você também deve verificar o preço do bitcoin diariamente, como fiz por vários anos, agora com a ajuda de meu

Apple Watch. Na qualidade de evangelizador, é importante estar a par do movimento do bitcoin caso alguém lhe pergunte.

Nunca me preocupo se o bitcoin teve um bom ou mau dia, se os *experts* entendidos o criticam ou não, ou qual tem sido o desempenho de outros ativos.

Desde cedo decidi considerar que o bitcoin, assim como qualquer bom investimento, requer comprometimento. Investir em bitcoin é uma maratona – ou, melhor ainda, uma supermaratona que se estende por décadas – e não apenas um *sprint*.

MANTENDO A CALMA NO PRIMEIRO PERÍODO DE ALTA

Em 28 de novembro de 2013, quando o bitcoin começou o dia a US$ 1.003, a primeira vez que havia cruzado a barreira dos US$ 1.000, eu disse a qualquer um que quisesse ouvir que deveria investir ou, caso já houvessem adquirido alguns bitcoins, conservá-los. Ainda levaria três semanas para o termo *to HODL* aparecer em uma postagem no fórum do bitcointalk.org.[2] O autor da postagem, em vez da palavra *hold* acabou escrevendo errado (*HODL*) em letras maiúsculas para dar ênfase. Convém admitir que o autor da postagem estava bêbado aquela noite. Contudo, o novo termo *HODL* ganhou vida própria no mundo *on-line*. Ele veio para descrever a ideia de manter/preservar (*holding*) seus investimentos em bitcoin no longo prazo, possivelmente para sempre. Mais tarde, HODL se tornou um acrônimo invertido, acabando por significar "Hold On for Dear Life"[NT18]. Sim, para sobreviver à volatilidade do bitcoin é preciso esperar. Mas não considero isso negativo.

Você está "HODLing bitcoin" ("agarrado a seus bitcoins")? Eu estou.

Superar os US$ 1.000 foi, indubitavelmente, um momento marcante para o bitcoin. Racional ou não, tinha valor simbólico. Um mil soava mais

---

NT18: "Agarre-se com todas as suas forças". A ideia básica nessa frase é a de esperar, manter/preservar os investimentos em bitcoin, não vender seus ativos, principalmente nos momentos de fortes oscilações.

impressionante do que um número com algumas centenas, sugerindo mais do que nunca que era uma boa oportunidade para investir em bitcoin. Alguns investidores costumam buscar validação nos marcos. E o recente aumento para US$ 10.000 é um marco maior ainda. Agora que ele cruzou os US$ 10.000, penso que o Bitcoin veio para ficar.

Mas o primeiro período de mercado em alta do bitcoin a chamar bastante atenção da mídia dos negócios – me refiro a quando ultrapassou o limiar dos US$ 1.000 – foi reflexo de uma mudança radical: de ativo impulsionado apenas por aqueles que tinham experiência no setor para algo que despertou o interesse do público em geral. Nos três primeiros anos, o preço do bitcoin dependia muito das atividades de pequenas comunidades que haviam recebido bitcoin, em alguns casos de Satoshi Nakamoto e outros primeiros adeptos, bem como da atividade de mineração. Nos idos de 2011, provavelmente seria possível reunir os investidores de bitcoin espalhados pelo mundo em um grande salão de baile. As bolsas de criptomoedas ainda eram um conceito estranho com um pequeno número em operação – a maioria delas com problemas – e outras haviam iniciado há um ano ou mais. Uma das bolsas mais bem-sucedidas de hoje, a Coinbase, foi lançada em meados de 2012, um ano depois de minha própria *startup*, a BTCChina. A Binance não abriu suas portas antes de 2017.

A BitcoinMarket.com e a Mt. Gox são, em geral, consideradas as primeiras bolsas de destaque, particularmente esta última. Elas foram abertas com uma pequena diferença de meses em 2010. Elas eram visionárias em reconhecer a existência de um mercado para seus serviços e merecem crédito por estabelecerem negócios apreciáveis que se tornaram parte da história do Bitcoin antes de chegarem a um fim ignóbil. O BitcoinMarket.com ainda chegou a ver a inevitável inter-relação do Bitcoin com sistemas financeiros assinando um acordo com o serviço de pagamento PayPal para permitir aos usuários trocarem moeda fiduciária por bitcoin. Mas nunca foi capaz de melhorar sua plataforma instável e má projetada, e está mais para uma nota de rodapé na história das bolsas de criptomoedas do que um capítulo completo.

Teria sido uma surpresa o preço do bitcoin ter definhado nos dois dígitos até a Mt. Gox crescer e acabar se transformando em uma ideia seguida por devotos dada a facilidade que ela criou para a realização de transações?

Um produto – seja um investimento ou não – prospera apenas quando existe infraestrutura para possibilitar ampla participação. Nos dias e semanas antes de a Mt. Gox ter efetuado melhorias técnicas e marketing mais abrangente pela atuação de seu novo proprietário, Mark Karpelès, acredito que a demanda por bitcoins estava aumentando.

Um número cada vez maior de pessoas, muitas não ligadas ao mundo tecnológico, estavam descobrindo o Bitcoin e a plataforma da Mt. Gox proporcionou a elas uma maneira relativamente fácil de investir. O grande volume de transações fornecia validação para que novos investidores surgissem e o resultante aquecimento nas atividades fez os preços aumentar continuamente.

Uma palavrinha sobre a Mt. Gox: a história da pobreza à riqueza e novamente de volta à pobreza da empresa com sede em Tóquio é bastante conhecida no setor e, infelizmente, a mancha na reputação junto com a plataforma Silk Road, também cheia de falhas, combinando fraqueza humana e erros. A primeira impressão é difícil de remover, especialmente quando envolve centenas de milhões de dólares e ações penais.

A história da Mt. Gox começou em 2006, bem antes da invenção do Bitcoin, como uma plataforma que possibilitava a participantes de um jogo fantasioso trocar cartas *on-line* intitulado Magic: The Gathering. O acrônimo do jogo (MTG) acrescido do sufixo "OX" (de Online Exchange, ou seja, bolsa *on-line*) deu origem ao nome do site da Mt. Gox. Sua queda em meio à perda de aproximadamente 650.000 bitcoins é uma das poucas tragédias do Bitcoin e que algum dia será irrelevante. Por que ela se tornará irrelevante? Bem, como sociedade, nos preocupamos com os grandes ataques a navios mercantes do século XVII, quando os piratas assaltavam grandes fortunas em ouro, prata e outros bens de valor? Dificilmente. Acredito que daqui a quatro séculos o grande golpe *hacker* da Mt. Gox não será diferente dos ataques de séculos atrás. E, mais importante, isso não afeta a utilidade nem o valor do Bitcoin.

Continuo firme em minha concordância com outros que veem o bitcoin como um ativo inteiramente ou em grande parte não correlacionado. Mas ocorreram outros eventos no final de 2012 e início de 2013 que possibilitaram ao bitcoin seu primeiro aumento de preço notável. O serviço de pagamento com criptomoedas, Bit-Pay, que funcionou cerca de 18 meses, informara que no final de 2012 mais de 1.000 estabelecimentos comerciais estavam aceitando o bitcoin. A sede do BitPay era em Atlanta, que dificilmente poderia ser considerado um centro de excelência em tecnologia, mas se destacava o alcance do Bitcoin além dos limites do Vale do Silício, de Boston e outros centros. Grandes *sites* de namoro como o OKCupid decidiram aceitar bitcoin, o que chamou a atenção geral. Um acordo para associar o bitcoin ao M-Pesa, gigante provedor de serviços de pagamento via celular da África, foi uma novidade ainda de maior alcance.

Mas nenhum desses eventos ou a alta do bitcoin daquele ano – por volta dos US$ 1.200 em 30 de novembro de 2013 – importava. Não me alarmei mais quando ele caiu abaixo dos US$ 700 menos de dez dias depois ou quando despencou para US$ 351 em 12 de abril de 2014 e, finalmente, com mais uma queda drástica para US$ 171 em janeiro de 2015. O primeiro inverno do Bitcoin foi longo e tenebroso. Mas os invernos são sempre difíceis. Entre 1777 e 1778, George Washington e seus homens acamparam no Valley Forge enfrentando temperaturas abaixo de zero antes de vencer a Revolução Americana.

Seriam as altas flutuações de três dígitos, particularmente as que vão no sentido errado, desestabilizadoras? Sim. Porém, mais uma vez, sugiro que não devem ser motivo para deixar de fazer negócios com o Bitcoin. Eis um aforismo: o Bitcoin requer tenacidade. HODL: segure as pontas.

A elevação seguinte nos preços do bitcoin ofereceu lições similares. O Bitcoin havia começado a ganhar terreno em 2016 à medida que mais bolsas e outras organizações de serviço eram lançadas ao redor de todo o mundo para atender à demanda crescente. O volume diário de transações, conforme indicado na Coin-MarketCap que, à época, havia se tornado uma fonte de informações rápidas usada pelo setor, havia se elevado, passando de cerca de US$ 30 milhões para mais de US$ 200 milhões. No início de 2017, o preço do bitcoin havia recuperado quase totalmente o terreno perdido após o período de alta de 2013, batendo nos US$ 1.000 pela segunda vez. Uma série de pequenos episódios colocou mais lenha na fogueira. Em julho de 2016, pesquisadores dos Estados Unidos, do Reino Unido e da Alemanha constataram que os usuários estavam mais propensos a usarem bitcoin para "empreendimentos legítimos" do que para aqueles "ilícitos".[3] De acordo com o bitcoin.com, naqueles mesmos anos, acadêmicos e outros escreveram aproximadamente 3.500 artigos científicos mencionando o Bitcoin, superando mais de sete vezes o número de quatro anos antes.[4,5]

No janeiro seguinte, em 2017, uma reportagem da gigante da mídia, NHK, constatou que o número de negócios que aceitavam bitcoin no Japão, a terceira maior economia do mundo, havia quase quintuplicado.[6] Em abril, o governo japonês havia legalizado o bitcoin como meio de pagamento. Cada evento tomado isoladamente não provocou grandes ondas. Porém, juntos, refletiam um temporal iminente e foi uma boa tempestade para o Bitcoin.

No início de agosto de 2017, o bitcoin tinha mais do que triplicado seu preço. Na BTCC, eu me preocupei com indícios de que o governo chinês tomaria medidas enérgicas contra bolsas de Bitcoin domésticas, já que ele buscava maneiras de controlar o movimento de coalizão. Mas logo sorri. O Bitcoin estava se comportando tão bem quanto eu esperava. Depois disso ele realmente alçou voo, ganhando altitude em grandes bocados de três dígitos. Em meados de outubro, havia ultrapassado US$ 5.000. No final de novembro, havia cruzado a barreira dos US$ 10.000. Poucos dias antes, tomado de entusiasmo em relação ao mercado, vendi parte dos bitcoins que havia adquirido em 2013 para obter algum lucro e comprei por impulso o novo Tesla Model X na China por US$ 130.000. Em 7 de dezembro, o bitcoin deu um grande salto de US$ 3.700, elevando-se acima dos US$ 17.000 e, dez dias depois, teve um aumento vertiginoso atingindo a maior alta de todos os tempos, US$ 20.089. Este era o máximo absoluto, pelo menos até o próximo período de alta.

Por mais contente que estivesse, eu sabia que os bons ventos não durariam para sempre. Algumas pessoas disseram que o aumento de preço era oriundo da atividade de uma grande "baleia" bitcoin[NT19] tentando atrair o interesse para a moeda, e que esse investidor recuaria assim que tivesse cumprido sua missão. Nunca comprei essa ideia. O bitcoin já havia atingido *status* suficiente para que uma única pessoa conseguisse agitar tanto o mercado. Sou partidário de uma teoria diferente: o bitcoin

---

NT19: "Baleia bitcoin" é um termo usado no mundo das criptomoedas para se referir a indivíduos ou entidades que detêm grande quantidade de bitcoins. As "baleias" têm um volume de criptomoedas suficiente para manipular as cotações.

estava meramente seguindo um padrão histórico de períodos de alta, em que uma recuperação de preço "MDPO" tomava corpo, comum para outras categorias de investimento baseadas em tecnologia, em que os preços sobem rapidamente. Eu sabia que ele sofreria uma redução rapidamente e se estabilizaria em um nível de preço muito menor e devastador. Eu não poderia prever de quanto, mas quando ele se estabilizou em torno de US$ 6.000 no final de março de 2018, não me surpreendi nem um pouco.

E, mais uma vez, eu não estava preocupado com as enormes oscilações de preço. Eu já era um veterano do Bitcoin e estava acostumado a isso. Na minha cabeça, o repentino e vertiginoso entusiasmo pelo bitcoin, com dezenas de milhares de novos investidores tentando capturar o turbilhão, era frívolo. O ambiente de aceitação do Bitcoin havia mudado, mas não de modo radical a ponto de merecer um crescimento meteórico. Muitos investidores que antes não acreditavam no bitcoin, de repente mudaram completamente de opinião e passaram a investir nesse ativo mas, após serem bem-sucedidos, logo se desfizeram de parte ou de todos os seus ativos, atitude também exagerada. O Bitcoin não havia se tornado menos promissor ao longo de algumas semanas. Naquele momento, eu havia vendido a BTCC para um grupo com sede em Hong Kong; portanto, tinha mais tempo para avaliar a opinião pública. Alguns dos maiores opositores estavam prontos para decretar a sentença de morte do Bitcoin e até mesmo alguns amigos e ex-funcionários da BTCC tinham dúvidas. Alguns deles venderam todos os seus bitcoins, para minha grande surpresa e desapontamento.

Mas eu estava determinado em relação ao futuro do Bitcoin e à melhor estratégia para investir nele: HODL. O que eles chamaram de turbulência para mim era apenas uma série de ajustes. Os verdadeiros crentes estabeleceram suas metas de investimento para décadas no futuro. Não se deixariam dissuadir por movimentos de preços. Sem dúvida, eu sou um deles, alguém que verdadeiramente acredita no Bitcoin.

Nem no futuro e nem agora: você simplesmente deve estar disposto a aceitar as grandes flutuações de preço do jeito que elas são, e não são um indício contra o Bitcoin, mas reflexo de um ativo que está tentando se encontrar. Lembre-se, o Bitcoin nem chegou ao seu décimo terceiro aniversário; portanto, tecnicamente não é nem mesmo adolescente. Ele está crescendo rapidamente e já alcançou muito em apenas 12 anos. Quando o

Bitcoin chegar aos 18 ou 21 anos, realmente será uma força a ser considerada. Mal posso esperar por esse dia.

Quer ouvir algo radical? O Bitcoin não é tão volátil quanto querem ditar as forças de mercado. O filósofo escocês do século XVIII, Adam Smith, tinha uma ou duas coisas a falar sobre as forças de mercado. Sua teoria de uma mão invisível ditando o desempenho econômico tem sido a essência da sociedade capitalista. Estou convencido de que Adam Smith também teria sido um grande fã do Bitcoin.

O BITCOIN É MENOS VULNERÁVEL DO QUE VOCÊ IMAGINA

O ponto fraco do Super-Homem era a criptonita. O de Aquiles, o calcanhar.

O time Yankees de 1927, liderado por Babe Ruth e Lou Gehrig, muitas vezes considerado a maior equipe de beisebol da história, tinha problemas para vencer o sexto colocado do campeonato, o Cleveland Indians.

A Standard Oil cresceu muito e, para seu próprio bem, teve que ser cindida.

Os gigantescos bancos de investimento Lehman Brothers e Bear Stearns, que outrora controlaram mais de US$ 1 trilhão em ativos e contavam com algumas das mentes mais brilhantes de Wall Street, sucumbiram pela cobiça na crise hipotecária no mercado *subprime*.

A agência de classificação creditícia Equifax, que se vangloriava de sua capacidade de salvaguardar as informações financeiras dos indivíduos que ela compartilha com clientes, deixou uma brecha em suas ciberdefesas possibilitando que *hackers* acessassem os dados de 143 milhões de clientes. Hewlett Packard, IBM, Fujitsu, Tata Consultancy Services, NTT Data,

Dimension Data e Computer Sciences Corporation, empresas na vanguarda da inovação técnica, têm sido vítimas de espionagem cibernética, supostamente do Ministério de Segurança da China. Mesmo o ouro, elemento natural – AU, número 79 na tabela periódica – que nenhuma outra substância da natureza consegue obliterar, tem uma fraqueza se considerarmos suas flutuações de preço oriundas de eventos macroeconômicos e suscetibilidade histórica a fraudes. Em 1869, o herói de guerra Ulysses S. Grant se deparou com um enorme escândalo depois de seu cunhado e dois conhecidos influenciarem sua decisão de parar de vender ouro, estratégia que havia usado para pagar a enorme dívida pública causada pela Guerra de Secessão, para monopolizarem o mercado de ouro. Grant suspeitou do ardil logo que começou; mesmo assim, ele fez o preço do ouro cair, passando de aproximadamente US$ 160 a onça para menos de US$ 140, naquilo que ficou conhecido como *Black Friday*. Isso levou o mercado acionário a uma queda vertiginosa e a uma investigação em que o venerado líder do exército unionista acabou sendo exonerado, às custas de pelo menos parte de sua boa reputação.

Todo mundo, todas as coisas e toda organização, o maior e o menor, ficcional e não ficcional, em cada aspecto da vida tem um ponto fraco. Todos são suscetíveis de alguma forma a ataques ou outros eventos que lhes causam danos. Essa vulnerabilidade faz parte da condição humana. Certamente, alguns são mais vulneráveis do que outros.

Não obstante o episódio de Grant e outros, na maior parte do tempo o ouro operava fora da peleja devido à sua imunidade a forças destrutivas. A bem da verdade, ele pode ser moldado de diferentes formas, mas a composição básica que o faz valioso é imutável. O ouro é um elemento que ocorre na natureza, diferentemente de um composto, compósito ou liga feita de outras coisas. Nesse aspecto, o ouro é uniforme em qualquer parte do mundo. Submeta o ouro a altas temperaturas e ele simplesmente derrete ou muda de forma. Por ser muito denso e, portanto, pesado, é difícil falsificá-lo usando substâncias mais leves. Em sua longa história como reserva de valor, tem sido resistente a mudanças de preço radicais e a delitos. Ele não obedece a nenhuma autoridade. O ouro é o melhor exemplo físico de uma classe de ativos descentralizada. Qualquer um pode encontrar ouro e qualquer um pode possuí-lo.

O BITCOIN É MENOS VULNERÁVEL DO QUE VOCÊ IMAGINA

Suponho que Ian Fleming, criador de James Bond, entendeu melhor as propriedades imutáveis do ouro no filme *007 contra Goldfinger*, em que o vilão, cujo nome foi habilmente cunhado, Auric Goldfinger, nem tentou roubar o maior depósito de ouro do mundo, em vez disso, pretendia contaminá-lo com radiação que duraria 58 anos e impulsionaria o valor de seu próprio estoque do metal. Os fãs de Bond lembram-se da bomba suja parando sete segundos antes de explodir.

Neste capítulo considero se o Bitcoin é ou não vulnerável e indiretamente já respondi a essa pergunta. Ele é vulnerável. Mas tem outra similaridade com o ouro, o ativo com o qual é mais comparado. Vindo de um evangelizador do Bitcoin, isto pode parecer um sacrilégio, porém, parte de ser um bom defensor de uma causa é fazer um julgamento honesto. Apresente uma visão muito otimista e as pessoas começam a duvidar. Descreva algo que tenha imperfeições e elas passam a acreditar.

O Bitcoin não é perfeitamente seguro porque, na vida, nada o é.

A bem da verdade o Bitcoin, assim como o ouro, é o que mais se aproxima da condição de invulnerabilidade quando comparado a qualquer outro objeto de valor. Ele não pode ser demolido, destruído ou arruinado – por não ser um elemento físico –, porque não há nada para ser destruído, a menos que você tenha uma carteira em papel ou em disco rígido, mas, ainda assim, basta ser um investidor em bitcoin sagaz e saber suas chaves de segurança ou ter *backups* apropriados. O bitcoin em si não existe fisicamente em um único lugar. Não há cunhagem nem papel-moeda de curso legal. E o sistema em si não depende de uma pessoa, empresa ou instituição. O Bitcoin não está vulnerável a um único ataque que pode comprometer sua existência. Ao contrário, o "sistema" Bitcoin é disseminado pelo mundo inteiro por toda a internet, em centenas de milhares de nós de máquinas e muitos milhões de usuários e seus dispositivos computacionais. Como destruir ou desativar algo assim?

Sua vulnerabilidade provém de erros individuais ou inação, que podem resultar na perda de fundos. Se os detentores da carteira compartilharem suas chaves privadas ou não adotarem medidas de precaução, podem perder seus bitcoins. Vale a pena destacar que mesmo em uma situação de perda de bitcoins, os bitcoins em si não desaparecem, porque sempre há um máximo de 21 milhões de bitcoins.

O Bitcoin também é vulnerável a um desastre causado por alguma ação inconsequente de um dos muitos provedores de serviço que formam a crescente infraestrutura de todo o sistema. Tais erros normalmente são resultado de transgressões individuais ou, com maior frequência, juízo errôneo, por exemplo: um gerente que deixa de solucionar uma brecha nas defesas ou não responde suficientemente rápido a uma nova ameaça. Todos esses problemas são compreensíveis.

TUDO É VULNERÁVEL

Nenhum setor ou sistema consegue garantir que todos os participantes sejam éticos, capazes e decididos a seguir as práticas corretas. Se alguém assalta um banco em Utah ou mesmo se houver um grande ataque cibernético como aquele do vazamento de dados do JPMorgan Chase, que afetou mais de 70 milhões de clientes, dever-se-ia denunciar todo o setor bancário? Ou diante de um comportamento questionável, como o ardil do Wells Fargo em cobrar das pessoas por serviços não requisitados; ou a ação na justiça de 2020 alegando que os bancos Bank of America, Wells Fargo, JPMorgan Chase e US Bank haviam remanejado os empréstimos do Paycheck Protection Program para priorizar negócios mais rentáveis a eles – isso significa que todo o setor está podre? A ação, que ainda se encontrava pendente na época da publicação deste livro (edição em inglês), foi um dos golpes mais recentes contra a reputação do setor bancário. Entretanto, posso lhe assegurar que no dia seguinte ao ajuizamento da ação, os bancos espalhados por todo o país continuaram a operar da forma usual, do mesmo jeito que procederam diante de outros eventos de grande tensão. Um estudo bem documentado de 2014, publicado na revista *Nature*, constatou que a cultura bancária fomenta a desonestidade[1] e mesmo assim os bancos não foram fechados. (Para ser justo, um estudo de 2019 em Berlim colocou em dúvida esse estudo anterior.[2])

Empresas aéreas e ferroviárias continuam a operar mesmo depois de acidentes. A indústria automobilística sobrevive a *recalls*, isso para não mencionar preocupações contínuas com suas táticas de negociação. O motivo é porque são sólidas e continuam a fornecer produtos e serviços de valor.

Sugiro que você encare o Bitcoin da mesma forma. O setor bancário teve (e tem) problemas, assim como qualquer outro setor, particularmente nos estágios iniciais de desenvolvimento. Mas os observadores não devem interpretar essas questões como um erro grave e específico do Bitcoin. Os mecanismos usados na criação do Bitcoin são exatamente tão consistentes hoje em dia como sempre foram. Esses mecanismos não devem ser comparados com o ambiente mais amplo dos serviços de comercialização e custódia oferecidos por uma série de empresas. Embora elas tenham tido problemas (e, provavelmente, ocorrerão mais problemas no futuro), tais dificuldades não devem ser usadas para minar o Bitcoin ou outras criptomoedas, já que elas são basicamente sólidas.

Vale a pena repetir aqui que o termo Bitcoin engloba duas partes distintas do universo Bitcoin. Bitcoin com letra maiúscula (B) se refere à plataforma como um todo, que faz a criptomoeda vir ao mundo em intervalos regulares e permite aos investidores possuí-las e negociá-las. Bitcoin com letra minúscula (b) descreve a unidade monetária. Mas isso é irrelevante na questão da vulnerabilidade, a menos que se considere as empresas que fornecem o serviço Bitcoin incluídas no termo com a letra maiúscula B, ou seja, o sistema Bitcoin. Mas isso seria um erro. O Bitcoin não é mais responsável pelas brechas de segurança do Bithumb, Binance ou de alguma outra grande bolsa de criptomoedas do que o Federal Reserve pelos assaltos a bancos ou pelos vazamentos do Goldman Sachs, Deutsche Bank ou outra instituição financeira ou bancária, grande ou pequena. Aponte-me um setor ou movimento que tenha crescido e que não apresente problemas e eu tirarei meu chapéu para você. Isso não existe. Em qualquer setor, os problemas surgem com a escala. Quanto maior o número de participantes (cujos movimentos não podem ser controlados ou monitorados) começando a se firmar no mercado, maiores serão as chances de surgirem problemas.

A MAIOR PROTEÇÃO

Obviamente, algumas pessoas acreditam que a natureza descentralizada do Bitcoin o torna mais vulnerável a ataques. Elas postulam que, sem uma autoridade central, o Bitcoin não tem nenhum xerife para protegê-lo. Teoricamente, qualquer participante pode atacar o Bitcoin. Do meu ponto de vista, essas pessoas refletem sua própria propensão em relação aos sistemas centralizados tradicionais e, por conveniência, se esquecem da vulnerabilidade deles.

A descentralização é a maior proteção de todas. Ela elimina um alvo único que pode derrubar um sistema inteiro. O Bitcoin não tem um sistema computacional central administrado por um departamento de TI que pode ser atacado. Não há funcionários inescrupulosos de empresas terceirizadas que poderiam desbloquear uma torre de controle, dando acesso às informações de alguém ou mesmo de seus ativos. Com o Bitcoin, há segurança no rebanho, tendo a possibilidade de todo o mundo se disponibilizar e ficar atento a algo que não é adicionado.

Imagine a tentativa de assaltar a caixa-forte de um banco com algumas centenas de milhares de pessoas vendo os assaltantes tentarem descobrir a combinação do cofre. Cada transação tem de ser adicionada, sem a permissão de duplicação, antes de os mineradores poderem acrescentá-la ao livro-razão público – o *blockchain*. E os mineradores continuarão a participar em números cada vez maiores devido à recompensa em bitcoins que poderão receber. O Bitcoin é um sistema que reforça a si mesmo.

O Bitcoin foi desenhado assim intencionalmente, criando um ciclo de auto-reforço positivo. Como se mostra impermeável a ataques graves, ele se mostra mais valioso e mais pessoas se dispõem a participar, o que amplia o círculo de possíveis observadores, tornando-o ainda mais seguro e, por sua vez, mais valioso. Ou de forma mais simples, quanto maior for o poder de *hash* da mineração global, mais seguro se torna o Bitcoin. Para desgosto de governos e órgãos reguladores ao redor do mundo, o Bitcoin agora se tornou um padrão de fato como moeda digital global. Pergunte a qualquer um que conheça o setor.

Os componentes do Bitcoin, reunidos, criam um *firewall* quase inexpugnável contra atitudes mal intencionadas. É uma verdadeira descoberta científica com qualidades preventivas, autocurativas e capacidade de se tornar mais forte à medida que a rede se expande. Alegar que o Bitcoin é inseguro é atacar a lógica científica.

O BITCOIN É MENOS VULNERÁVEL DO QUE VOCÊ IMAGINA

Digo "quase" porque, conforme frisei no início deste capítulo, nada é perfeito. A pequena brecha que o Bitcoin deixa é o chamado "ataque 51%", em que mineradores maliciosos assumem o controle de mais da metade do poder computacional de uma rede de criptomoedas e a atacam, desacelerando o ritmo ou censurando transações. Esse tipo de ataque foi usado com sucesso em 2016 contra duas criptomoedas (Kripton e Shift) pouco conhecidas. Mas a probabilidade de um grupo obter resultado similar contra a enorme rede do Bitcoin é muito ínfima. Seria necessário um grande esforço para coordenar um assalto desse tipo, que é particularmente difícil dado o número de grupos mineradores e sua dispersão mundial. Eu considero um "ataque 51%" uma vulnerabilidade da mesma maneira que um meteoro gigante pode ser uma ameaça à Terra. Possível? Sim. Provável? Não.

Contudo, as percepções enraizadas são difíceis de modificar. Os vários incidentes cibernéticos envolvendo provedores de serviço deixaram a falsa ideia de que o Bitcoin é mais vulnerável do que a moeda tradicional. O Bitcoin não era a única parte vulnerável nesses casos. Ao contrário, foram os provedores de serviço centralizados que se envolveram em problemas. Até vemos pessoas culpando o Bitcoin por eventos fora de controle. Por exemplo, em julho de 2020 críticos do Bitcoin e leitores esporádicos logo acusaram o Bitcoin por um ataque ao Twitter, em parte devido às manchetes distorcidas de alguns órgãos de imprensa mais respeitados do mundo, entre os quais o *New York Times*[3] e a BBC. As manchetes usaram o termo "Bitcoin Scam", embora o evento explorasse pontos fracos na segurança do Twitter para acessar as contas de Barack Obama, Bill Gates, Kanye West, Elon Musk e outras figuras globais, com o objetivo de enganar pessoas para enviar mais de US$ 120.000 em bitcoins com o falso pretexto de que dobraria a soma em dinheiro que possuíam. O apresentador do *Late Show*, Stephen Colbert, um perspicaz observador de questões culturais, usou o termo "bandidos de bitcoins" em seu monólogo de abertura um dia depois de o Twitter ter descoberto a brecha na segurança. Até mesmo a respeitada publicação *Wired* distorceu o ataque, descrevendo-o como uma investida do Bitcoin no Twitter, embora o Bitcoin em si não tivesse sofrido ataque e não fosse responsável pela falha de segurança.

Depois a polícia prendeu um *hacker* de 17 anos pelo que os especialistas em cibersegurança chamam de estratagema amador e banal que poderia ter envolvido praticamente qualquer criptomoeda a fraudar usuários do Twitter. Por acaso o Bitcoin foi a escolha dele, um inocente transeunte no golpe. (Você percebeu que para *hackers* do mundo *on-line*, o Bitcoin sempre é alvo de assalto ou a forma de pagamento preferida quando pedem resgate? Por quê? O Bitcoin tem algumas características realmente grandiosas e até mesmo os *hackers* as apreciam.)

Mas o incidente trouxe mais um lembrete ao desafio do Bitcoin em superar ideias preconcebidas sobre sua vulnerabilidade. Depois de ler o relato cheio de detalhes do *Times* e outros artigos, fico pensando se os autores da manchete estavam convenientemente moldando-a para as preferências do público leitor ou refletiam a própria opinião e, ao mesmo tempo, buscavam um estilo jornalístico chamativo. Talvez as duas coisas.

Às vezes chamo a luta do Bitcoin para superar concepções errôneas de síndrome Mt. Gox. O grande roubo de bitcoins afetou profundamente aqueles que estavam em sua busca na época. (Alguns dos titulares de contas na Mt. Gox que perderam tudo o que haviam poupado durante toda a vida desistiram completamente do Bitcoin.) Mas de forma sutil afetou pessoas que haviam se interessado pelo Bitcoin anos depois do incidente da Mt. Gox. Elas ouviram dizer que o Bitcoin era vulnerável e a Mt. Gox foi o exemplo mais proeminente.

Contudo, o Bitcoin não deveria ser definido pelo caso Mt. Gox assim como setores sólidos e vibrantes também não devem ser definidos pelas manchas sofridas em sua reputação. Olhando sob outra perspectiva, o Wells Fargo tinha cerca de US$ 1,5 trilhão em ativos sob sua custódia quando surgiram os primeiros boatos a respeito de suas tentativas de fraudar os clientes. Atualmente os ativos estão em US$ 2 trilhões de mais de 70 milhões de clientes. A esmagadora maioria desses clientes jamais perdeu a confiança no banco, não a ponto de optarem por outro banco.

Um grande número de pessoas também mistura pontos fracos do ecossistema com o Bitcoin em si. Essa confusão reflete a incerteza sobre o papel das empresas que atendem os investidores. Isso pode em parte ter origem nos próprios nomes dessas organizações que, muitas vezes, incorporam toda ou parte da palavra Bitcoin. Se algo soa como Bitcoin, é Bitcoin, não é mesmo? Bem, na verdade, não.

E como já mencionei, os guardiões dos sistemas fiduciários não ajudam. Pelo contrário, amplificam preocupações injustificáveis a cada oportunidade que surge, criando obstáculos em termos regulatórios ou de outro tipo. Eles esperam que as pessoas fiquem receosas quando enfatizam pontos fracos do Bitcoin alegados por eles. Examine cuidadosamente o que estão dizendo e você se verá diante de uma obra de ficção. Minha esperança é que o Capítulo 2 deste livro tenha ajudado a esclarecer o que os vários participantes da infraestrutura do Bitcoin fazem e como usar isso de forma segura.

Desconstruir as ideias falsas sobre a vulnerabilidade do Bitcoin indubitavelmente levará tempo. Exigirá entendimento das preocupações das pessoas em relação ao Bitcoin e paciência para explicar, de forma lógica, porque estão erradas. Também serão necessárias mensagens claras e sempre acreditar que as pessoas querem aprender o que pode beneficiá-las.

Alguns evangelizadores talvez não tenham considerado tais princípios em sua ânsia de dar uma visão poética sobre um ativo no qual investiram parte da própria vida. Eles descreverão por que o Bitcoin é maravilhoso e como seu preço irá subir, intuindo que as pessoas a quem se dirigem serão arrebatadas pelo entusiasmo por eles transmitido. Esse espírito é comum a todos os empreendedores e qualquer pessoa envolvida com o Bitcoin desde seus primórdios.

Reconheço que por vezes falo rápido e abordo uma série de assuntos em minhas apresentações na tentativa de ganhar adeptos. Portanto, tentei me imaginar mais como um educador, moldei minha abordagem àquela usada pelos professores de que eu mais gostava em Lawrenceville e Stanford, e aos estilos de comunicação de meus gerentes favoritos ao longo de minha carreira.

Eles eram claros, concisos e meticulosos ao compartilhar informações. Tratavam todas as questões com respeito, tendo em mente que às vezes as pessoas precisam de um tempo extra para se sentir confortáveis e progredirem e, no final, o objetivo de um professor é garantir a todos que compreendam a matéria. Eles estão dispostos a repetir informações. Portanto, tenho mantido tais princípios em mente em minhas interações com as pessoas que nutrem dúvidas a respeito da segurança do Bitcoin.

Repito aquilo que se tornou um mantra: o Bitcoin é mais seguro do que qualquer outra plataforma financeira. Demonstro que há segurança por meio de números e que os vários ataques de *hackers* se originaram de problemas com pessoas e empresas, e não propriamente com o Bitcoin. Relembro a meus ouvintes que as instituições tradicionais têm suas próprias lacunas e já foram vítimas de alguns dos maiores crimes cibernéticos da história, mas, apesar disso, sobreviveram. Esse é um aspecto que todos os evangelizadores do Bitcoin têm sustentado e procurado explicar à mídia para dissipar dúvidas. Como já mencionei aqui, um ataque *hacker* ao Goldman Sachs ou um assalto ao Bank of America não significa que o dólar americano tenha sido comprometido.

É mais provável que haja um número maior de falhas de segurança nos provedores de serviço? Sim. No futuro, poderão ocorrer planos de ataques *hackers* ainda não imaginados? Perfeitamente.

À medida que os setores e os movimentos evoluírem, o mesmo acontecerá com pessoas mal intencionadas em busca de obter dinheiro ou propriedade ilicitamente. O setor de Bitcoin, sem dúvida, tem sua parcela de pessoas que o monitora na esperança de um dia ser capaz de roubá-lo.

Mas essa parcela enfrentará um caminho íngreme. A vulnerabilidade do Bitcoin não passa de ficção, um mito que irá desaparecer à medida que sua popularidade e participação forem crescendo.

CINCO OUTROS GRANDES MEDOS DESCONSTRUÍDOS: FDIC, PERDA, REGULAMENTAÇÃO, MINERAÇÃO E GOVERNO

Entendo que todas as pessoas sentem medo. Todo mundo tem medo de alguma coisa. Faz parte da natureza humana reagir a estímulos capazes de nos causar danos. As diferentes formas de reação a esses estímulos também são inerentemente humanas. Por que algumas pessoas têm medo de altura enquanto outras a adoram?

Por exemplo, embora não seja uma pessoa ansiosa, também não sou louco por *bungee-jump* ou filmes de terror, e quando ocasionalmente me deparo com uma tarântula fico aterrorizado e sou motivo de zombaria dos amigos. Contudo, cada amigo tem suas próprias fobias que eu não entendo, particularmente porque, como eu, são executivos confiantes que não tiveram receio de aproveitar chances na carreira.

Especialistas dizem que o medo se origina da incapacidade de controlar eventos que são ameaçadores, por exemplo, a ausência de um *guardrail* em uma curva bem fechada ou um tubarão branco vindo em nossa direção enquanto surfamos. De forma compreensível, nesses tipos de situação saímos do caminho rapidamente. Mas nossa reação também pode advir da percepção de que um único incidente pode desencadear um ou uma série de eventos que nos causarão danos no futuro. Os filmes de terror exploram essa reação emocional arraigada. Um novo campo de pesquisa da Psicologia chamado Neurocinemática estuda como as cenas de um filme afetam nosso cérebro. "O público é como um órgão gigante que você e eu estamos tocando", teria dito no século XX o maestro que compôs a trilha sonora de um filme de suspense de Alfred Hitchcock. "Num dado momento tocamos uma nota e obtemos uma reação, depois, tocamos aquele acorde e eles reagem de outro modo."

Hitchcock e outros mestres do filme de terror compreendiam o poder da imaginação. Embora isso possa nos estimular a agir rapidamente, pode também nos deixar paralisados. Assista a um vídeo no YouTube de pessoas na torre de queda livre (*Lex Luthor: Drop of Doom*) do parque temático Six Flags Magic Mountain, na Califórnia, que prendem a respiração enquanto despencam de uma altura de 40 andares em cinco segundos; ou observe a reação do público à famosa cena do chuveiro de Hitchcock no filme *Psicose*, com o estridente som do violino de Bernard Herrmann ao fundo. Conheço ótimos palestrantes que ainda ficam tensos ao subirem ao palco em conferências, com medo de não se lembrarem de suas falas ou de que o público não aprecie suas apresentações. "Medo é a dor proveniente da antecipação do mal que estar por vir", escreveu Aristóteles.

Portanto, por que as pessoas sentem medo do Bitcoin? Ele não guarda nenhuma semelhança com um filme de terror, com a queda livre de uma torre de arrepiar os cabelos ou outra experiência em que se corra perigo de perder a vida. O Bitcoin é tão somente um meio de troca, uma ferramenta que facilita o comércio e um dia poderá transformar as finanças pessoais e as transações diárias que fazem parte do tecido social. Ele não coloca em perigo nenhuma pessoa ou coisa, nem mesmo o sistema monetário fiduciário que alguns tradicionalistas financeiros temem que ele irá usurpar. O Bitcoin complementará esses sistemas por décadas, quem sabe mais – a menos que se prove mais útil em todas as transações. Então meu palpite é que mesmo os mais irredutíveis tradicionalistas irão aceitá-lo. Alguns críticos e consumidores mais esporádicos demonstraram preocupação com a fragilidade do Bitcoin, argumentando que ele poderia ser um modismo do qual os investidores se cansarão ou que desaparecerá quando revelar algum ponto fraco ou surgir algo melhor para substituí-lo. Tão logo a moda acabe, a demanda despencará e o mercado irá se esgotar. Os investidores perderão grande parte de seus ativos e o Bitcoin poderá até mesmo desaparecer completamente. Obviamente, essas percepções são ridículas, mas continuam a fazer parte do debate sobre o Bitcoin. Um grande número de pessoas simplesmente não sabe que a robustez do Bitcoin é um de seus maiores pontos fortes. Sua engenharia e concepção foram pensadas para ser assim. O crescimento constante no número de usuários enfatiza este ponto. Há muitas pessoas inteligentes que estão participando agora e esta tendência não irá mudar. Quanto a algo melhor no futuro, sempre estou aberto a melhorias. Mas levará muito tempo e esforço para se criar um sistema com peças que se encaixem melhor e que forneça um sistema de troca melhor, mais voltado ao consumidor, que seja uma reserva de valor digital global.

No capítulo anterior expliquei por que o Bitcoin não é realmente volátil caso se considere o panorama como um todo. A volatilidade provavelmente seja o medo número 1 das pessoas em relação ao Bitcoin. Elas ficam muito hesitantes para comprar bitcoins ou desinvestem rapidamente porque temem que seu preço possa cair muitíssimo ou mesmo evaporar completamente em algum momento. O quão erradas têm sido elas e continuarão a ser, já que a cotação do bitcoin irá de vento em popa nos próximos anos.

Mas as pessoas sentem mais ou menos medo tanto de acidentes e da criminalidade quanto da volatilidade. Os episódios mais sórdidos do passado do Bitcoin – ataques *hackers* e perda de bitcoins que ocorreram todos os anos – ainda fazem com que tenham medo. Elas se preocupam da maneira como se vem arrastando uma eventual aprovação do sistema regulatório. Se o Bitcoin pode impulsionar a economia, por que os órgãos reguladores são tão lentos? E da mesma forma que questões de impacto social exerceram um grande papel nas decisões de investimento, as pessoas têm se preocupado mais com o impacto ambiental do Bitcoin. Os grupos de mineração consomem uma quantidade significativa de energia elétrica.

Aqueles que duvidam do Bitcoin e mesmo alguns de seus apoiadores têm outros medos. Alguns desses medos simplesmente expressam sua percepção de que há falta de progresso no setor. Eles estão menos preocupados com o quão longe o Bitcoin chegou do que com o por quê não teve um desempenho melhor nos últimos tempos. Eles estão em busca de ganhos rápidos ou de um cenário que pareça garantir-lhes lucratividade instantânea. Essas preferências também fazem parte da natureza humana. Inculcar uma visão de investimento de longo prazo é desafiador quando as notícias da cotação do bitcoin são o principal destaque nas páginas das principais publicações do setor. Mas outras também refletem profundo entendimento errôneo sobre o Bitcoin. As pessoas incorporaram qualidades ao Bitcoin que ele não tem. Elas identificam o Bitcoin por suas flutuações de preço, negociações obscuras, comportamento rumoroso na rede e extrema complexidade, em vez de desconstruir tais ideias para apreciarem o Bitcoin pelos próprios méritos. O resultado tem sido criar obstáculos para uso mais amplo do Bitcoin.

Em pesquisa realizada em 2018, pela plataforma de empréstimo em criptomoedas Credit-Coin, 44% dos consumidores disseram que sua maior preocupação sobre o bitcoin era a dificuldade em adquiri-lo.[1] Concordo plenamente. Penso que a segunda maior dificuldade das pessoas seja aprender como armazenar seus bitcoins. O estudo com 1.000 pessoas também constatou que de duas entre três pessoas da geração *millennial*, que agora compõem a maior taxa demográfica da população dos EUA, se preocupava com a segurança. As faixas etárias mais jovens, que já cresceram com a tecnologia, nutrem as mesmas preocupações. Uma pesquisa distinta realizada em 2019 pela Grayscale, provedora de fundos de investimento em criptomoedas, e sua coirmã, a CoinDesk, constatou que aproximadamente 65% dos investidores que não possuíam bitcoin, cerca de 90% disse que sua falta de interesse era resultado de não conhecer o Bitcoin suficientemente.[2] Bem, espero que todos eles leiam este livro!

"As criptomoedas são muito complicadas para 99% da população", disse o bilionário Mark Cuban em uma entrevista para a revista *Wired*, em 2019, e que está no YouTube.[3] "Devemos colocá-las em algum dispositivo? Podemos imprimi-las? Como evitar ataques de *hackers* e quem irá hospedá-las para mim?"

Ismael, narrador de Moby Dick, temeroso do misterioso arpoador Queequeg com quem ele se encontra pela primeira vez, diz com propriedade que "a ignorância é pai do medo". As pessoas superam seus medos sobre algo no momento que passam a compreendê-lo e isso inclui dissecar seus contra-argumentos e preocupações. Ismael cresce admirando o Queequeg, tatuagens, *tsantsas*[NT20] e outros.

Acredito que com tempo e esforço as pessoas irão superar seus medos, embora, como já escrevi, será preciso boa vontade para se aprofundar no assunto e isso inclui examinar criticamente as falhas do Bitcoin. "A inação gera dúvida e medo", escreveu Dale Carnegie, predecessor da literatura de autoajuda do século XX, em seu livro *Como fazer amigos e influenciar pessoas*. "A ação gera confiança e coragem. Se quiser vencer o medo, não fique sentado em casa e pense a respeito. Saia e se ocupe." Isto não pode ser mais verdadeiro sobre o Bitcoin. Saia já, compre alguns bitcoins.

Ou como escreveu o jornalista *gonzo*[NT21] Hunter Thompson em seu registro sonoro semiautobiográfico sobre contracultura, *Medo e delírio em Las Vegas*: "Compre a passagem, embarque".

Nos parágrafos a seguir irei considerar cinco dos maiores medos das pessoas em relação ao Bitcoin e por que esses medos não vêm ao caso. Contudo, eu o encorajo a ir além desses. Quanto mais você for capaz de enfrentar suas maiores preocupações, mais confortável se sentirá com o Bitcoin e investirá nele.

NT20: *Tsantsa* (ou "cabeça reduzida") é uma cabeça humana cortada e especialmente preparada por alguns povos indígenas, usada como troféu em rituais ou comércio.

NT21: *Gonzo* é um estilo de narrativa em jornalismo, cinematografia ou qualquer produção de mídia em que o narrador abandona a objetividade e se mistura com a ação. É comum o uso de sarcasmo, humor, exagero e irreverência.

NAO HÁ NENHUM FDIC OU SEGURO EQUIVALENTE PARA O BITCOIN

A administração de Franklin Roosevelt criou a Federal Deposit Insurance Corporation, FDIC (Sociedade Federal de Seguro de Depósito), como parte da Lei Bancária de 1933, algumas vezes chamada de Lei Glass-Steagall, em homenagem aos dois legisladores que introduziram a legislação, o senador democrático pela Virgínia, Carter Glass e o congressista por Alabama, Henry Steagall. A lei Glass-Steagall impedia que os membros da FDIC – os bancos comerciais – fizessem transações com ações, comprassem títulos podres ou subscrevessem ou distribuíssem títulos não governamentais. Essas atividades especulativas, agora banidas, levaram à falência milhares de bancos comerciais no final da década de 1920 e, como consequência, tivemos a Grande Depressão. A lei Glass-Steagall garantia que os bancos comerciais se concentrariam nos seus negócios principais (empréstimos e depósitos), enquanto os bancos de investimento teriam como foco o mercado de valores mobiliários. Nenhum deles poderia pegar negócios do outro.

A FDIC era uma salvaguarda já incorporada aos consumidores que haviam perdido suas economias em meio a um desenfreado aumento de falências de bancos. A FDIC gera receita pelas avaliações dos bancos-membros e dos investimentos. Hoje em dia, ele oferece até US$ 250.000 de proteção por conta. (Essa proteção FDIC costumava ser de apenas US$ 100.000 há não muito tempo, o que sugere que mesmo ele sabe como o dinheiro perde valor ao longo dos anos.) Cinco membros do conselho, todos indicados pelo presidente e geralmente banqueiros de carreira, supervisionam as políticas. É o máximo que se pode ter em termos de organização conhecedora do sistema monetário fiduciário, e é, de fato, centralizada.

Dada a estrutura do Bitcoin, por que ele precisaria da FDIC ou de qualquer outra organização (governamental ou não) para ser assegurado? Não há uma organização central ou grupo de organizações com possibilidade de falir. Como analogia, vejamos o ouro: não há nenhuma organização global para garantir o valor do ouro. Se você o perder, o prejuízo é seu! Com o Bitcoin, os consumidores sabem cada aspecto de suas transações e têm controle direto de seus bitcoins digitais. Se um consumidor perder um bitcoin por ter esquecido a chave privada ou no pouco provável evento de roubo de sua carteira, como um segurador corrigiria o infeliz evento? Mesmo que uma agência pudesse de alguma forma fornecer seguro individualmente a cada detentor de bitcoin no mundo, ele não conseguiria retomar a posse do bitcoin. Lembre-se: assim que uma transação com bitcoin for disparada e confirmada no *blockchain* Bitcoin, ela jamais poderá ser revogada e não há recurso para isso. De forma similar, se algum dos 21 milhões de bitcoins que Satoshi Nakamoto criou se perder devido ao erro de um usuário ou a perda da chave privada, ele ficará inacessível para sempre. Os bitcoins "perdidos" ainda continuarão a fazer parte do total de 21 milhões do *blockchain* Bitcoin, mas estarão inacessíveis para você – em suma, nunca serão seus.

Pergunte aos titulares de contas da Mt. Gox que dificilmente verão o retorno de qualquer um dos 650.000 bitcoins que continuam faltando. Ou considere o caso de Gerald Cotten, empreendedor canadense que, em 2019, morreu de forma repentina com a doença de Crohn. Ele faleceu sem compartilhar as chaves privadas de mais de US$ 140 milhões em bitcoins e outras criptomoedas que investidores armazenaram em sua bolsa Quadriga CX. As consequências para os investidores foram difíceis. Alguns acreditavam que a Quadriga era uma trapaça e, em momentos distintos, enviaram mensagens de ameaça de morte à esposa de Cotten e exigiram que o corpo dele fosse exumado, pois suspeitavam que ele houvesse forjado sua morte. Quando este livro estava no prelo, a questão ainda continuava a ter desdobramentos nos tribunais canadenses, porém acredito que jamais será completamente resolvida.

Compare a natureza do Bitcoin à do ouro. Se você comprou ouro ou alguma joia de ouro e depois deixou cair acidentalmente seu bem no mar enquanto desfrutava férias em um cruzeiro, é provável que nunca mais o recupere. Meus avós correram um risco enorme durante a juventude ao contrabandearem ouro para fora do país em um navio. Se alguém roubasse o casaco em cujo forro o ouro estava escondido, certamente não o recuperariam. Ou se um curioso fiscal da alfândega confiscasse o ouro, eles não poderiam fazer nada. O mesmo vale para o Bitcoin.

Em cada uma dessas circunstâncias, uma organização central não teria efeito algum.

Você pode até afirmar que a própria existência de uma organização FDIC é um argumento favorável ao Bitcoin. O propósito do órgão é proteger um sistema do qual ele faz parte. Por que a FDIC eliminaria a si mesma? Como praticamente todo órgão regulador, a FDIC procura se perpetuar. Porém, para fins de argumentação, suponha que a função da FDIC não seja proteger os consumidores contra falências de bancos e a consequente perda dos fundos dos clientes. Eu sugeriria que o Federal Reserve trataria esses casos como fez em outras crises financeiras: imprimindo mais dinheiro. Essa medida, como já citei, representa uma das maiores falhas de nosso atual sistema monetário ao desvalorizar a moeda em uma espiral aparentemente sem fim. A impressão de dinheiro, que leva à inflação e à perda do poder de compra de todos que usam a moeda, é, em essência, um tributo abrangente ilegal que recai sobre toda a população. Eu abomino tal atitude.

A bem da verdade, até seria razoável assegurar uma parte física do ecossistema Bitcoin, por exemplo: uma carteira baseada em *hardware* ou uma carteira de papel, ou encontrar alguma forma de proteger os ativos que você mantém em uma bolsa de criptomoedas. Trata-se de uma escolha pessoal e, para quantias pequenas, não valeria a pena.

Lembre-se de que a maior proteção do Bitcoin é o seu controle das informações (as chaves privadas) que lhes dão total e exclusivo acesso e a propriedade de seus bitcoins. Não há um terceiro contra o qual se proteger. Mantenha seguras suas chaves privadas e, se possível, faça *backups* de segurança apropriados, considerando até permitir que familiares e amigos de confiança possam ter acesso a seus bitcoins. Dessa maneira, se porventura você ficar incapacitado, seus bitcoins ainda estarão disponíveis e acessíveis por alguém. Sugeri algumas abordagens à segurança, mas é você quem determinará o sistema que funciona melhor de acordo com suas crenças e interesses. Posso assegurar que seja qual for sua escolha, não exigirá um órgão governamental centralizador para proteger suas posses.

PODE SER QUE VOCÊ PERCA SEUS BITCOINS

Todo mundo perde coisas. Meias! (Quantos de nós têm gavetas cheias de meias com apenas um dos pés?) Livros com dois capítulos por terminar.

A chave de casa. Até mesmo arquivos de computador ou *pen drives* que você guarda em um lugar do qual não se lembra mais.

Não quero parecer banal. Embora eu seja muito organizado, também já guardei algumas coisas no lugar errado. É uma experiência frustrante. Mas perder algo também é simplesmente uma consequência da correria do dia a dia. Também nos esquecemos de informações importantes. A memória humana é falível. Nosso cérebro não é capaz de sempre processar e se lembrar de tudo que deve acompanhar. Gostaria muitíssimo que o Bitcoin tivesse propriedades mágicas que evitassem que ele fosse perdido, porém, ele tem a mesma suscetibilidade à perda que qualquer outra coisa na vida de uma pessoa. Na maioria dos casos, a única diferença é que a perda da chave privada (ou chaves, caso você tenha mais de uma carteira ou conta bitcoin) pode lhe custar muito dinheiro. Talvez o valor de seus ativos em bitcoin seja a maior defesa contra perda.

Afinal, quanto mais valiosa for alguma coisa, mais cuidadoso você será para garantir sua segurança. Não deixamos grandes quantias ou joias preciosas soltas por aí. Somos cautelosos em criar redundância na preservação de senhas para acesso de contas bancárias *on-line*. Mas nada do que fazemos para preservar qualquer tipo de informação é perfeitamente infalível, inclusive como garantimos que sempre teremos acesso aos bitcoins. Pelo fato de sermos seres humanos, há sempre uma possibilidade, embora remota, de que possamos nos esquecer do que fizemos com algo ou de que até nossos bem-intencionados sistemas de *backup* falhem.

O que podemos fazer é reduzir a probabilidade de um desastre dessas proporções, pensar meticulosamente nos métodos de armazenamento que pretendemos usar. Praticamente já esgotamos o assunto nas seções anteriores deste mesmo capítulo. Você perceberá mais uma vez aqui a importância de escolher um método de armazenamento com o qual se sinta à vontade. Eu, particularmente, criei um sistema complexo usando vários produtos de armazenamento e locais. Esse sistema relativamente intrincado funciona para mim devido à minha formação em engenharia e longa experiência com o Bitcoin. Você pode usar uma opção menos complicada e sentir-se igualmente seguro e satisfeito.

Caso opte por uma carteira *on-line* ou em bolsa, siga cuidadosamente as instruções do fornecedor do serviço para usá-lo de modo adequado. Acima de tudo, esteja ciente dos riscos naturais da custódia oferecida por terceiros caso esteja guardando seus bitcoins em uma carteira custodiada ou provedor de serviços. Humildemente digo que por experiência própria, o nível de segurança é muito inferior àquele que os provedores de serviços dizem oferecer.

Caso decida armazenar seus bitcoins por conta própria usando uma carteira de papel ou baseada em *hardware*, assegure-se de saber onde eles se encontram e crie um sistema de redundância, caso aconteça algo à sua principal carteira. Recomenda-se sempre ter um *backup*, partindo do pressuposto que você tem conhecimentos suficientes para fazer um *backup* confiável que também esteja protegido contra roubo. (Lembre-se, quanto mais cópias você fizer, mais suscetíveis de ser roubados estarão seus bitcoins.) Infelizmente, a maioria dos novos usuários não têm conhecimento necessário para fazer um *backup* seguro e eficaz e, ao fazê-lo, pode ser que na verdade até diminuam a segurança da carteira pelo bem-intencionado processo de criar uma cópia de segurança. Apesar das possíveis dificuldades, lembre-se de que o medo de perder seus bitcoins não é motivo para não investir neles.

FUTURAS COIBIÇÕES PODEM PREJUDICAR O MERCADO DE BITCOINS

Passei pelas duas coibições mais significativas da curta história do Bitcoin, ambas na China. Em dezembro de 2013, mesmo ano em que assumi a direção da bolsa BTCChina, e com a atividade do Bitcoin em alta por todo o país, ao longo de três semanas o governo determinou que o Bitcoin não era uma moeda e proibiu que bancos e serviços de pagamento operassem com bolsas Bitcoin. No final da terceira semana daquele mês, o preço do bitcoin havia declinado cerca de 50% depois de despencar para cerca de US$ 1.000 no final de novembro. A queda no preço continuou nos anos seguintes e permaneceu num patamar baixo até 2016, caindo abaixo de US$ 300 em diversas ocasiões. Eu não sabia se a medida do governo paralisaria a mineração e afetaria muito o volume de negociações, que anteriormente havia tido crescimento estável. A China já dominava o poder de *hashing* para mineração e, à época, possuía indubitavelmente a comunidade Bitcoin mais entusiasta do mundo, motivo pelo qual eu tinha enxergado tanto potencial para a BTCChina e a BTCC. O que isso significa? Você pode imaginar minha angústia como CEO da maior bolsa de bitcoins da China e, num dado momento, uma das maiores de todo o mundo.

Quatro anos mais tarde, em 2017, o governo atacou novamente, banindo de vez todas as bolsas de criptomoedas. A imprensa especializada criticou duramente as notícias uma vez que o volume de transações e mineração chineses permanecera sem paralelo com qualquer outro país. Na época, eu já estava propenso a aceitar uma oferta de aquisição pela BTCC; portanto, a decisão do governo não me afetou. Estava mais confiante do que nunca em relação ao futuro do Bitcoin, já que os volumes de transações aumentaram no mundo inteiro até o final de 2017, além de outros indícios da aceitação do Bitcoin. Mesmo que o governo chinês tentasse arruinar o Bitcoin pela segunda vez, ele não iria morrer; pelo contrário, continuaria a prosperar mundialmente.

O implacável ataque contra o bitcoin pode ter tido algo a ver com a queda de preço da moeda que saiu de US$ 20.000, o maior nível em toda a história do bitcoin, para abaixo de US$ 4.000 nos quatro meses seguintes. Porém, mais uma vez, o declínio pode ter ocorrido devido a um fator ou à combinação de diversos fatores. Não existe uma única resposta.

É importante saber a reação da comunidade Bitcoin – ou quem sabe a falta de reação – depois do freio imposto pelo governo chinês e suas tentativas em 2013 e 2017 de ter um controle maior sobre o Bitcoin: em última instância, os adeptos não foram afetados pela intervenção governamental ou de outro tipo. Foi um verdadeiro teste para o Bitcoin, para confirmar se ele era realmente resistente à censura conforme fora projetado e construído. Mesmo quando a China manteve sua mão de ferro sobre as transações em bitcoin nas bolsas de criptomoedas e nos bancos dentro do país, as transações e a mineração atingiram novas altas na China e no mundo. Aumentou o interesse pelos movimentos do bitcoin pela imprensa tradicional e foram publicadas as primeiras notícias sobre criptomoedas/*blockchain*.

Claro que alguns países gostam mais do Bitcoin do que outros. Ainda existem governos, em grande parte autoritários, como Bolívia e Barein, que proíbem completamente as criptomoedas ou outros que consideram ilegal qualquer relação entre Bitcoin e bancos, entre os quais Rússia, Arábia Saudita e Irã. Esses países consideram seus sistemas bancários uma extensão de seu poder e temem perder o controle da movimentação monetária.

Mas nenhuma tentativa de frear o Bitcoin em qualquer parte do planeta afetará seu crescimento. Ele opera acima de qualquer ataque do governo.

Tentar limitar o que podemos fazer seria como tentar limitar o ar que respiramos – o ar está solto no espaço, disponível para todos no planeta Terra. O mesmo vale para o Bitcoin.

REDES DE MINERAÇÃO DE BITCOIN TERÃO UM CUSTO MUITO ALTO E SERÃO PREJUDICIAIS AO MEIO AMBIENTE

Satoshi Nakamoto projetou o sistema Bitcoin, mas foram os mineradores de bitcoins seus construtores, ao verificarem os grupos (ou blocos) de transações em bitcoin e que são a base de sua plataforma pública descentralizada de *blockchains*. Sem os mineradores, não há quem resolva as equações matemáticas que garantem que uma transação ocorreu e que ninguém usou o mesmo bitcoin para duas transações diferentes. Os mineradores são os criadores do livro-razão público que garante que o Bitcoin é preciso e incorruptível.

Devido à sua natureza de não ter a necessidade de obter permissão de acesso, a mineração de bitcoins continua a consumir muita eletricidade, cada vez mais a cada ano que passa. A última geração de equipamentos para mineração são poderosos e sofisticados computadores dedicados exclusivamente à tarefa de minerar bitcoins. Um equipamento específico razoável voltado à mineração de bitcoins custa tipicamente mais de US$ 2.000, e alguns podem chegar à casa dos seis dígitos. Pelo fato de a mineração ter se tornado competitiva, muitos mineradores juntaram forças e aumentaram seu poder de *hashing*. Para aumentar suas chances de resolver o algoritmo de blocos antes de qualquer outra cooperativa de mineração e ganhar a assim chamada recompensa de blocos, a maior parte das operações de mineração de bitcoins rodam sem parar, 24 horas/dia. É essa compensação de receber blocos que motiva financeiramente os mineradores a continuarem participando.

Minerei meu primeiro bitcoin usando placas gráficas (GPU) rudimentares em um PC montado manualmente, em meados de 2011. A mineração não se mostrou a principal fonte de renda; por isso havia menos mineradores pelo mundo. Mas mesmo meu pequeno equipamento específico – se é que se poderia chamá-lo assim – aquecia o quarto de meu apartamento e mais do que dobrava minha conta de luz mensal.

À medida que a mineração de bitcoins tornava-se mais difícil, os custos com a mineração aumentavam, embora com pequenas mudanças ocasionais quando os preços de energia declinam ou surge alguma nova fonte de eletricidade. Por exemplo, os preços baixos da energia elétrica no centro de mineração de Sichuan, China, impediram que os custos de mineração se elevassem como era esperado depois da queda de 50% em maio de 2020, em que a recompensa em bitcoins caiu de 12,5 para 6,25 bitcoins. Ainda no início de 2020, pesquisadores da TradeBlock previam que minerar um bitcoin custaria de US$ 12.000 a US$ 15.000, dependendo das taxas de *hashing*.[4] Seria esta uma remuneração razoável para justificar o investimento? O que acontece se as margens com mineração continuarem a cair à medida que o preço do bitcoin aumenta, incrementando a população de mineradores e de energia necessária?

Após contabilizar os custos fixos e variáveis para minerar bitcoins as margens, em geral, são pequenas. Mesmo que o preço do bitcoin aumente, as margens para mineração não sobem na mesma proporção porque os fabricantes de *hardware* para mineração acabam elevando os preços das máquinas, limitando a lucratividade para novos mineradores. De acordo com o Bitcoin Energy Consumption Index da Digiconomist, que monitora tendências para a energia digital, os mineradores auferiram US$ 3,59 bilhões em receitas, mas pagaram US$ 3,48 bilhões (cerca de 97% de suas receitas) em eletricidade.[5] Devido à natureza de mercado livre para a mineração de bitcoins, o total de receita auferido pelo setor de mineração digital sempre será maior do que os custos, mas não necessariamente com larga margem.

Contudo, gostaria de argumentar que é uma questão de oferta e demanda, não diferente do panorama histórico dos primeiros anos de outros setores. Só haverá espaço para algumas empresas e profissionais, e aos poucos alguns desistem, incapazes de permanecerem competitivos. Se alguns mineradores de bitcoin percebem que não há como ser lucrativos, eles param de minerar. O resultado será que a dificuldade de mineração irá declinar, tornando ligeiramente mais fácil para os mineradores restantes continuar a minerar. A Digiconomist elaborou um modelo em que os mineradores gastarão apenas 60% de suas receitas em energia. Não acredito muito nisso, já que a maior concorrência reduz a lucratividade para esses mineradores. Desde que o Bitcoin se mostre superior ao sistema monetário fiduciário, sempre haverá mineradores e energia suficiente para supri-los.

O possível impacto geral do Bitcoin na rede de distribuição de energia elétrica e o efeito sobre o preço total da energia elétrica também são uma questão de oferta e procura. Alguns observadores do mercado Bitcoin, inclusive legisladores, estão preocupados com o consumo de energia do Bitcoin atual e futuro. De fato, de acordo com a Digiconomist, uma única transação em bitcoin no *blockchain* consome cerca de 684 kilowatts de energia, o mesmo que uma residência típica usa em 23 dias.[6] Em um ano, as transações com bitcoin usam aproximadamente a mesma quantidade de energia do que a Colômbia, um país com aproximadamente 50 milhões de habitantes, e mais do que a República Checa e a Suíça. O Bitcoin é responsável por mais de 13% do consumo de energia na Alemanha e no Canadá, mais de 16% na França e 24% do consumo de energia no Reino Unido.[7] Uma única transação Bitcoin usa em média seis vezes mais energia do que 100.000 transações da Visa.

Em meio a crescentes preocupações com o meio ambiente, o Bitcoin terá de trabalhar arduamente para convencer as pessoas de que ele não representa um risco ambiental. Pesquisadores da *Digiconomist* dizem que a pegada de carbono do bitcoin é quase igual à da Dinamarca, e uma única transação gera tanto resíduos de carbono quanto 790.000 transações da Visa ou de se ficar *on-line* aproximadamente 48.000 horas assistindo a vídeos do YouTube. Essa pegada de carbono enorme reflete a posição dominante da China na mineração – o país é responsável por aproximadamente dois terços da atividade de mineração mundial – e depende de carvão para produção de eletricidade. A China é o maior produtor e consumidor mundial de energia gerada do carvão, e não por coincidência, também o país com maior volume de emissões de CO_2 do mundo. Mas também tem sido sensível a duras críticas de outros países de que precisa se comportar melhor ambientalmente, reconhece que o problema é cada vez mais importante para o crescimento econômico porque cada vez mais consumidores pesam os impactos social e ambiental em suas decisões de compra. À medida que China e outros países melhorarem seus números em relação ao ambiente, o Bitcoin irá limitar seu impacto de carbono.

OS GOVERNOS JAMAIS ACEITARÃO O BITCOIN

Algumas pessoas não aceitam um movimento, tendência ou empreendimento a menos que tenham a bênção de uma autoridade central. Elas equiparam tal aceitação à legitimidade e buscam orientação das organizações nas quais confiam para estabelecerem políticas e aprovarem leis, mesmo quando manifestam descontentamento com seus líderes. Esse desejo faz parte da necessidade humana de ordem, que vimos no Capítulo 4. O governo, mesmo nas formas mais primitivas, servia como estabilizador nos campos social, político e econômico, ditando regras para interação e determinando o que poderia representar uma ameaça. A política monetária e a regulamentação do comércio indubitavelmente tem sido sua responsabilidade mais importante, fica atrás apenas do item defesa.

Portanto, não é surpresa que as pessoas olharão para os governos em busca de algum reconhecimento de que o Bitcoin é um meio de troca e reserva de valor razoável e seguro. Porém, como já mencionei, os governos são completamente desnecessários. O Bitcoin não precisa de nenhum endosso e nem de nenhum conjunto de regras especiais. Na realidade, se as diversas sessões das subcomissões do Congresso americano não produziram nenhuma regulamentação, isso não significa que o Bitcoin, na forma como existe hoje, não é nenhuma ameaça aos indivíduos?

Naturalmente seria bom ter alguma clareza em relação à tributação e ver legisladores nacionais chegarem a um acordo para permitir um ETF Bitcoin e criar algumas poucas regras secundárias. E, num mundo ideal, eu gostaria de ver os governos confirmando os méritos do Bitcoin e, quem sabe, até usando o bitcoin para alguns de seus próprios negócios. Tudo isso chamaria a atenção dos investidores e seria benéfico para o mercado bitcoin.

Mas nada disso precisa ocorrer no momento oportuno, se é que realmente precisa. Os méritos do Bitcoin são claros para qualquer um que o estuda a fundo, independentemente do que os governos dizem. "As coisas quando feitas bem e com cuidado, estão isentas do medo", escreveu William Shakespeare ou seu colaborador John Fletcher em *Henrique VIII*. O Bitcoin foi bem feito e com cuidado. Não há nada a temer.

UMA MANEIRA MELHOR DE FAZER NEGÓCIOS

Alguns dos que duvidam do Bitcoin e os desinformados compararam-no a jogar a dinheiro ou ao dinheiro fictício do jogo Banco Imobiliário. Trata-se de um argumento simplista que talvez tenha a ver com o nome da moeda e pode soar, para alguns observadores esporádicos, como um jogo da Parker Brothers ou Electronic Arts. Até mesmo o logotipo dourado do Bitcoin ₿ evoca algo um pouco fictício com sua fonte Ubuntu Bold Italic. Esse tipo de letra dificilmente poderia diferir mais do que a formal Banknote Roman do dólar americano que clama o estilo corporativo. Note que o tipo Ubuntu Bold Italic apareceu apenas cerca de um ano depois de o Bitcoin ser lançado pela primeira vez, ao passo que a origem do Banknote Roman remonta ao tipo de letra mecanizada do século XIX.

Contra todas as evidências, os céticos e ignorantes dizem que similarmente a jogar a dinheiro, não se pode usar bitcoins para comprar muitas coisas. Poucas lojas físicas, *sites* de comércio eletrônico e empresas prestadoras de serviços aceitam bitcoin, argumentam eles. Nem se pode pagar diretamente contas de água, luz e gás ou comprar uma casa, ações ou uma obra de arte rara com ele. Primeiro é preciso vender os bitcoins para depois convertê-los em dinheiro comum.

Os céticos também notam a falta do bitcoin físico. Como alguma coisa pode representar valor físico real se não existe nenhuma moeda ou cédula que se possa segurar? Eles o comparam às moedas virtuais de "faz de conta" que são partes integrantes de alguns videogames e fliperamas, normalmente servem de recompensa para encorajar a participação. As moedas não têm valor algum exceto por acumular novos personagens, ferramentas ou outras características no jogo. Tão logo se pare de jogar, a moeda virtual também deixaria de existir. Esses jogos, obviamente, se desvanecem da memória, substituídos pela próxima sensação do momento.

Todos esses argumentos são reflexo de um entendimento errôneo já destacado em capítulos anteriores.

As pessoas não sabem o que fazer com o Bitcoin; portanto, tecem comparações artificiais que lhes permitem explicá-lo rapidamente. "Não é nada menos que dinheiro do Banco Imobiliário", é mais fácil de falar do que pensar em um contra-argumento mais detalhado que não irá se sustentar. O argumento do Bitcoin como moeda fictícia reflete o medo de que o Bitcoin tenha fundamento – que seja tão bom quanto dizem. Em muitos casos, espelha como as experiências de alguém moldam suas opiniões.

O Bitcoin não faz parte do mundo da maioria das pessoas atualmente; portanto, ainda não estão abertas às suas possibilidades. Bancos, cartões de crédito e outros serviços financeiros têm atendido suas necessidades; logo, por que avaliar um sistema alternativo que opera fora desse universo? E se não podem usá-lo, qual é o valor do bitcoin? Sobretudo, como ele pode ser útil se não há nenhum lugar em que se possa gastá-lo? Essas perguntas suscitam preocupações sobre o potencial para investimento do bitcoin. Se não tem nenhuma utilidade, como poderia ser um bom investimento? Por que as pessoas iriam querê-lo? E se a demanda é baixa, é claro que seu preço só irá...

Contudo, essas perguntas se baseiam em falsas premissas. A criação do Bitcoin coincide com a chegada de uma nova economia mais globalizada e resolve problemas socioeconômicos que perduram há anos e ameaçam solapar o crescimento dessa economia. No cerne da questão, muitos não estão cientes de por que tantas pessoas não conseguem participar dos sistemas bancários atuais.

OS "COM BANCO" E OS "SEM-BANCO"

Se você vive em um país industrializado ou em uma grande cidade de um país em desenvolvimento, como Kuala Lumpur, Montevidéu, Kampala, Dar es Salaam ou Abidjan, onde cresci, na Costa do Marfim, provavelmente haverá um banco, fácil acesso a dinheiro vivo em suas agências e caixas 24 horas. Os Estados Unidos, por exemplo, têm cerca de 77.000[1] agências, que dá uma média de 31 para cada 100.000 pessoas.[2] Na França e no Japão há, aproximadamente, 39 agências para número similar *per capita* e na Itália há 40 agências para a mesma quantidade *per capita*.[3] Ande por uma avenida principal em grandes cidades desses países e dificilmente você percorrerá um quarteirão sem ver uma agência bancária, um caixa automático ou ambos. Até mesmo em Las Vegas, onde nasci, e que não é um paraíso de bancos, consigo passar por uma dezena ou mais de agências e caixas automáticos em menos de 10 minutos da The Strip (a rua principal dos cassinos, em Las Vegas).

Se tem toda essa conveniência por perto, é provável que você não saiba que há muitos lugares que não oferecem essas facilidades aos cidadãos – e há um bocado deles. Avanços tecnológicos recentes nas *fintechs* (empresas de tecnologia voltadas aos serviços financeiros) e outras já se espalharam por todo o mundo. Muitas pessoas não conseguem depositar cheques ou dinheiro, sacar dinheiro ou movimentá-lo de maneira conveniente. Donos de pequenos negócios em expansão não conseguem obter empréstimo.

Algumas pessoas dizem que a economia global é sinal de progresso e, a bem da verdade, aumentou a quantidade de pessoas com acesso a serviços bancários. Em um relatório de 2018 do Banco Mundial sobre inclusão financeira (Global Findex), medida bienal do acesso dos consumidores a serviços bancários financiada pela Bill & Melinda Gates Foundation, constatou que a porcentagem da população mundial com contas bancárias subiu de 51% em 2011 para 69% em 2017, um total de 3,8 bilhões de pessoas, um acréscimo de 1,2 bilhões, avanço que o presidente do Banco Mundial, Jim Yong Kim, denominou de "um grande passo [...] na conexão de pessoas a serviços financeiros formais". Os ganhos também são reflexo de melhorias na tecnologia de telefonia móvel.[4]

Mas esse progresso foi desigual nas seis regiões analisadas pela Findex, veja: 70% da população no sul da Ásia têm contas atualmente, um aumento de 23 pontos em relação a 2016, quando o Banco Mundial anunciou seu Findex anterior. Esse pico ocorreu, em grande parte, devido às iniciativas na Índia, país mais populoso do mundo, que vem modernizando sua economia e incentiva a inclusão financeira. As outras cinco regiões citadas no relatório tiveram aumentos menores no número de contas bancárias e menos progresso na expansão de serviços bancários via celular.

Acima de tudo, o relatório constatou que um número enorme (1,7 bilhão de pessoas), aproximadamente 31% da população adulta mundial, ainda não tem conta bancária. Apenas 52% dos homens e 35% das mulheres no Oriente Médio e no norte da África possuem contas. Na Europa e na Ásia Central, que inclui algumas das nações mais industrializadas do planeta, apenas 65% da população adulta têm conta. E na África subsaariana, cerca de 95 milhões de pessoas que têm na agricultura seu meio de subsistência recebem pagamentos em dinheiro.

Muitas regiões rurais afastadas dos centros, nesses países, têm acesso limitado à água encanada, eletricidade e outros serviços, e pouquíssimas oportunidades para desfrutar da infraestrutura de serviços bancários tradicionais ou, em alguns casos, até mesmo para conectividade de computadores. Muitas dessas comunidades não têm eletricidade, água limpa e saneamento básico. Cerca de 940 milhões de pessoas no mundo não têm eletricidade e mais de 660 milhões vivem sem acesso à água potável. Em alguns casos, simplesmente não há densidade demográfica suficiente para justificar a presença de uma agência bancária.

A lacuna nos serviços financeiros contribui para uma espiral viciosa de pobreza, problemas de saúde e ambientais piorando os índices de mortalidade. O Banco Mundial estima que cerca de 10% da população mundial, aproximadamente 750 milhões de pessoas, vivem com menos de US$ 2 por dia e esse número piorou como consequência da pandemia de covid-19.[5]

Um estudo largamente difundido realizado pelo National Center for Children in Poverty constatou que aproximadamente 50% dos adultos norte-americanos que passaram ao menos metade da infância vivendo em níveis moderados a elevados de pobreza continuaram pobres no início da vida adulta e, durante essa fase, mesmo níveis de pobreza menores podem condenar crianças pelo resto da vida a permanecer na mesma situação. Os autores atribuíram essa condição contínua à falta de investimentos do governo em educação, saúde e outros recursos cruciais para o desenvolvimento. "Crianças que crescem em famílias de baixa renda enfrentam muitos desafios que crianças de famílias mais privilegiadas não enfrentam", escreveram os autores, acrescentando: "Pelo fato de os efeitos negativos das privações no desenvolvimento humano terem uma tendência a se acumular, indivíduos com maior exposição à pobreza durante a infância provavelmente terão maior dificuldade de fugir da pobreza quando adultos".[6]

Pesquisadores que estudam comunidades menos favorecidas veem a inclusão financeira como fator vital na criação de oportunidades para os indivíduos e no estímulo do crescimento econômico de uma comunidade. "Em anos recentes, a inclusão financeira tem sido percebida como uma ferramenta dinâmica para se alcançar estabilidade macroeconômica multidimensional e sustentável, incluindo crescimento econômico, geração de empregos, redução da pobreza e paridade salarial em países desenvolvidos e em desenvolvimento", disseram os autores de um artigo (abril de 2020) sobre inclusão financeira no *Journal of Economic Structures*. Acrescentaram: "Apesar de décadas de rápido progresso na redução da pobreza e no incentivo à prosperidade, grande parte da população mais pobre do mundo ainda luta com enormes dificuldades para alcançar um padrão de vida mínimo em regiões em desenvolvimento, especialmente na Ásia, África, América Latina e Caribe".[7]

Dentre as seis conclusões do relatório, os autores recomendaram que instituições financeiras estabelecessem parcerias com Bancos Centrais, governos e grupos de desenvolvimento para criarem infraestruturas financeiras "e atualizassem a rede de serviços financeiros em áreas rurais e urbanas", e que os países trabalhassem "para melhorar a familiarização com assuntos financeiros da população em geral". Embora sejam objetivos nobres, eles demonstram as limitações dessas organizações e o modo arraigado de encarar os problemas. Infelizmente, um número significativo de acadêmicos veem a inclusão e a pobreza com as mesmas viseiras, prescrevendo soluções baseadas em sistemas financeiros tradicionais.

Mas o artigo também insinua uma solução que pode ser uma verdadeira inovação transformacional. Os autores escreveram que "as instituições financeiras deveriam fornecer serviços formais, inovadores e fundamentados nas necessidades dos segmentos da população financeiramente excluídos, considerando que a demanda por serviços financeiros varia devido a diferenças na cultura, nos costumes, nas crenças e nos níveis de renda" e que "medidas políticas deveriam iniciar as ações necessárias referentes a restrições socioeconômicas específicas, volatilidade macroeconômica, ineficiências institucionais e do sistema financeiro de cada país específico de modo a promover um sistema financeiro mais inclusivo".

Os bancos se esforçaram e tentaram criar inovações para tornar o acesso a serviços bancários mais plural. PayPal, Venmo e outros serviços de pagamento *on-line* têm resolvido o problema da acessibilidade e transformaram a gestão de finanças pessoais. Mais recentemente, empresas de serviços não financeiros entraram na jogada, lançando sistemas de pagamento geridos por elas. Apple, Amazon, Facebook e Google, entre outras gigantes de tecnologia, telecomunicações e serviços em busca de novos fluxos de receita, se reformularam passando a ser pontos de concentração de produtos e serviços capazes de atender a um espectro cada vez maior de necessidades do consumidor. Elas levam as pessoas a se perguntar: As marcas globais multifacetadas que já se infiltraram na vida de muitas pessoas não seriam também as mais bem equipadas para atender às nossas necessidades financeiras? Tal crença talvez tenha levado o Facebook a explorar o setor lançando sua criptomoeda digital, a Libra. Dou crédito a eles por tentarem algo novo.

Este mesmo raciocínio também tem sido objeto de reprovação de associações de consumidores e legisladores preocupados com o fato de que tais iniciativas resultarão em monopólios. Eles levantam questões razoáveis – e o descentralizador que existe em mim é cético quanto a serem bem-sucedidas. Por que alguém atribuiria mais responsabilidade, particularmente em questões financeiras, a empresas que já sabem tanto sobre nós por meio de seus sofisticados sistemas de coleta de dados? Vejo essa questão como uma tentativa compreensível, porém inadequada das empresas que possuem tamanho e capacidade tecnológica para oferecer serviços financeiros, mas já estão muito entranhadas em nossa vida. Creio que seja no mínimo questionável se elas realmente conseguirão substituir as instituições financeiras.

O SISTEMA MAIS INOVADOR DE TODOS

Tudo isso nos leva inevitavelmente ao Bitcoin. Qual avanço tecnológico é mais inovador ou está pronto para solucionar o problema da inclusão financeira e, por extensão, os vários problemas que ela cria? O banco digital e as criptomoedas representam o futuro.

O relatório Global Findex frisou que cerca de 66% das pessoas "sem-banco" do mundo têm telefone celular. E constatou que grande parte do aumento no número de contas nas cinco regiões foram consequência da abertura de contas via celular, não tinham nada a ver com o sistema bancário tradicional (agências físicas). Na África Subsaariana, embora a porcentagem de pessoas com contas bancárias tenha permanecido a mesma, a porcentagem com contas via aplicativo de celular dobrou. Na região do Caribe e da América do Sul, cerca de uma em cinco pessoas faz uso de sistemas de pagamento digitais, ao passo que no Círculo do Pacífico, Europa e Ásia Central, os governos usam plataformas digitais para pagar os trabalhadores, o que os forçou a abrirem contas via celular. Essa mudança gera benefícios particularmente para as mulheres, que eram deixadas de fora ou tinham papel secundário nas finanças de muitas famílias em situação de vulnerabilidade social. "Quando o governo deposita benefícios sociais ou outros subsídios diretamente em contas bancárias digitais de mulheres, o impacto é surpreendente. As mulheres passam a ter poder de decisão no lar e com mais ferramentas financeiras à disposição elas investem na prosperidade de suas famílias e ajudam a impulsionar um crescimento econômico mais amplo", disse Melinda Gates, vice-presidente da Bill & Melinda Gates Foundation.

Os serviços por celular certamente tornaram minha vida mais fácil possibilitando que eu verifique saldo e realize certas transações quando não posso ir à agência ou acessar um computador. Cada vez mais pessoas acham a mesma coisa. Uma pesquisa de opinião de 2018, realizada pela Morning Consult para a American Bankers Association, constatou que sete em dez consumidores usava *app* de celular de algum banco para administrarem suas contas bancárias e mais de 90% deles classificaram suas experiências *on-line* como boa ou muito boa.[8] Porém, eu acrescentaria que a satisfação deles, principalmente entre clientes mais velhos, vem da comparação do *online banking* com sistemas mais antigos. A maioria das pessoas pouco conhece além das plataformas para celular usadas por bancos e empresas de serviços de pagamento.

Os serviços bancários via celular sofrem exatamente dos mesmos problemas inerentes a todos os aspectos bancários. Eles criam as mesmas regras de gestão de contas que geram obstáculos com o intuito de fazer o usuário sentir-se mais seguro em relação a seus ativos. Em uma nota de 2018 resultante de sua pesquisa mais recente (*Survey of Household Economics and Decisionmaking*, Levantamento sobre Economia Doméstica e Tomada de Decisão) o Federal Reserve constatou que aproximadamente um em quatro consumidores que usavam *apps* para serviços bancários no celular por razões variadas os consideravam inseguros ou muito inseguros.[9] Mais da metade daqueles que os usavam para fins específicos tinham a mesma opinião.

A preocupação se estende aos *apps* financeiros em geral, que se tornaram populares como uma alternativa eficiente para a gestão financeira. Em 2019, um estudo da The Pew Charitable Trusts constatou que 30% dos consumidores não realizavam pagamentos pelo celular pois tinham receio de perder seus fundos.[10] Um outro levantamento de 2018 realizado pela The Clearing House, grupo comercial com 175 anos no mercado e provedor de sistemas de pagamento, constatou que dois entre três consumidores preocupavam-se muito ou muitíssimo com a privacidade de seus dados e compartilhamento de informações. Muitos não tinham ciência de que esses *apps* compartilhavam dados pessoais com terceiros e aproximadamente metade deles disse que seria menos provável que usassem tais *apps* caso soubessem disso de antemão.[11]

O levantamento também citava um estudo realizado pela consultoria AT Kearney que constatou que menos da metade dos *apps* financeiros, incluindo Amazon e outros grandes varejistas, cartões de crédito como Visa e American Express, e serviços de pagamento como PayPal, não conseguiam salvarguardar os dados pessoais dos clientes. Apenas três em cinco consumidores disseram que os *apps* de bancos poderiam fazer isso. "O ecossistema de serviços financeiros se baseia na confiança entre consumidores e empresas; deixar de atender às expectativas dos consumidores e de manter as informações deles seguras coloca essa confiança em risco", escreveram os autores da Clearing House. "Há necessidade de esforço combinado entre todas as partes envolvidas – bancos, *fintechs*, agregadores de dados, órgãos reguladores e consumidores – para garantir a segurança dos dados."[12]

Não foi exatamente para resolver esses problemas que o Bitcoin foi construído? Mencionei as dificuldades por mim enfrentadas em mais de uma ocasião para remeter dinheiro para meus entes queridos, entre as quais limites nas quantias, mudanças de regra à última hora e atrasos para completar as transferências. Tenho consciência de que me encontro numa situação financeira confortável para tolerar esses atrasos, mas eles são irritantes. E desnecessários.

Imagine sua família necessitando desesperadamente das transferências. Mais de um bilhão de pessoas (quase 1/7 da população mundial) depende de remessas que normalmente são viabilizadas por meio de bancos, plataformas e serviços de transferência que podem ter suas próprias lojas virtuais ou operarem com outros varejistas. É um dinheiro normalmente crucial para famílias comprarem alimento e pagarem contas. De acordo com um relatório da ONU, cerca de três em cada quatro remessas de dólares destinam-se a "coisas essenciais", incluindo despesas com alimentação e moradia. Nas crises, esse dinheiro também pode compensar a perda de safras na agricultura devido a questões climáticas adversas e outras emergências. O quarto restante, cerca de US$ 100 bilhões, normalmente ajuda a gerar atividade econômica com benefícios em educação, treinamento e criação de empregos.

Cerca de metade das remessas vai para comunidades rurais com altos índices de pobreza e totalizou por volta de US$ 1 trilhão nos últimos cinco anos – essa quantia é o triplo da ajuda que grupos de desenvolvimento estrangeiros canalizaram para países em desenvolvimento no mesmo período. A ONU acredita que esse capital pode ajudar a atingir 7 de seus 17 Objetivos de Desenvolvimento Sustentáveis, uma iniciativa de 2015 visando resolver problemas de pobreza, ambientais, sociais e outros.

As remessas, contudo, podem ter custo alto. Organizações que realizam essas transações cobram em média 7% das quantias enviadas e a média para a África Subsaariana é de 9%. A maior parte das remessas está na faixa de 200 a 300 dólares; portanto, as taxas comem uma parte considerável do valor. São taxas de serviço exorbitantes, tudo porque alguma empresa de pagamento e remessa intermediária se insere no meio, cobrando um valor para uma tarefa simples que agora pode ser realizada praticamente de graça usando o Bitcoin.

Poderia o Bitcoin, que exclui qualquer intervenção de terceiros e requer apenas um telefone celular, ser a alternativa? Certamente. Ele não tornaria mais barato e fácil o envio de remessas de dinheiro? Com certeza. Então qual é o ponto negativo? As grandes empresas que dominam o mercado atualmente perderiam esse rentável negócio de remeter dinheiro entre países.

Desde que o emissor e o receptor tenham carteiras digitais, as transações levariam poucos minutos, tudo sem dependência de qualquer entidade centralizadora como bancos ou empresas de pagamento. Ele também aperfeiçoaria os sistemas atuais, protegendo dados pessoais e ativos de sofrerem ataques de *hackers*.

O Bitcoin oferece as mesmas vantagens aos pequenos negócios de países em desenvolvimento, possibilitando que vendam seus produtos. Eles podem evitar as exorbitantes taxas de processamento que os bancos cobram das empresas, permitindo que alcancem mercados a quilômetros ou continentes de distância. A possibilidade de venderem fora de seus pequenos raios geográficos os ajudaria a prosperar além do que anteriormente era factível. Eles economizariam em taxas e receberiam pagamentos de forma rápida. Tudo isso poderia reverter a espiral negativa dos níveis de pobreza que descrevi neste capítulo.

Algumas pessoas argumentaram que completar transações com bitcoin leva muito tempo, já que os mineradores precisam verificar blocos de dados. O tempo médio para confirmar uma transação em 2020 era de 9 minutos, representando uma melhora de 3 minutos em relação a 2019. As cooperativas de mineração rejeitarão uma transação que seja uma tentativa de "duplo gasto" ou que não seja computada de alguma outra forma. Compare a taxa de transação do bitcoin com as dos principais cartões de crédito, capazes de processar milhões de compras em uma hora.

Por exemplo, a plataforma da Visa pode processar cerca de 65.000 transações em um único minuto.

A plataforma do Bitcoin talvez jamais alcance essa velocidade, mas acredito que se tornará mais rápida sem comprometer suas outras vantagens em relação a cartões de débito e crédito e outros métodos de pagamento. Irá a sociedade algum dia usar o bitcoin para pagar um cafezinho? Não ficaria nada surpreso se isso acontecesse daqui alguns anos. Seria uma progressão lógica dos sistemas de pagamento do mundo civilizado. Mas se o bitcoin se tornará, de fato, uma moeda nacional ou global usada no dia a dia, não é o que importa.

Considere o Bitcoin um fator habilitador econômico. Ele já está ajudando algumas pequenas empresas com visão de futuro e continuará fazendo o mesmo em escala maior. Ele oferece muitas conveniências aos empreendedores para que deixem passar a oportunidade. Investidores inteligentes pesam a utilidade dos produtos ou serviços de uma empresa antes de decidirem comprar ações dela. Quanto mais útil for um produto ou serviço, maior será a probabilidade da empresa atrair clientes, prosperar financeiramente e da cotação de suas ações aumentar – é o caminho seguido por praticamente toda empresa de sucesso.

O Bitcoin claramente segue na mesma direção das empresas de alto desempenho. Ele será usado cada vez mais, e à medida que isso acontecer, seu preço aumentará ao longo do tempo. O Bitcoin é o mais sólido dos investimentos.

COMO INVESTIR: OS MARAVILHOSOS RECURSOS DO BITCOIN

Se você chegou até aqui na leitura deste livro, então está decidido a investir em bitcoin.
Parabéns!

Você superou aqueles que duvidam ou negam a realidade do Bitcoin, defensores dos sistemas monetários tradicionais que pensaram em todo tipo de problema e levantaram uma cortina de fumaça em relação às moedas digitais.

Você superou o ponto em que o Bitcoin é uma abstração. Dedicou seu tempo para compreender a lógica do sistema e analisar os recursos visando comprar alguns bitcoins.

Ótimo, você superou seus medos. Agora está pronto para adquiri-lo. Pronto, preparado... mas, espere um momento.

Como ocorre com qualquer tipo de investimento, você se dará melhor se fizer um plano, um planejamento. Vou dizer mais uma vez que não sou um profissional da área de investimento. Administradores financeiros gabaritados gastam anos aprendendo sua profissão e ganhando experiência que os ajuda a aconselhar seus clientes de forma correta.

Porém, como já disse, investir depende de bom senso, qualidade tanto de amadores como de profissionais. Investidores inteligentes de todos os tipos partem de um plano que considera o estágio em que se encontram na vida e suas metas de curto e longo prazo. Acima de tudo, eles estabelecem o nível de risco que estão dispostos a correr e quanto dinheiro querem alocar nos variados ativos.

Depois, criam princípios para orientação de suas carteiras ou para direcionar os indivíduos que contratam para montar e gerir suas carteiras de acordo com princípios pré-acordados. Em geral, são os investidores mais bem-sucedidos e prefiro pensar que representam a maioria. "Desde o princípio, todo investidor deve estabelecer uma estratégia de investimento que servirá de gabarito para orientar futuras decisões", de acordo com o CFA Institute, associação dos analistas financeiros certificados.[1]

OS QUATRO ERROS MAIS COMUNS AO INVESTIR EM BITCOINS

Contudo, ainda há um bocado de gente que comete erros ao fazer investimentos e isso não é diferente com o bitcoin. Muitos investidores em bitcoins pensam a curto prazo, agem sem pensar muito ou fazem escolhas erradas, sendo muito cautelosos quando deveriam ser audaciosos ou precipitados quando a cautela seria a melhor opção. Testemunhei muitas vezes esses padrões de comportamento ao responder perguntas de pessoas pensando em investir ou investidores em bitcoins novatos durante minhas palestras. Geralmente, depois da palestra eles vêm à minha procura ou de outros que consideram líderes do movimento Bitcoin para saber o segredo da receita para serem bem-sucedidos em seus investimentos em bitcoin.

Por esse motivo, no final de 2017 decidi adicionar ao meu *feed* no Twitter aqueles que eu acho serem os quatro erros mais comuns ao se investir em bitcoin, acreditando que tais princípios podem orientar o pequeno investidor de modo que tenha uma melhor experiência. O que constatei ao longo dos anos sobre investidores em bitcoin inexperientes foi que:

- eram indecisos em relação a comprar bitcoin;
- uma vez decididos a fazê-lo, não adquiriam um volume suficiente de bitcoins;
- vendiam-no muito rapidamente, tão logo tivessem obtido um pequeno ganho;
- tomados de pânico, vendiam tudo o que tinham quando os preços do bitcoin caíam durante uma crise.

Resultado final: esses investidores não se beneficiavam completamente após terem se comprometido com o Bitcoin. Eles passavam pela parte mais difícil de se tornar um investidor para depois perderem a oportunidade de ganhar mais em seus investimentos por falta de paciência. Posso até aceitar que quando as condições de um investimento mudam bruscamente, é mais fácil optar pelo que é percebido como o caminho mais seguro. Porém, por experiência própria, a maior falha dos investidores em bitcoins é sua falta de fé. Eles são como crianças que nadam tranquilamente na parte funda de uma piscina para então ficarem assustados ao se darem conta de onde estão.

Avaliemos os resultados de cada erro separadamente.

Erro nº 1: Indecisão na hora de comprar bitcoins

Frequentemente me deparo com pessoas que fazem todos os preparativos, decidem quanto investir para depois recuarem. Muitas delas se aproximam de mim em conferências dizendo que, meses ou anos atrás, estavam prontas para investir em bitcoin, porém, de alguma forma não foram para a frente e se arrependiam da própria inação. Quando pergunto por que não investiram, mencionam que estavam esperando um preço melhor. Então costumam me perguntar quando devem investir. Elas parecem estar pedindo permissão e esperando o momento perfeito quando as cotações estiverem lá em baixo. (A ironia é que se os preços do bitcoin de fato forem para baixo, elas ficam assustadas e recuam e não fazem de fato o investimento. O que é a natureza humana!)

Deixe-me contar como eu explico o investimento em bitcoins durante cada encontro.

Não se gasta muito tempo para investir – uma aquisição leva apenas alguns minutos na maioria das bolsas. E no atual estágio da história do

Bitcoin, não há momento ruim. Um dia antes ou um dia depois não fará grande diferença. Não é como prever um aumento nas ações em que foi anunciado um grande negócio de uma empresa e qualquer atraso pode lhe custar ganhos enormes. O Bitcoin não tem correlação com a imprensa tradicional ou da área financeira e neste momento não é algo que qualquer um pode ficar comprando e vendendo durante um mesmo dia (*day trading*) ou contar com lucros rápidos. Ele é muito imprevisível. Esse tipo de tecnologia precisa de tempo para maturar.

Esqueça o melindre em relação ao preço. E não se preocupe se você pode comprar apenas parte de um bitcoin. Uma vez que tenha decidido que o bitcoin é um bom investimento, ligue seu *laptop* ou pegue seu *smartphone* ou *tablet* e clique em Buy. No longo prazo, o preço do bitcoin somente irá subir e significativamente. É nesse ponto que deve tomar cuidado – a longo prazo. Com o tempo você terá sucesso.

Quantos de vocês deixarão este livro para ir comprar bitcoins? Não espere; não retarde! Qualquer espera agora fará com que você fique mais indeciso e levará a uma demora maior ainda. É o que eu chamo de círculo vicioso da procrastinação. Poucos terão força de vontade para comprar bitcoins *agora mesmo*. Entretanto, se você comprar bitcoins enquanto estiver lendo este capítulo, por favor, me diga isso pessoalmente na próxima vez que me vir em uma conferência ou outro evento qualquer. Adoraria encontrá-lo, já que você será conhecido como um dos membros do meu *Chapter 11 Bitcoin Buyers Club* – um grupo exclusivo de pessoas que tomaram uma atitude e compraram seu primeiro bitcoin enquanto liam este capítulo. Você será um membro?

Erro nº 2: Não comprar o suficiente

É louvável ponderar suas decisões quando há dinheiro envolvido. Você não sai torrando dinheiro por aí ou fica usando seu cartão de crédito de maneira indiscriminada toda vez que vai ao supermercado ou a outra loja qualquer. Você não investe acima do que é razoável, dadas suas economias e renda.

Entretanto, você também não gasta o mínimo quando precisa gastar mais para o que precisa ou ao fazer um investimento que pode gerar ganhos maiores no longo prazo se for com tudo em vez de ir a conta-gotas.

Os investidores em bitcoin com mais remorso que eu conheci deixaram de mergulhar de cabeça nas possibilidades que seus recursos permitiam – em alguns casos, não tanto quanto pretendiam.

Consideremos meu amigo Stephen, executivo de uma grande multinacional, que comprou o seu primeiro bitcoin em 2015 depois que eu o encorajei a investigar essa nova tecnologia. Stephen não tinha problemas com tecnologia. Eu respeitava o quão meticulosamente ele abordava as coisas e sabia que ele não iria pular de cabeça em um investimento apenas por sermos amigos, ao contrário, ele iria avaliá-lo sob todos os ângulos. Era exatamente esse tipo de converso que eu procurava. Eu sabia que o Bitcoin iria cair como uma luva para ele. Stephen de fato fez sua devida diligência e fiquei satisfeito quando ele me contou sobre sua primeira compra em uma troca de mensagens.

Confesso, entretanto, que também fiquei desapontado pelo fato de Stephen não ter investido mais. Ainda estávamos no "inverno" do Bitcoin, que avançaria pelo ano de 2016, já que o setor se recuperava do ataque à bolsa Mt. Gox que levantou profundas e fundamentais preocupações sobre o Bitcoin. Sua cotação havia despencado abaixo dos US$ 300 depois de uma alta próxima de US$ 1.000 em 2014. Era uma boa época para adquirir muitos bitcoins baratos, antes da cotação se recuperar do abalo na cibersegurança. Para Stephen, um investimento de US$ 5.000 (pouco mais de 15 bitcoins) estava dentro de suas posses.

Avancemos rapidamente quatro anos quando Stephen me enviou uma mensagem de texto dizendo que tinha comprado outros 10 bitcoins – mais de US$ 50.000 com base na sua cotação na época. Isso foi depois de o bitcoin ter alcançado a maior alta de todos os tempos, acima de US$ 20.000 em dezembro de 2017 antes de se estabelecer em ainda respeitáveis US$ 5.000. Fiquei muito animado ao saber das notícias, particularmente por Stephen ter dado menos atenção à queda nos preços do Bitcoin ao longo do mês anterior e nem deu a mínima para o refrão "eu não te falei" dos céticos que viam nisso uma prova da volubilidade do Bitcoin. Ao contrário, ele se concentrara no potencial de longo prazo do sistema. Mas Stephen estranhamente estava menos otimista do que quando fez seu pequeno investimento em 2015. Ele me escreveu dizendo que desejaria ter comprado mais bitcoins em 2015 em vez de ter esperado até 2019.

Acima de tudo, vi a experiência de Stephen como uma vitória. Ele havia absorvido o impacto dos altos e baixos da cotação do bitcoin para galgar a um novo nível de comprometimento. Seu investimento original se multiplicara aproximadamente 100 vezes, e ele atuava em um ambiente que, de forma silenciosa, poderia exercer influência sobre seus colegas e outros com os quais interagia. Mas a experiência de Stephen também me fez lembrar de muitos outros investidores que reclamavam da própria timidez. Eles acabavam comprando menos do que poderiam ou deveriam e se arrependiam. Conforme escreveu o romancista do século XX, Kurt Vonnegut, "De todas as palavras de homens e ratos, as mais tristes são 'eu poderia ter feito'" (variação do poema "Maud Muller", de John Greenleaf Whittier).

Erro nº 3: Não esperar ganhos maiores

Se você fosse um dos poucos e bravos que descobriram o Bitcoin em junho de 2011, na época de sua primeira bolha, teria adquirido bitcoins por US$ 31. Uma verdadeira pechincha quando comparado aos preços de hoje. Mas lembre-se, no início de 2011, o bitcoin era vendido abaixo de US$ 1. Ele não atingiu o limite simbolicamente importante de paridade com o dólar – um bitcoin igual a US$ 1 – até fevereiro daquele ano.

Não se engane; foi um evento importante psicologicamente. O acontecimento produziu algumas poucas manchetes de menor peso na imprensa, e se você tivesse tido a oportunidade de comprar alguns bitcoins naquele preço, seria visto como erudito, dado o pequeno número de pessoas que, à época, sabiam da existência do Bitcoin. Mas mesmo pagando US$ 31, você ainda teria se saído bem.

Se você tivesse preservado por dois anos estes bitcoins a US$ 31, teria multiplicado seu investimento por oito. Em abril de 2013, o bitcoin era vendido a US$ 266. Não deixa de ser um prazo razoável para um investimento alcançar tamanho ganho. Consideremos três das maiores empresas do mundo. Se você tivesse adquirido uma ação da IBM dois anos depois de ela começar a ser cotada em bolsa, teria de aguardar longos 21 anos para obter ganhos similares ao do bitcoin; no caso da Walmart, 7 anos; e da Amazon, mais de 15 anos. Em circunstâncias normais, imóveis, e certamente investimentos alternativos não atingem esses níveis de ganho em dois anos (a menos que o *Antiques Roadshow*[NT22] estabeleça que o quadro que você acabou de comprar é um Rembrandt antes de ele se tornar conhecido).

Tivesse você mantido seu bitcoin até 2013, mesmo depois de ele ter alcançado US$ 1.200 em novembro e ter permanecido estável acima dos US$ 500 durante a maior parte de 2014 – o ganho seria de 87% – você teria se dado muito melhor.

O cenário teria sido o mesmo caso você tivesse comprado na faixa dos US$ 500 a US$ 600 em 2014 e tivesse mantido o investimento até o bitcoin ter ultrapassado a marca dos US$ 1.000 novamente em janeiro de 2017 – teria dobrado seu investimento. Ou caso tivesse comprado a US$ 1.000 e esperado até ele atingir US$ 5.000 em setembro de 2017 – o lucro de seu investimento seria de 400% em apenas nove meses.

De forma contrastante, a maior empresa de fundo mútuo americana e de melhor desempenho naquele ano, a RidgeWorth Aggressive Growth, ofereceu um retorno de 22% a seus investidores, de acordo com o *ranking* das dez melhores da publicação financeira *Kiplinger*.[2] Nenhum dos outros nove grandes fundos da lista atingiu um retorno anual de 16%. O retorno sobre o investimento de pequenas ou médias empresas de fundos mútuos nos EUA caiu, em sua maioria, na casa dos 10% ou próximo disso (na casa de um dígito).

Com um ou dois pontos fora da curva, os fundos que se concentraram em companhias estrangeiras, títulos de dívida e investimentos alternativos geraram resultados similares. Tais desempenhos vieram numa época em que o mercado estava em alta, as ações na S&P 500 subiram mais de 22% e o Dow Jones Industrial Average atingiu a marca dos 20.000 pontos pela primeira vez. Uma pesquisa de 2016 realizada pela Natixis Global Asset Management constatou que os pequenos investidores esperavam um retorno anual de 8,5% em suas carteiras, embora administradores financeiros dissessem que um retorno de 6% era aceitável.[3]

O crescimento do Bitcoin em menos de um ano aniquilou todos esses números. E note que o bitcoin não havia parado por aí; ele alcançou US$ 20.000 cerca de duas semanas antes do Ano Novo de 2018. Mas

---

NT22: Programa de TV dos EUA onde as pessoas levam antiguidades para serem avaliadas por especialistas.

mesmo que você tivesse sido um daqueles com medo de perder a maré boa nos preços do bitcoin, teria sido inteligente e esperaria. O Bitcoin precisou de cerca de três anos para retornar a esse mesmo patamar elevado. Aproximadamente seis meses depois da queda de 50% em maio de 2020, ele voltou a ficar acima dos US$ 18.000. Mas mesmo que a cotação dobre ou triplique, ou até mesmo fique abaixo dos US$ 10.000 nos próximos anos, você deve ser inteligente e preservar seus investimentos em bitcoin. Lembre-se: HODL.

Minha história favorita sobre "aguarde para obter ganhos maiores" envolve meus companheiros de turma da China Europe International Business School, onde cursei o programa MBA Executivo Global de 2012 a 2014. Logo depois de me tornar CEO da BTCChina, tive a oportunidade de dar uma palestra sobre Bitcoin para toda a turma de 60 alunos. Era junho de 2013, e foi neste ano que o termo **Bitcoin** começou a se difundir mais na sociedade e o público em geral ouviu falar dele pela primeira vez. Na época o bitcoin era comercializado em torno dos US$ 100 apenas.

Depois de minha breve apresentação, o que mais me arrependo foi não ter pensado em insistir de maneira convincente com cada colega para que comprasse um bitcoin. Teria custado apenas cerca de US$ 6.000 a toda a turma, e todos teriam a posse de um bitcoin. Em vez disso, apenas lhes sugeri investir em bitcoin e, sem surpresa nenhuma, uns poucos colegas ouviram meu conselho.

Mais tarde, naquele verão (do hemisfério norte), meu colega de classe Xiongbing confessou-me ter se arrependido de não ter feito a compra em junho. Os preços já haviam subido, mas eu disse que ainda não era tarde para investir em bitcoin e prontamente o ajudei a comprar alguns a US$ 120. Ele foi um felizardo.

Obviamente, 2013 foi o ano em que o bitcoin entrou num período FOMO (*fear of missing out*, em português: "MDPO: medo de perder a oportunidade", que impulsionou sua cotação a US$ 1.200 em novembro. Não fiquei contente apenas com meu investimento em bitcoin, mas pelos vários amigos e colegas que adquiriram bitcoins naquele ano, inclusive Xiongbing. Infelizmente, sem eu saber, Xiongbing havia vendido todo seu investimento em outubro, quando o bitcoin chegou a US$ 400. Ele havia rapidamente triplicado seu investimento em apenas alguns meses; portanto, decidiu cair fora. Soube de sua saída muito mais tarde e fiquei triste. Se ele tivesse pedido conselho em relação a quando vender, teria deixado bem claro: não venda seus bitcoins logo depois de um pequeno ganho de duas ou até cinco vezes o investimento inicial. Aguarde um retorno gigantesco de 100 vezes o investimento. E caso decida vender, jamais venda todo seu precioso estoque, você deve esperar pelo ganho de longo prazo de 1.000 vezes seu investimento. Pode levar 10 ou mesmo 20 anos, mas se você pensar a respeito, verá que valerá a pena.

Com toda a volatilidade nos preços em 2014 e 2015, Xiongbing hesitou em voltar a investir em bitcoin. Por um longo tempo ele, na verdade, poderia ter recomprado todos seus bitcoins a um preço ainda menor do que vendeu. Eu constantemente o relembro a recomprar aqueles bitcoins. Mas ele não o fez, talvez por ter ficado assustado quando o preço caiu ainda mais, ou estaria esperando um preço menor ainda. Não demorou muito para o bitcoin subir novamente no final de 2016 e rapidamente quebrar todos seus recordes em novembro de 2013. O resto é história, e Xiongbing provavelmente não voltaria a comprar bitcoins nos patamares elevados de preço na época em que escrevi este livro.

Como repetidamente digo às pessoas que me procuram em busca de aconselhamento para investimento em bitcoin, os melhores dias do bitcoin ainda estão por vir. Espere ganhos de pelo menos 100 vezes seu investimento inicial para parte de seus bitcoins. E mesmo que esteja inclinado a vendê-los, certifique-se de não vender tudo, preserve parte deles até alcançarem 1.000 vezes seu investimento inicial. É isso mesmo, se você for suficientemente paciente, o bitcoin realmente pode aumentar 1.000 vezes o valor do investimento original. Você acredita em mim?

Erro nº 4: Vender quando em pânico

Em setembro de 2017, o Banco Popular da China exigiu o fechamento de todas as bolsas Bitcoin na China, alegando preocupação com pequenos investidores inexperientes que poderiam facilmente perder suas economias ganhas com tanto suor ao investirem em criptomoedas, como *tokens* ICO (*Initial Coin Offering*, oferta inicial de moedas). (Infelizmente, o governo coloca tudo no mesmo saco, bitcoin e todos os demais *tokens* ICO suspeitos que são, de fato, arriscados e grandes candidatos a fraudes.) A verdade não era bem essa, o governo não estava gostando da perda de controle sobre o novo sistema monetário. Essa ação chocou a comunidade Bitcoin mundial, levando à forte queda nos preços em meados de setembro.

A queda foi seguida por um período de seis meses em alta durante o qual convenci muitos de meus funcionários na BTCC de que era de novo um bom momento para compra. Lancei mão de meus usuais e sólidos argumentos sobre o potencial do Bitcoin na transformação da sociedade e a importância de investir focando ganhos a longo prazo. Disse a eles que previa que a aposta deles poderia aumentar 100 vezes ou mais nos anos vindouros. Eles tinham apenas de ser pacientes e não se atemorizarem com a volatilidade dos preços. Obviamente, é mais fácil falar do que fazer.

Eles devem ter achado que eu escolhi 100 vezes aleatoriamente como possível multiplicador de crescimento para o bitcoin. Claramente não apreciaram minha sugestão de permanecer com o investimento. Em vez disso, deixaram que suas preocupações sobre a queda de preço influenciassem seu julgamento. No fim de semana posterior ao anúncio do fechamento das bolsas de criptomoedas, me disseram, com um sorriso amarelo, que haviam vendido seus bitcoins temendo o pior, agora que a China estava tomando medidas contrárias ao setor nascente. (Mais tarde fiquei sabendo que muitos de meus outros amigos também venderam seus bitcoins na mesma época.)

Ainda assim acharam bom, pois seu investimento havia praticamente triplicado. Fiquei quieto, não quis estragar o bom humor deles. Eles ganharam dinheiro, nunca neguei isso. Mas a atitude deles se resume à venda num momento de pânico. Em vez de continuarem e enfrentarem as dificuldades que ocorrem com qualquer novo tipo de investimento, pularam fora ao primeiro sinal de sofrimento. Embora todos eles trabalhassem em minha empresa, a BTCC, líder no setor de criptomoedas e reconhecida mundialmente, deixaram que preocupações com a volatilidade nos preços e a capacidade de resistência do bitcoin os assustassem. No final de 2020, o investimento deles valeria cerca de dez vezes o valor de setembro de 2017. Com o bitcoin, vender em momentos de pânico raramente é uma boa estratégia sob a ótica do longo prazo.

Contrastemos essa situação com minhas ações após o aparecimento do coronavírus e o fechamento da economia. Em 12 de fevereiro de 2020, o bitcoin transitava confortavelmente na casa dos US$ 10.000. Havia ocorrido um crescimento estável desde o princípio do ano, quando estava em US$ 5.000 aproximadamente. Especialistas esperavam ansiosos o efeito da próxima queda de 50% para o início de maio, quando o número de bitcoins liberado a cada 10 minutos deixou uma oferta pequena para os mineradores.

Um mês depois, o preço do bitcoin caiu para US$ 6.000 e, nos dias seguintes, caiu abaixo de US$ 4.000, dando início à venda provocada por pânico. Esse grande volume de vendas era totalmente inesperado, embora se pensarmos a respeito, não foi tão surpreendente assim. As pessoas que haviam investido cedo no bitcoin viram seu patrimônio líquido reduzido em centenas de milhares, se não milhões de dólares.

Mas em vez de se juntar à manada de gnus galopando e escapando da enorme quantidade de crocodilos à beira do rio Grumeti no Parque Nacional do Serengeti, eu permaneci calmo. Mantive minha fé no futuro do Bitcoin. O mesmo fizeram outros que acreditavam na alta do Bitcoin. "Essa pandemia será um ponto de inflexão para o Bitcoin e Metaverse", escreveu meu amigo Cameron Winklevoss em seu *feed* no Twitter alguns meses depois.

Na realidade, vi o declínio como uma oportunidade – aquilo que baixa em uma situação de pânico devido a condições macroeconômicas pontuais está fadado a subir novamente – então mergulhei de cabeça e comprei alguns bitcoins a um bom preço. Não estou me gabando porque o preço subiu prontamente quase um terço um dia depois e recuperou perdas recentes no final de maio. Nem clamo ser um grande investidor. Eu mesmo cometi muitos erros.

Mas estou certo de que tomar decisões sobre investimento com base na ansiedade nunca ajuda. Os preços do Bitcoin são voláteis, mas você não deve deixar que a volatilidade oriente suas decisões. Não venda em momentos de pânico.

OUTRO IMPORTANTE ALERTA:
Invista de Acordo com suas Possibilidades

Bem, vimos o que você não deve fazer. Agora acrescentaremos um importante alerta que pode parecer óbvio mas vale a pena mencionar, porque muitos investidores cometem esse erro. Embora muitos prefiram pecar por excesso de zelo, como destacado nos quatro erros mais comuns, outros são agressivos demais. Eles se tornam tão apaixonados pelos possíveis ganhos que acabam investindo além de suas possibilidades. Eu chamo tais investidores de "os superdiligentes" e, embora respeite seu entusiasmo, também sei a importância de permanecer dentro do orçamento.

Os consultores tradicionalmente recomendavam subtrair sua idade de 100 para determinar quanto de sua carteira deveria ser alocado para ações. Mas o conselho mudou, já que as pessoas vivem mais e a complexidade econômica do mundo tem exigido maior flexibilidade na alocação de ativos. Uma carteira conservadora deveria alocar de 20% a 30% em ações, e a maioria delas seria de companhias de primeira linha, com as quais é pouco provável vermos grandes flutuações de preço. Títulos de renda fixa, inclusive títulos da dívida pública municipal e de empresas, que são menos arriscados, deveriam compor grande parte dos investimentos remanescentes, e dinheiro vivo e produtos relacionados compondo de 5% a 15%. Aumente a proporção entre ações e títulos de renda fixa para criar uma carteira com risco maior, mas, provavelmente, com retornos maiores.

Uma filosofia de investimento mais simples é separar de 10% a 15% de sua renda mensal ou anual para investir. A porcentagem exata dependerá de sua personalidade, idade e estilo de vida. Caso more em uma cidade com custo de vida elevado, goste de sair com frequência ou simplesmente seja uma pessoa que se preocupa muito e gosta de ter mais dinheiro em mãos, provavelmente você estará propenso à faixa mais baixa. Mas se for um planejador buscando alcançar metas específicas e prima por permanecer dentro do orçamento, poupará uma quantia maior.

Onde o investimento em bitcoin entra em tudo isso?

Talvez você o encare como um investimento alternativo, similar a metais preciosos, moedas, obras de arte ou peça raras. A bem da verdade, alguns consultores financeiros veem uma alocação de 10%, eventualmente até de 20% em investimentos alternativos como razoável e, escolhidos de forma inteligente, eles podem gerar maiores retornos do que outros tipos de investimento. (Eles também podem ser mais voláteis – isso lhe soa familiar?)

Não estou dizendo a ninguém para ir tão longe. Investir de 1% a 2% de todo seu patrimônio líquido em bitcoin é suficiente. Com um investimento de 1 ou 2%, se o bitcoin subir 100 vezes, como previ, você terá dobrado ou triplicado seu patrimônio líquido. Essa quantia lhe permitirá se comprometer sem criar qualquer estresse indevido ou dar uma mordida em suas economias. Se, por exemplo, você estiver fazendo um segundo empréstimo hipotecário ou comprometendo sua segurança financeira de alguma outra forma, não procede corretamente. O Bitcoin, mesmo quando está em um movimento de alta, não é desculpa para você arrasar suas finanças.

Tendo dito isso, se você tiver recursos e for um investidor confiante, que não é facilmente afetado por redução de preço ocasional, pode considerar elevar esse porcentual para 5% ou mesmo 10% de seu patrimônio líquido total. Ou se gostar de sua experiência inicial – em alguns casos isso pode significar superar seu nervosismo dos primeiros investimentos – talvez queira comprar mais bitcoin à medida que o tempo passa. Meu amigo Stephen usou renda disponível que poderia ter gasto em viagens, alimentação ou um novo aparelho. Ele não estava preocupado quando o bitcoin despencou não muito depois de sua segunda compra.

Baseie-se nas decisões que você acredita serem certas num dado momento. Não seja levado pelo sentimento de grupos nem se deixe arrastar pelo *momentum* (financeiro)[NT23]. Não siga a multidão porque parece seguro. Quando o bitcoin estiver com a cotação disparada, quando as pessoas estiverem comprando aos montes ou falando freneticamente sobre ele numa conferência, você pode ter a sensação de que está perdendo algo. Lembre-se: quando se sentir compelido a investir certa quantia num dado momento, é mais provável que você tome uma decisão fora de sua zona de conforto. Se você encarar o Bitcoin de maneira comedida, extrairá o máximo de sua experiência. O bitcoin é arriscado mas não mais do que vários outros investimentos. Em primeiro lugar tenha em mente sua tolerância a risco à medida que for se metendo no investimento, mas também seja flexível.

Stephen comprou seus bitcoins em duas parcelas e ainda se arrepende disso. A bem da verdade, ele poderia ter ganho mais dinheiro caso tivesse comprado todos seus bitcoins a um preço mais baixo em 2015. Eu

---

NT23: Em finanças, *momentum* é a tendência observada empiricamente de preços em alta continuarem a subir ainda mais e preços em baixa continuarem a cair.

teria feito de maneira diferente, porém, Stephen não estava errado em sua abordagem. Inicialmente ele não se sentia à vontade em comprar mais do que um bitcoin. Cauteloso por natureza, precisava de mais evidências sobre como o bitcoin se comportaria. O público continuaria a considerá-lo uma alternativa para os sistemas monetários tradicionais ou perderiam o interesse? Ou o bitcoin revelaria alguma rachadura em sua armadura que não se via antes? São preocupações razoáveis.

Isto posto, a experiência dele também sublinha a variedade de formas que alguém pode investir em bitcoin. Encorajei repetidamente possíveis investidores a fazer o que era certo para eles, desde que estivessem operando dentro de suas possibilidades e cientes do limite de riscos de cada um. O resumo de tudo é que ninguém deve se arrepender mesmo se o preço do bitcoin despencar por um tempo ou deixar de atender às expectativas em um dado intervalo de tempo; nem deve se sentir inclinado a comprar mais se o preço for às alturas.

OPÇÕES DE INVESTIMENTO

Examinemos algumas opções, começando com a forma mais simples e direta de investir.

Comprar bitcoins a granel de uma só vez

1 bitcoin, 5, 10 ou apenas 0,1 BTC. A quantidade não importa desde que você atenda aos critérios que descrevi neste capítulo.

A abordagem "tudo de uma só vez" pode funcionar bem para investidores decididos e confiantes, aqueles que agem rapidamente tão logo tenham chegado a uma decisão e preferem não estender suas ações ao longo do tempo ou olhar para trás e ver o que fizeram. Tais investidores podem comprar bitcoins de uma tacada só e aguardar o investimento crescer.

Os compradores de bitcoin que fazem investimento de uma vez só não se importam se o momento é justo, se investiram pouco ou em demasia. É simples: compre agora e esqueça o assunto por alguns anos.

Entretanto, tudo tem um aspecto negativo. Note que, em termos práticos, adquirindo bitcoins de uma só vez, você renuncia à chance de comprar novamente a um preço menor num futuro próximo. Se estiver com o orçamento apertado, economizar alguns dólares aqui e acolá pode ser importante.

Ir a fundo não funciona para o investidor mais comedido que prefere colocar lentamente os pés na água antes de avançar e ir para a parte mais funda. Esses investidores geralmente gostam de ver qual é o comportamento de um investimento e incrementá-lo aos poucos. Eles não estão sendo muito cautelosos, mas sabem que uma abordagem gradual funciona melhor para eles.

A maioria dos investidores em bitcoins que conheço seguiu o método incremental. Embora todos sejam profissionais bem-sucedidos e investidores experientes, alocaram um tempo para aprender sobre o bitcoin e têm suas reservas quanto à volatilidade (de forma errônea, diria eu). Eles também tinham preocupações quanto ao modo que condições macroeconômicas mais amplas afetariam o bitcoin, e queriam observar seu comportamento antes de se comprometerem mais. Comprar um pouco por vez funcionou melhor, dado o temperamento deles.

Eu recomendo uma abordagem escalonada, com o custo médio do dólar. Vamos considerar agora diferentes intervalos.

Compras Semanais

Estabeleça um total que queira investir e compre valores iguais, em termos de dólares, a cada semana durante um período de quatro a seis semanas. Determine um único dia da semana (por exemplo, todas as segundas-feiras) para fazer a aquisição. Investimentos semanais num dado dia irão disciplinar seu método e o espaçamento lhe dará tempo para observar o mercado e ir ajustando sua posição. O risco que se corre é os preços subirem muito e você se sentir preso em seu plano original. Portanto, é importante ser flexível.

Compras a Cada Duas Semanas

Em vez de estabelecer um compromisso semanal para investimento em bitcoins, defina um horário para comprá-los em quantias iguais a cada duas semanas durante um período de oito ou dez semanas. Os incrementos ainda o forçarão a manter-se estrategicamente disciplinado, mas lhes darão um tempo maior entre as compras para verificar tendências de preço, condições mais amplas e ter um *feeling* pessoal sobre o mercado. Caso comece a ter dúvidas, você pode manter sua posição ou pular uma semana, mas se estiver cada vez mais propenso a uma visão otimista de alta, poderá aumentar a cadência de seu investimento ou investir mais em uma ou mais semanas do que o originalmente planejado.

Comprando Três Vezes por Mês

Ao espaçar seus investimentos em um período mais prolongado, você terá mais tempo para avaliar o que fez, o comportamento do mercado e o que gostaria de fazer ao ir avançando. Mas como acontece com qualquer ritmo de investimento preestabelecido, você tem de ser flexível. Os eventos podem mudar radicalmente. Prova disso foi a queda brusca em apenas seis semanas da cotação do bitcoin que passou de US$ 20.000 em meados de dezembro de 2017 para menos de US$ 7.000 no início de fevereiro de 2018 ou sua rápida queda em um mês estimulada pelo coronavírus, passando de mais de US$ 10.000 para US$ 3.600 e a subsequente recuperação ao longo das semanas seguintes.

Investimento Aleatório

Não há nada de errado em comprar de forma irregular. Faça um investimento inicial e depois acrescente mais um pouco quando as circunstâncias permitirem e você sentirá que os momentos de investir serão corretos. É altamente recomendado começar com uma primeira compra considerável. Obviamente, o que é considerável depende de cada investidor. Qualquer começo no Bitcoin é melhor do que não começar; portanto, não há mal algum em fazer um pequeno investimento inicial. Na qualidade de evangelizador do Bitcoin, meu principal objetivo é angariar fiéis. Por isso, se você realmente pretende investir em bitcoin, comece com vontade e ficará mais fácil ganhar impulso em direção a seu objetivo maior.

Com que frequência você deve comprar aleatoriamente? Essa é outra questão que depende de cada indivíduo. (Um dos meus aspectos favoritos em relação ao Bitcoin é que todo mundo pode escolher seu próprio caminho.) Eu evitaria comprar em pequenas parcelas, investiria quantias maiores – algumas centenas de dólares ou mil em vez de apenas US$ 100. Mas essa é minha preferência e não um princípio lógico de investimento. Entretanto, caso distribua suas compras, lembre-se de que sua meta é investir em torno de 1% a 2% do total de seu patrimônio líquido em bitcoins – ou ainda mais, caso esteja dentro de suas possibilidades.

CONSELHO FINAL

Tenho mais alguns conselhos que investidores inteligentes vêm seguindo há décadas, independentemente do ativo em que estão investindo. Procure oportunidades que talvez outros deixem passar e não tenha medo de tomar a direção oposta da escolhida pelas massas. Ou conforme meus avós e pais empreendedores instilaram em mim: tenha coragem e acredite em suas convicções. Eles criaram negócios de sucesso indo a lugares que os chineses ainda raramente emigram – America do Sul e África Ocidental.

Meus avós pensaram em uma engenhosa maneira para garantir que tivessem meios de financiar seus negócios – contrabandeavam barras de ouro da China em compartimentos ocultos em suas roupas. Meu avô, William Lee, jamais falou muito a respeito dos agonizantes minutos antes de embarcar no abarrotado ônibus para Hong Kong, que na época era uma colônia britânica. Caso algum funcionário do governo chinês o parasse, ele certamente seria punido. Ou quando chegou ao Brasil, ele poderia ter perdido toda sua riqueza para um agente aduaneiro zeloso ou, ao contrário, inescrupuloso, exceto as roupas nas malas e aquela que vestia. Por fim, meus avós abriram negócios que ofereciam produtos que raramente eram fabricados ou exportados nos países onde se estabeleceram.

Talvez eu tenha herdado parte do espírito empreendedor deles. Minerei bitcoins em 2011, quando dificilmente alguém além dos fundadores e alguns outros aventureiros tecnológicos havia ouvido falar.

Dois anos mais tarde abandonei uma confortável carreira corporativa (que provavelmente me levaria a cargos mais altos) para comprar a ideia de um negócio desconhecido em um setor desconhecido. E continuei a comprar mais bitcoins pois acreditava que seu preço – menos de US$ 10 quando comecei – estava prestes a subir como foguete. Não me deixei intimidar por sua volatilidade, mesmo com outros investidores, alguns dos quais tiveram grandes ganhos com o bitcoin e venderam ao menos parte de seus ativos.

Eles faziam parte da multidão que reagia da mesma forma que muitos investidores em ações que, tradicionalmente, reagiam precipitadamente a baixas. Seguiam o que todo mundo estava fazendo porque pensavam: se todos estão fazendo assim, então devem ter razão. Eles se sentiam mais confortáveis com a multidão do que com as próprias decisões. E, no final das contas, as decisões tomadas pela maioria se mostraram com pouca visão de futuro. Quem é maria-vai-com-as-outras, normalmente se dá mal.

Quando o bitcoin despencou na crise econômica induzida pela pandemia, vislumbrei a oportunidade de comprar mais bitcoins a um preço que talvez jamais reaparecesse. No futuro, quando houver novas quedas resultantes da venda provocada por pânico, provavelmente tomarei a mesma decisão de comprar na baixa. E quando o bitcoin atingir níveis em que alcançarei a rentabilidade que acredito que todo possuidor de bitcoin deve aspirar – pelo menos 100 vezes o valor do investimento inicial –, então também estarei propenso a vender e embolsar o lucro, em vez de seguir as hordas que agem rapidamente e sem pensar a cada alta.

Em seu livro *A jogada do século*, brilhante relato da crise de 2008 gerada por crédito imobiliário concedido a pessoas com histórico de inadimplência, o jornalista Michael Lewis se concentra nos poucos bravos analistas e investidores que previram eventos que levariam àquela que foi a maior recessão desde a Depressão de 1929. Enquanto a maior parte de Wall Street via cenários de céu azul aparentemente intermináveis, esse pequeno grupo de pessoas que remava contra a maré entendia a base precária sobre a qual algumas das maiores financeiras do mundo ganharam fortunas. Elas haviam embutido hipotecas concedidas a pessoas com histórico de inadimplência em títulos de dívida que perderiam grande parte de seu valor à medida que mutuários temerários deixassem de pagar suas prestações.

Entre eles estava Michael Burry, médico que virou administrador de fundos, de quem Lewis disse "quase comicamente" que superou índices das ações com seu fundo Scion Capital, muito conhecido por encontrar pérolas em documentos financeiros pouco lidos que avalizavam suas análises. De 2001 (ano de fundação da Scion) a 2005, o fundo de Burry subiu 242%, ao passo que o índice da bolsa de valores ao longo desse mesmo período caiu cerca de 7%. "Para seu crescente público", Lewis escreveu, "parece não importar se a bolsa subiu ou caiu: com muita perspicácia Burry encontrava lugares para investir dinheiro".[4]

Três anos mais tarde, Burry fez uma grande aposta contra o setor de hipotecas concedidas a pessoas com histórico de inadimplência depois de observar que os preços dos imóveis em San Jose, onde era a sede da Scion, continuavam altos mesmo depois do estouro da bolha das ponto--com. Burry reconhecia que o mercado imobiliário estava "guiado pelo comportamento irracional dos mutuantes que ampliavam o crédito fácil". Em 2007, escreveu Lewis, Burry "fez com que seus investidores ganhassem US$ 750 milhões" especulando contra os empréstimos de alto risco oferecidos pelos bancos.[5]

Mas o que mais me fascinou na história sobre Burry e outros retratados em *A jogada do século* é que nenhum dos gênios das instituições financeiras que se predispuseram a ler alguns dos documentos produzidos pelos mutuantes de crédito imobiliário "fácil" e emitentes de títulos e que acompanharam as informações pôde chegar às mesmas conclusões. Eles eram suficientemente sagazes e mais experientes do que Burry, que aprendeu por conta própria os fundamentos do investimento enquanto cursava Medicina há menos de uma década. Além disso, Burry não tinha nenhum conhecimento sobre empréstimos de alto risco. As informações sobre o tema (embora difíceis de conseguir) estavam disponíveis a qualquer um que tivesse interesse. Outros investidores poderiam ter feito um investimento similar caso estivessem dispostos a correr risco.

Bitcoin é uma aposta menos arriscada do que aquelas feitas entre 2005 e 2007 por Burry ou por qualquer um que não compactuasse com os empréstimos de alto risco. Esses investidores que foram contra a tendência apostaram desafiando as maiores instituições financeiras do mundo. Um investimento em Bitcoin simplesmente requer conhecimento de que existe uma forma melhor de reservar valor, ainda que digitalmente, dado que o poder de compra do dinheiro tradicional corre risco devido à emissão excessiva de moeda.

Mas talvez haja uma lição maior para o possível investidor em bitcoin: se você estudar cuidadosamente um investimento, usar lógica e tiver paciência, ele pode valer a pena.

Estude, compre e então, HODL.

O BITCOIN ESTÁ SEMPRE SUBINDO

Para onde o bitcoin está apontando? Qual é o preço esperado? Até quanto ele subirá?
    Essas são três variações da mesma pergunta que mais me fazem em conferências sobre criptomoedas ou eventuais trocas de ideias com pessoas curiosas a respeito do Bitcoin. Não me importo em responder, mas tenho sentimentos contraditórios a esse respeito, porque isso me impede de fazer um bom trabalho de evangelização e de deixar claro por que eu acredito que o bitcoin é um ótimo investimento. Na realidade, é uma **oportunidade única** de investimento!

Não tenho tempo de discutir os males do sistema monetário centralizado nos poucos minutos entre uma conferência e o próximo compromisso. Leva tempo explicar a contínua perda de valor das moedas fiduciárias e a natureza arbitrária da autoridade central, o pesadelo dos "sem-banco" e a liberdade do dinheiro. São temas profundos. O público cheio de dúvidas quer respostas curtas. Eles querem um número concreto para tomarem como base e se sentirem mais confiantes em relação a esse novo fenômeno.

O bitcoin chegará a X em um ano, Y em cinco anos e Z em 10 anos.

Tenho investido por praticamente a metade dos meus 46 anos – em ações, imóveis e, obviamente, ouro, junto com bitcoin – portanto, eu compreendo a ansiedade das pessoas e me solidarizo com elas. Sou cortês.

Só para atiçar a curiosidade, vou afirmar o óbvio. Tenho sido otimista em relação à alta do bitcoin – costumo brincar dizendo que minha previsão é que o preço do bitcoin em dólares americanos irá alcançar o número de seguidores do meu Twitter, que era de aproximadamente 100.000 na época da publicação deste livro. O tempo e o conhecimento adquirido somente tem aumentado meu otimismo e, a não ser que surja algum acontecimento novo e inesperado, minha expectativa é de que o bitcoin continuará a crescer e de forma robusta. Mas jamais perdi de vista o que realmente importa – não é uma meta de preço quantitativa e sim as questões que respaldam sua existência. A menos que você compre e venda no mesmo dia, algo que eu categoricamente não recomendo fazer com o bitcoin, é melhor ter convicção do seu valor e, mais importe ainda, de seu potencial.

Quero que as pessoas invistam no bitcoin por acreditarem nele, acreditarem no futuro do dinheiro e não por verem cifrões no futuro. É isso que as pessoas fazem ao jogar na loteria ou apostar nos cassinos.

Bitcoin não é loteria nem jogo de azar, apesar de esta ser a opinião de alguns céticos.

Como tentei demonstrar ao longo deste livro, há uma admirável ordem no Bitcoin. As peças se encaixam perfeitamente para oferecerem um serviço necessário. Em grande parte faz lembrar o ouro, porque possui características únicas e há um estoque limitado que não depende de nenhuma organização ou indivíduo para ter valor, à maneira de ações ou títulos. Compreender o valor do Bitcoin foi um salto em relação às lições que aprendi sobre o ouro durante minha infância e parte da adolescência na Costa do Marfim. Quero encorajar as pessoas a investirem no bitcoin por elas entenderem suas características realmente únicas e seu potencial para mudar o mundo, não por uma previsão de preço feita por mim ou outro especialista.

Agora entenda que a minha previsão é baseada em análise subjetiva e não em algum algoritmo elaborado que instalo no computador. Li muito, fiquei atento aos eventos atuais e confiei em meus instintos. Nada está acima da experiência pessoal. A única diferença entre minha abordagem e a de outros é o fato de eu já estar há mais tempo nessa área do que a maioria (mais de dez anos, desde o início de 2011) e, quem sabe, ter mais paciência.

Mas como já disse de início, não sou consultor financeiro. Não estou tentando fazer alguém seguir um rebanho ou comprar bitcoins como investimento MDPO. Como expliquei, investidores que têm medo de perder a oportunidade estão desesperados e o desespero leva a decisões precipitadas e ruins. O que desejo é que os investidores considerem princípios de investimento sensatos. Quero que analisem racionalmente o desempenho e o potencial do Bitcoin.

Considere aquilo que o Bitcoin já realizou e por que ele será útil nos anos por vir. Analise seus fundamentos da maneira como Warren Buffett ou algum outro investidor famoso faria. E não se intimide caso alguém concorde com você. Um grande número de pessoas irá concordar.

Em dezembro de 2020, de acordo com a Statista, mais de 60 milhões de carteiras Bitcoin haviam sido estabelecidas no mundo inteiro.[1] Esse número é o mesmo da população da Espanha e da Argentina e maior que a do Canadá. A Statista constatou que cerca de 5% da população dos EUA – cerca de 18 milhões de pessoas – detinham pelo menos frações de um bitcoin. Qual é o tamanho da comunidade Bitcoin no mundo? É praticamente impossível dizer. Não creio que 5% da população mundial tenha algum bitcoin – pelo menos, ainda não. A sensação que tenho é de que o total gire em torno de 50 milhões e, dada a população mundial de 7,7 bilhões, há muito espaço para crescimento.

Se achar meus argumentos razoáveis, minha esperança é que você irá investir no bitcoin – de 1% a 2% de seu patrimônio líquido – e irá mantê-lo a longo prazo, por mais de 10 anos.

Portanto, deixe-me agora satisfazer aqueles leitores em busca de uma resposta curta e prever que, em 2040, 1 bitcoin valerá pelo menos 1 milhão de dólares. Na verdade, se os Bancos Centrais do mundo continuarem a emitir tanta moeda nas próximas duas décadas quanto emitiram nas últimas duas décadas, então os preços do bitcoin poderiam facilmente chegar à casa dos milhões de dólares até lá.

É isso mesmo: o bitcoin valerá nada menos que **um milhão de dólares** em duas décadas.

Os consumidores e investidores irão considerá-lo como ouro por sua capacidade de aumentar de valor devido às suas características únicas e oferta limitada, mas, na verdade, é mais útil do que o ouro devido à sua natureza digital.

OUTRAS PREVISÕES EM RELAÇÃO AO BITCOIN

O desenvolvedor de *software* antivírus e instigador John McAfee também manteve que o bitcoin alcançaria US$ 1 milhão no final de 2020, o que representa pelo menos 5% das transações mundiais. "Vamos cair na real; há apenas 21 milhões de bitcoins", disse McAfee à *Forbes* em uma entrevista de 2019, "Sete milhões dos quais foram perdidos para sempre e então, se Satoshi estiver morto, acrescenta-se alguns milhões a mais".[2]

Depois, o volúvel McAfee recuou em seu prognóstico e, de modo evasivo, apresentou uma nova meta. Mas sua lógica não era razoável. Não faltam entendidos, investidores bem-sucedidos e indivíduos muito envolvidos na história do Bitcoin e muito menos suscetíveis a declarações disparatadas mas que fizeram previsões semelhantes ou até mais ousadas.

Começando com Hal Finney, que em 2009 especulou que o bitcoin chegaria a US$ 10 milhões em uma troca de ideias com o fundador Satoshi Nakamoto. "Trata-se de um experimento mental fascinante imaginar que o Bitcoin seja bem-sucedido e se torne o sistema de pagamento dominante em uso por todo o mundo", escreveu Finney, brilhante engenheiro da computação com formação pelo Cal Tech (California Institute of Technology) e que morreu tragicamente da doença de Lou Gehrig apenas cinco anos depois, quando tinha 58 anos. "Daí o valor total da moeda corrente deveria ser igual ao valor total de toda a riqueza do mundo. Estimativas atuais do patrimônio líquido familiar[NT24] mundial que eu encontrei, giram entre US$ 100 trilhões a US$ 300 trilhões. Com 20 milhões de moedas, obtemos

---

NT24: O autor se refere ao termo *household wealth* que literalmente significa a "riqueza doméstica", a "riqueza de um lar (domicílio)". É um índice usado tanto para planejamento familiar como governamental em termos estatísticos. Para melhor entendimento, leia os textos nos *sites* disponíveis a seguir: https://www.smartcapitalmind.com/what-is-household-wealth.htm e https://www.investopedia.com/terms/n/networth.asp.

um valor por moeda de aproximadamente US$ 10 milhões". Ele acrescentou também: "Portanto, a possibilidade de se gerar moedas hoje com alguns centésimos de tempo de processamento computacional talvez seja uma boa aposta, com um retorno de algo como 100 milhões para 1! Mesmo se as chances de o Bitcoin ter um sucesso deste nível forem remotas, seriam realmente 100 milhões contra 1? Algo para se pensar".[3]

Em 2017, o ex-administrador de fundos *hedge* e autor de *best-sellers*, James Altucher, também previu que o bitcoin atingiria pelo menos US$ 1 milhão em 2020[4] e, em uma entrevista em 2019 ao *TheStreet.com*, ele disse que o bitcoin poderia subir sete ou oito vezes acima desse valor caso substituísse parte das moedas fiduciárias.[5] "Quanto de papel-moeda há circulando [...] cerca de US$ 200 trilhões de dólares no mundo todo, e há apenas cerca de US$ 200 bilhões de dólares em criptomoeda; portanto, uma possibilidade de aumentar 100.000% a partir deste ponto", disse Altucher. Logo, isso pode conferir ao bitcoin um preço de US$ 8 milhões; portanto, US$ 1 milhão chega a ser um desconto em relação aonde o bitcoin poderia eventualmente chegar, de acordo com Altucher.

Altucher, fundador da rede social financeira Stock-Pickr e investidor que injetou capital semente na Salesforce, outrora havia condenado o Bitcoin como um esquema de Ponzi (ou pirâmide). "Inicialmente pensei que o bitcoin fosse uma moda passageira pois via investidores comprando e vendendo no mesmo dia, como se estivessem fazendo apostas e perdendo dinheiro nelas", disse Altucher à *Business Insider* em uma entrevista de 2013.[6]

Mas uma conversa com o fundador da AngelList, Naval Ravikant, fez com que ele reconsiderasse sua posição. Altucher e Ravikant reconheciam os mesmos benefícios que eu mesmo já constatara muitos anos antes. "Ele não é dependente de um governo", disse ele na entrevista, ou "de complicadas operações de um Banco Central para que seu dinheiro seja transferido de uma carteira para outra". Altucher observou que cada transferência de dinheiro envolve de alguma forma o Banco Central, exceto pequenas transações em dinheiro. "Ele também não é dependente de '*In God We Trust*', frase que foi colocada pela primeira vez nas moedas em 1862 para instilar mais 'fé' numa moeda que provavelmente teria problemas devido à guerra", observou Altucher.

Altucher passou a ver o Bitcoin não apenas como um possível substituto das moedas fiduciárias, mas "de toda legislação contratual" devido à sua tecnologia subjacente de livro-razão público e distribuído. Não precisaríamos mais das várias páginas de documentação legal – cláusulas de caução, empréstimo e transferência – que fazem parte da maioria das transações. "De uma tacada só", continuou Altucher, "qualquer economia que adotar o bitcoin como moeda corrente irá reescrever toda a legislação contratual (eliminando a necessidade de advogados em 99% das situações), eliminará a necessidade de câmbio e tornará o comércio internacional infinitamente mais simples". Talvez isso tudo seja um pouco exagerado, mas certamente economias serão alcançadas.

Naquele ano, ele se tornou o primeiro autor a vender um livro, a popular obra de autoajuda *Escolha você*, exclusivamente para o bitcoin. (Naval Ravikant foi a única pessoa a pagar com criptomoeda antes de o livro ficar disponível na Amazon.)

O diretor do PayPal e empreendedor do setor de criptomoedas, Wences Casares, apresentou igualmente uma previsão de alta em um ensaio no *site* kanaandkatana.com, plataforma para a área de pesquisa dirigido pela Ikigai Asset Management. Casares destacou a rápida adoção de criptomoedas, que estavam ganhando cerca de um milhão de usuários por mês na época do seu artigo. "Em minha opinião (subjetiva) tais chances de serem concretizadas são de pelo menos 50%. Se o Bitcoin efetivamente for bem-sucedido, 1 bitcoin poderia valer mais de US$ 1 milhão em sete a 10 anos", escreveu ele, acrescentando: "Se o bitcoin vingar, muito provavelmente não substituirá nenhuma das moedas correntes nacionais. Ele pode vir a ser uma moeda corrente supranacional, acima de todas as moedas nacionais. Se o Bitcoin tiver sucesso, pode vir a ser uma medida de valor e liquidação apolítica e global".

Casares recomendou que uma carteira equilibrada de US$ 10 milhões deveria incluir cerca de 1% de criptomoedas. "Se o bitcoin não for bem-sucedido, essa carteira perderia no máximo US$ 100.000 ou 1% do seu valor entre 3 a 5 anos, que a maioria das carteiras pode suportar", escreveu ele. "Mas se o bitcoin for bem-sucedido, entre 7 a 10 anos, os mesmos US$ 100.000 poderiam valer mais de US$ 25 milhões, mais do dobro do valor de toda a carteira inicial."[7]

Talvez a visão mais reveladora, em uma votação informal no final de 2019 em seu Twitter, o analista financeiro australiano que acredita em uma trajetória de alta para o bitcoin, Mati Greenspan, foi a constatação de que mais da metade dos aproximadamente 3.000 que responderam também esperam que o bitcoin chegue a US$ 1 milhão no final da década de 2020.[8] Fica claro que não são apenas conversos notórios do Bitcoin que enxergam o potencial das moedas digitais.

Outros observadores e investidores em criptomoedas não têm sido tão otimistas, mas, mesmo assim, preveem forte crescimento. Em uma entrevista em 2019 para a *Business Insider*, o CEO da Morgan Creek Capital, Mark Yusko, traçou uma trajetória de alta estável e acentuada para o bitcoin ao longo da década, passando de US$ 100.000 no final de 2021, para US$ 250.000 em 2025, e então para US$ 500.000.[9] Yusko não é um investidor de pouco peso. No início da carreira, ele administrou o enorme fundo de dotação em sua antiga universidade, Notre Dame, e depois na Universidade da Carolina do Norte. Em certa época, foi muito cético em relação ao Bitcoin.

Ele acredita que o Bitcoin é uma oportunidade única para resolver a desigualdade econômica que vem se tornando mais pronunciada com o passar do tempo. "O governo e as elites querem ter toda a riqueza; consequentemente, fabricam inflação e a riqueza flui para o topo", disse Yusko. "E é por isso que temos a maior desigualdade na distribuição da riqueza de toda a história da humanidade. O Bitcoin ajuda a solucionar essa questão porque agora podemos optar, como proprietário de ativos, por nos desassociarmos do sistema fiduciário."

Tim Draper, capitalista que faz investimentos de risco pesados, tem categoricamente mantido a posição de que o bitcoin chegaria a US$ 250.000 em 2023. O conhecido e respeitado Draper, que havia investido logo no começo no Skype, na Tesla e no Baidu, estava entre os primeiros e maiores investidores quando de forma destacada comprou 30.000 bitcoins por US$ 19 milhões em 2014. Ele promoveu a utilidade e o potencial do Bitcoin como serviço financeiro e desconsiderou as quedas de preço. "A internet começou do mesmo jeito", disse ele em uma entrevista em 2019 à BlockTV.[10] "Ela veio em grandes ondas e depois foi caindo. Depois, a onda seguinte veio mais concentrada, porém, muito maior. Minha suspeita é que o mesmo irá acontecer aqui."

Uma série de outros otimistas tem sido mais circunspecta em relação às suas previsões ou apresentou ampla faixa em suas previsões de preço. Em um *tweet* de 18 de junho de 2017, que não se encontra mais disponível, um membro do conselho da Bitcoin Foundation, Vinny Lingham, disse que havia uma chance de 2,5% de um bitcoin valer US$ 100.000 e 0,25% para uma valorização na casa de US$ 1 milhão.[11] O bitcoin estava sendo negociado abaixo de US$ 3.000 naquele dia. Lingham apresentou outras previsões de curto prazo ao longo dos últimos quatro anos, prevendo mais recentemente em um *tweet* que o bitcoin alcançaria de US$ 33.000 a US$ 55.000 ao longo dos 12 meses seguintes.[12]

Uma faixa de preços talvez seja a melhor maneira de considerar essa questão. Ela se baseia na imprevisibilidade de eventos que poderiam determinar a que nível o bitcoin chegará – mínimo ou máximo – ao longo de duas a quatro décadas e com que rapidez. Uma pandemia, uma crise econômica mundial, uma convulsão social ou política ou uma catástrofe ambiental podem paralisar os investidores e fazer com que adiem seu engajamento ao Bitcoin por anos ou mais. Como alternativa, esses mesmos eventos podem ser um catalisador para as pessoas abandonarem a moeda tradicional sujeita à inflação e à desvalorização e optarem pelo Bitcoin, como alternativa melhor.

Consideremos a possibilidade de uma coibição do governo. Já disse que os governos terão dificuldade em impedir o Bitcoin, pois ele é mais uma ideia do que algo físico que pode ser confiscado (como dinheiro, contas bancárias ou barras de ouro), além da facilidade de acesso em todo o mundo. Os governos teriam de descobrir as chaves privadas de todos os participantes do sistema Bitcoin, algo impossível, visto que exigiria identificar todo mundo por suas chaves privadas. Um bom exemplo foi quando a China baniu as bolsas de criptomoedas em 2018 e os investidores do país simplesmente passaram seus negócios para bolsas no exterior. Nenhum bitcoin jamais foi confiscado pela China, era impossível.

Portanto, os governos comandados por líderes autoritários ávidos por controlar sistemas monetários ou atender aos desejos de lobistas de bancos, podem retardar o progresso do Bitcoin pela implementação de regulamentação excessiva ou criação de outros obstáculos que, em última instância, impactariam o preço do bitcoin. Por quanto tempo ou o quão profundos seriam os efeitos dessas medidas é difícil prever.

Um crescente mercado de derivativos de Bitcoin também pode retardar a adoção e seus ganhos. Como no caso de gás, petróleo, ouro e certos mercados de *commodities*, a especulação por meio de compras de futuros e opções em vez do ativo-base normalmente aumenta os preços. Tal abordagem, se adaptada ao Bitcoin, impediria que mineradores e outros investidores determinassem a cotação do bitcoin.

Por outro lado, economias em desenvolvimento, em que há pouca ou nenhuma oferta de serviços bancários, provavelmente irão ter maior procura pelo bitcoin, já que os donos de pequenos negócios compram e vendem bens e serviços. Tensões no comércio internacional, uma extensão das tendências políticas nacionalistas, também farão com que as empresas procurem opções fora dos canais tradicionais para conduzirem seus negócios. Esses problemas provavelmente levarão à desvalorização do dólar e de outras moedas fiduciárias fortes à medida que os países procurarem limitar os prejuízos a suas economias. O resultado pode ser um enfraquecimento da confiança das pessoas nas instituições que controlam a política monetária. Tais eventos, caso ocorram, levarão ao ápice do uso do bitcoin e seu preço irá para as nuvens.

LEMBRE-SE: NÃO SE TORTURE COM A VOLATILIDADE

Isso me leva à minha próxima previsão em relação ao Bitcoin.

Sem dúvida, a expectativa é de volatilidade contínua. Sei que essa palavra assusta muito. Volatilidade sugere que um investimento jamais será confiável e que todos devem se manter afastados. Como expliquei anteriormente no Capítulo 7, as pessoas confundem volatilidade com risco, uma comparação infeliz. Devo esclarecer mais uma vez que não escrevi este livro para forçar ninguém a aderir ao Bitcoin – ou qualquer outra criptomoeda. Deixei claro tanbém que não sou consultor financeiro.

Todo mundo deve tomar suas próprias decisões em relação ao que buscam em um investimento. Isso inclui o tempo que esperam que dado investimento cresça a um determinado nível. Acima de tudo, também significa o nível de risco que estão dispostos a tolerar. Se você for um investidor inteligente, sem dúvida nenhuma pesará fatores como situação de trabalho, idade e tamanho da família.

Consultores financeiros qualificados rapidamente dirão que os investimentos tomam seu próprio rumo. Eles podem começar a todo vapor e depois perderem força; podem inverter de sentido rapidamente; ou, então, alternar entre altos e baixos. Lembre-se de que as ações da Amazon caíram para um dígito antes de começarem a subir para US$ 3.000 ou mais por ação no início de 2021, quando foi avaliada perto da casa do US$ 1,6 trilhão.

Muitos analistas consideraram a Amazon um investimento volátil na época anterior ao grande potencial das compras via internet se tornar aparente, e não deixavam de ter razão. Mas investidores inteligentes analisavam o cenário a longo prazo. Eles analisaram o potencial, a gestão e a eficiência operacional da Amazon. Como podemos ver mais claramente agora, a Amazon foi uma grande ideia levada adiante por um fundador visionário. Jeff Bezos também dirigia a empresa com pulso, garantindo que as despesas da companhia permanecessem baixas sem comprometer sua capacidade de crescimento.

A contínua volatilidade do bitcoin origina-se na falta de entendimento de seu valor potencial global. Muitíssimas pessoas investirão por razões erradas – MDPO ou outra coisa – e, depois, terão uma reação exagerada para cada rajada de vento, colocando em dúvida a condição do bitcoin. Mas também é reflexo de poderosas forças que resistem à sua larga adoção.

Até que Bancos Centrais, instituições financeiras tradicionais e líderes políticos simpáticos à causa adiram ao Bitcoin, os mercados continuarão turbulentos. Esses grupos continuarão a criar obstáculos desestabilizando muitos investidores, levando-os a vendas maciças bruscas que criarão outras grandes quedas abruptas que já vimos no passado. Mas também ocorrerão elevadas e repentinas altas nos preços refletindo arroubos de confiança.

Volatilidade não é necessariamente uma coisa ruim. É simplesmente onde o Bitcoin se encontra num estágio inicial daquilo que será uma longa e bem-sucedida história.

Não deixe que as quedas – ou ganhos – afetem sua estratégia HODLing. Fique atento à trajetória de crescimento do Bitcoin como um todo. O que estamos vendo é simplesmente o princípio de um período de recuperação e alta de várias décadas. Existe algum outro investimento que você teria comprado por frações de centavos (não estamos dizendo dólares) em 2010 e que agora vale mais de US$ 10.000? Poucos investimentos ao longo da década anterior produziram um aumento percentual maior do que o bitcoin. E, da mesma forma, poucos investimentos na próxima década superarão o bitcoin.

Ganhei mais dinheiro investindo em bitcoin em 2013 do que muitas pessoas que investiram muito antes do que eu. Como? Porque investi mais dólares reais e mantive firme minhas posições em bitcoin por mais tempo do que os outros que entraram nesse mercado no início, em 2010. Beneficiei-me do enorme aumento de preço, ao passo que muitos investidores precoces, que não eram tão convictos, compraram menos e venderam muito cedo. O mesmo vale para você. Se estiver comprando bitcoin agora a mais de US$ 10.000, que é muito mais do que quando investi na primeira vez, você ainda tem a oportunidade de fazer milhões, desde que aplique o bastante e preserve o tempo suficiente para se beneficiar do enorme aumento de preço da década vindoura.

Em uma conferência em Malta no início de 2019, quando o bitcoin entrou em um período de baixa, cerca de US$ 3.000, alguns participantes perguntaram se haviam cometido um erro por não venderem um ano antes quando os preços ainda se encontravam próximos de US$ 10.000. Minha resposta foi que se tivessem comprado bitcoins em fevereiro de 2017 quando ele atingiu novamente US$ 1.000, e os mantivessem ao longo do seu pico acima de US$ 20.000 dez meses depois e vendido quando o preço estava flutuando na faixa de US$ 6.000, teriam tido um lucro considerável – mais do que obteriam na maioria das ações. Similarmente, se o bitcoin subir para US$ 200.000 em 2021 e depois despencar para US$ 60.000 em outro período de mercado em baixa, ainda estariam numa boa comparativamente aos dias anteriores. Nada a temer!

Aceite a volatilidade do bitcoin e fique para o jogo de longa duração. Seus bitcoins lhe renderão muito mais do que anteriormente. Lembre-se de que em maio de 2010, Laszlo Hanyecz pagou 10.000 bitcoins por duas *pizzas*. Onze anos depois, esses mesmos bitcoins valeriam mais de US$ 500 milhões.

Em algum ponto, não muito depois de o bitcoin atingir US$ 1 milhão, ele vai começar a se estabilizar. Obviamente, se chegar à minha meta de US$ 1 milhão em 10, 20 ou 50 anos não importa no longo prazo. Quando algum empreendimento humano atinge um marco ou avanço não é tão importante para alguém, a não ser para os historiadores. Qual a importância de a internet ter alcançado adoção em massa 10 ou 15 anos depois de seu *début* nos anos 1970? O Bitcoin chegará lá. A lógica está a favor dele.

PERDA DE VALOR

A maior vantagem do Bitcoin é que o principal padrão de comparação das moedas do planeta, o dólar americano, está desvalorizando a cada ano que passa. Se o padrão de medição estiver literalmente encolhendo a cada ano, então o item que está sendo medido (o bitcoin) irá naturalmente crescer ao longo do tempo. Observemos os preços do hambúrguer do McDonald's em diversos períodos. Que produto é mais indicativo das tendências monetárias americanas do que um hambúrguer? Que produto é mais americano do que um hambúrguer?

Um hambúrguer do McDonald's custava apenas US$ 0,15 em 1955 quando a rede foi lançada. Nos anos 1980, o mesmo sanduíche custava US$ 0,50, e hoje já está em torno de US$ 1,10. Um Big Mac custava US$ 0,60 em 1970, cerca de três anos depois de o McDonald's introduzir seu icônico sanduíche com dois hambúrgueres de carne, preparado com molho especial que alimentou o metabolismo de muitos estudantes do período noturno. Hoje em dia ele custa pelo menos US$ 4. A refeição mais barata do McDonald's, que inclui fritas e um refrigerante, subiu para mais de US$ 5, e muito mais em certas cidades com alto custo de vida. O mesmo aconteceu com os hambúrgueres e refeições de outras franquias de *fast-food*. O poder de compra do dinheiro simplesmente não é mais como antes.

Teria, de repente, o McDonald's começado a usar o melhor contrafilé? Teria aumentado o tamanho das porções? Não. O hambúrguer do McDonald's tem sido uma constante ao longo de décadas, proveniente dos mesmos fornecedores e no mesmo pacote de cerca de 51 g. Portanto, não é como se a rede tivesse de gastar mais para preparar os sanduíches.

O que mudou foi o dólar americano. Seu poder de compra foi reduzido. E essa redução acontece a olhos vistos, ao longo de anos e décadas, sem nem menos uma objeção. E as pessoas mais atingidas são aquelas de menor capacidade de ganho. Você já chegou a pensar por que o poder de compra do dinheiro se reduz a cada ano? Seria uma lei da natureza ou algum fenômeno intencional causado pelo ser humano? Tenho certeza de que é este último.

Enquanto isso, o valor do bitcoin aumenta ao longo do tempo. Uau!

A segunda vantagem do bitcoin é que os governos e bancos têm cada vez mais restringido o acesso das pessoas ao dinheiro por meio de leis e regulamentações. Isso tem se tornado uma fonte de frustração para muitas delas. Não podem realizar nem mesmo as transações mais básicas sem interferência ou custos extras. Ao entrarmos na década de 2020, é surpreendente que o setor bancário ainda insista em atar nossas mãos quando efetuamos nossas próprias transações monetárias.

Considerei importantíssimo mencionar que o dinheiro deveria ser uma propriedade inalienável e que deveríamos ser capazes de controlá-lo. Ele nos pertence, já que é fruto de nosso trabalho. A estrutura descentralizada do Bitcoin dá às pessoas essa capacidade, e essa característica básica é um importante fator para que ele esteja rapidamente ganhando popularidade. É um impulso que continuará a crescer à medida que *millennials* e gerações mais jovens (que são menos tecnofóbicos e mais desconfiados das autoridades) forem se tornando parte da economia. Muitos deles estão buscando maior controle de sua vida.

Em levantamento conduzido pelo Harris Group para a empresa de capital de risco Blockchain Capital, não muito depois de ter atingido a maior baixa no mercado de criptomoedas em 2019, constatou que a porcentagem das pessoas na faixa de 18 a 34 anos que se achavam pelo menos "relativamente familiarizadas" com o Bitcoin cresceu, passando de 42% para 60%, desde a época em que foi feito um relatório similar para a

Blockchain Capital dois anos antes.[13] O estudo também constatou que aproximadamente 60% dos indivíduos dessa faixa etária tinha uma visão positiva do Bitcoin como inovação financeira e quase metade achava que as pessoas usariam o bitcoin na próxima década, ao passo que mais de 40% disse que era provável que viriam a comprar bitcoins durante os próximos cinco anos. Talvez mais revelador seja que quase um terço dos *millenials* já preferia o bitcoin em vez de ações ou títulos do governo, e quase um quarto deles optaria por ele em detrimento de imóveis ou ouro.

Os *millenials* compõem o maior grupo demográfico dos Estados Unidos. A renda disponível desse grupo irá superar a de todas as demais gerações antes de 2030. Estudo encomendado pelo *Wall Street Journal* revelou que a Grande Recessão, ocorrida quando muitos *millenials* estavam na faixa dos 20 anos de idade (entre o final da primeira década dos anos 2000 e início da segunda década – 2000-2010), moldou o comportamento deles quanto a investimentos a não confiar em várias opções de investimento tradicionais e a buscar ativos alternativos.[14] Outro relatório realizado pelo grupo de investimento Adamant Capital revelou que os *millenials* se sentiam à vontade com protocolos não hierarquizados como BitTorrent e *software* de código-fonte aberto.[15] "Como a renda disponível dos *millenials* continua a crescer, nossa expectativa é de que o vento favoreça ainda mais a adoção do Bitcoin e a sua valorização", disse o relatório.

Quanto maior for o controle da sociedade sobre o dinheiro, maior o valor do Bitcoin para a sociedade. O Bitcoin dá verdadeira liberdade ao dinheiro. É por isso que ele é valioso hoje e irá se tornar cada vez mais na próxima década. Não há nada que impeça a liberdade que você deve ter de gerenciar seu próprio dinheiro.

Uma terceira vantagem é que as pessoas acharão o Bitcoin cada vez mais útil. Isso será particularmente verdadeiro para donos de pequenos negócios, que dependem de transferências bancárias, fundos eletrônicos, plataformas de pagamento, cartões de crédito e até dinheiro vivo para suas transações. As criptomoedas, compreensivelmente, representam uma parte muito pequena desse total. Mas é isso que lhe confere tanto potencial. Há um enorme mercado a ser explorado.

Minhas próprias relações de negócios ao lançar minha nova *startup*, a Ballet, revelam isso. Logo quando iniciamos o desenvolvimento de uma carteira "fria" para Bitcoin do tamanho de um cartão de crédito, um grupo com sede na Argentina com o qual estávamos trabalhando nos disse que preferia receber em bitcoins. As transferências bancárias em dólares eram muito complicadas, já que muitos países restringem as transações em moeda estrangeira e podem até limitar a possibilidade das pessoas abrirem uma conta bancária em dólares (os sistemas de pagamento tradicionais da Argentina usam um sistema de tolerância a falhas bizantino). Por volta dessa época, alguns dos meus funcionários remotos me pediram o mesmo. Alguns contadores aconselham a não fazer pagamentos em bitcoin, pois pensam que isso pode alertar órgãos reguladores e complicar o registro contábil para fins tributários. Porém, acredito que assim que essas questões forem resolvidas, o bitcoin tornará os pagamentos mais fáceis e mais eficientes numa escala global.

O Bitcoin pode ser particularmente importante para os "sem-banco" e regiões pouco atendidas por agências bancárias. Uma empresa de importação-exportação africana poderia aceitar o bitcoin ao vender sapatos que ela trouxe da China; um produtor agrícola da América do Sul poderia comprar sementes e equipamentos com o bitcoin; ou mesmo uma empresa da área de tecnologia em algum lugar remoto do planeta poderia pagar seus fornecedores oferecendo suporte de TI ou ajuda de *marketing* em bitcoins.

É de se esperar também um aumento no uso do bitcoin em transações diárias no varejo. Bem, isso não significa que estaremos usando o bitcoin no açougue ou para pagar um cafezinho. A presença crescente do bitcoin no cotidiano será gradual – alguns negócios por vez. Mas esse aumento ocorrerá.

E quando o Bitcoin se tornar parte importante do mundo comercial, o público ficará menos ressabiado. Já tenho notado grande mudança de comportamento, que fica evidente pela resposta do público em minhas palestras a duas perguntas que há anos tenho feito no início das apresentações sobre criptomoedas: (1) Você possui algum bitcoin? (2) Quantos de vocês entraram para o mundo do bitcoin no ano passado?

Sempre um bom número de pessoas tem levantado a mão para minha primeira pergunta. A maioria das pessoas em conferências sobre criptomoedas possui bitcoins, caso contrário não estariam lá. Porém, um número crescente de pessoas, algumas vezes um terço dos presentes, agora tem respondido afirmativamente à minha segunda pergunta. Para mim, isso demonstra que o Bitcoin está se tornando popular.

Alguns de meus encontros casuais revelam a mesma tendência encorajadora. No final de 2019, um funcionário da TSA no aeroporto McCarran de Las Vegas separou uma de minhas malas, que continha algumas carteiras de bitcoin parecidas com um cartão de crédito da Ballet. Isso não me surpreendeu. Os cartões são feitos de aço inoxidável de propósito, para aumentar sua durabilidade. Viajo bastante e rotineiramente sou parado por agentes de segurança do aeroporto ao passar minhas malas pelo detector de raios X. Enquanto o agente respeitosamente revistava minha mala, ele se deparou com os cartões e sorriu. "Acabo de comprar uma dessas carteiras Ballet", disse ele. Fiquei atônito e agradavelmente surpreso, já que tínhamos lançado esse tipo de carteira há poucas semanas.

Mas depois me dei conta de que um número maior de pessoas tem lido diariamente a respeito do Bitcoin. Ele passou de uma questão secundária misteriosa, que intimidava a maioria das pessoas, para algo que faz parte do cotidiano de muita gente. E continuará nesse caminho.

QUINZE PREVISÕES PARA O MUNDO DAS CRIPTOMOEDAS

Não há nenhum mistério para o preço do bitcoin ser o tópico mais comentado no mundo das criptomoedas.

O Bitcoin foi o pioneiro no mundo do dinheiro digital. O primeiro a atrair a atenção de um público mais amplo. A gerar milionários e multimilionários. A criar um setor de pequenas iniciativas, incluindo bolsas de criptomoedas e outros serviços de apoio. A atrair o interesse de órgãos reguladores e a ameaçar os pilares do sistema bancário.

O Bitcoin é o rei das criptomoedas – e não o Ethereum, Tether, XRP, Bitcoin Cash, Chainlink, Polkadot, Cardano, Litecoin, Bitcoin SV, EOS, Monero, TRON, Stellar, Tezos, Neo, Cosmos, NEM, Dai, IOTA, Dash ou outras cujos inventores dizem ter resolvido os pontos fracos do Bitcoin. A prova é que o Bitcoin está com capitalização de mercado na casa dos bilhões.

A capitalização de mercado do Bitcoin, que ultrapassava US$ 1 trilhão no início de 2021, faz todos os demais parecerem pequenos. Apenas uma criptomoeda, o Ethereum, havia rompido a barreira dos US$ 50 bilhões e somente outras 75 tinham capitalização de mercado superior a US$ 1 bilhão.

Embora eu tenha criptomoedas e investimentos e respeite qualquer iniciativa de criptomoeda que impulsione o dinheiro digital, fui formando minha carteira em torno do bitcoin. Sou um "cara do Bitcoin".

Mas acredito também que seja importante não ignorar um panorama mais amplo. Aquilo que acontece política, legal, social, econômica e ambientalmente fora do mundo do Bitcoin pode afetar o futuro – acelerando ou retardando sua aceitação, levando-o a caminhos inesperados ou que podem parecer um contrassenso.

Por exemplo, no início de 2020 alguns entusiastas das criptomoedas começaram a ver no bitcoin um novo porto seguro durante períodos de distúrbio econômico. Eles acreditavam que, devido a seu preço não depender de outras unidades de valor ou organizações que criam política monetária, o bitcoin estaria imune a eventos que costumam afetar as ações e outros ativos tradicionais. Eles notaram poucas ocasiões em que as bolsas caíram, mas a criptomoeda continuou a subir. Comparavam o bitcoin ao ouro, tradicional refúgio nessas situações, e previram que ele atrairia novos investidores admirados com suas vantagens únicas em recessões.

O aparecimento do coronavírus possivelmente desvaneceu essa crença – pelo menos inicialmente. Quando as bolsas despencaram historicamente em meio à estagnação da economia mundial, o mesmo aconteceu com o bitcoin, porém, apenas brevemente. De 20 de fevereiro a 23 de março, tanto o índice S&P 500 quanto o bitcoin caíram cerca de 33%. O impulso logo no início de 2020 e a expectativa de um aumento importante em sua cotação em relação à primeira queda pela metade do Bitcoin depois de quatro anos pareciam irrelevantes, já que a cotação do bitcoin não valorizou significativamente em meados de 2020 conforme alguns esperavam. Seu preço finalmente aumentou na primavera daquele mesmo ano quando chegou a US$ 20.000. Estabelecer com exatidão as razões para esse aumento tardio era difícil. Sempre é difícil entender e prever qual é a tendência nos preços do bitcoin. A culpa das flutuações de preço do bitcoin é atribuída a seu pouco tempo de existência.

"A narrativa do Bitcoin está mudando, como era de se esperar, para uma inovação jovem e complexa", escreveu eloquentemente a editora da Coin-

Desk, Noelle Acheson, em *newsletter* de março de 2020. "Mas o mesmo acontece com as narrativas que orientam todos os aspectos de um investimento. Daqui alguns anos, quando as novas narrativas tiverem se estabilizado numa aparente normalidade, olharemos para trás e nos daremos conta de que os fatos sempre estiveram lá, à nossa frente."[1]

Portanto, considere as previsões a seguir como um ponto de partida para suas próprias considerações sobre como evoluirão os acontecimentos no que tange as criptomoedas além do aspecto "preço" do bitcoin. Não que eu seja reticente diante do que vejo. Porém, já observo esse setor há um bom tempo para ser flexível em minhas considerações. Você deveria fazer o mesmo.

PREVISÃO 1:
Warren Buffett Mudará de Ideia – ou ao Menos Alguém Irá

Será que consegui despertar sua atenção ao incluir o Oráculo de Omaha (apelido de Buffet) na previsão?

Eu sei, eu sei. Warren Buffett jurou de pés juntos que jamais irá investir em bitcoins e sua reputação é a de um homem íntegro. "Basicamente as criptomoedas não têm valor algum e não produzem nada", disse Buffett ao *Squawk Box* da CNBC em uma entrevista logo após o envio de sua mensagem anual aos acionistas em 2020, acrescentando: "Não possuo nenhuma criptomoeda e [...] jamais terei".[2]

E, talvez, Buffett jamais mude de ideia. Ele é famoso por dizer às pessoas que jamais devem investir em algo que não conheçam ou em que não acreditam. Quem sou eu para questionar a sabedoria da primeira, segunda ou terceira pessoa mais rica do mundo, dependendo se as ações da Wells Fargo, Apple e algumas outras poucas grandes empresas indicadas pela Berkshire Hathaway estiverem subindo como foguete ou patinando?

Não que investidores inteligentes não estejam querendo mudar quando veem as vantagens de um ativo, e até mesmo o oráculo mudou de ideia mais de uma vez. "Mudanças são bem-vindas", disse Buffett no encontro anual de

2019 da Berkshire Hathaway. "Mudanças fazem parte da vida [...] O segredo é ir se adaptando conforme o mundo for mudando e não ficar para trás."

Vale ressaltar que por muitos anos Buffett relutou em investir em ações de empresas de tecnologia como a Apple. Eu comecei a investir em ações da Apple no início dos anos 2000, muito antes de virar moda fazer isso, e previ que algum dia Buffett iria fazer o mesmo. Anos depois, Buffett de fato mudou seu discurso e começou a comprar ações da Apple e, atualmente, ele é simplesmente o maior acionista da Apple no mundo.

Portanto, mesmo que Buffett jamais tenha se sentido à vontade em relação ao Bitcoin, prevejo que alguns outros investidores famosos que vêm arremessando dardos contra o Bitcoin, no final acabarão comprando a ideia. Eles verão os propósitos práticos do Bitcoin para os "sem-banco" e decifrarão os detalhes de seu funcionamento a ponto de compreenderem que não se trata de nenhum golpe. Perceberão a facilidade de se adquirir bitcoins. Sobretudo, verão que o desempenho do bitcoin é superior a outros ativos. Então, finalmente, irão adquiri-lo.

A bem da verdade, os negativistas não desaparecerão completamente. Todo ativo tem seus detratores e acredito que isso seja positivo. Os negativistas são sempre aqueles que questionam, forçando um investimento a provar seu valor, o que o torna mais forte e digno de crédito para um público mais amplo. A lógica do Bitcoin resiste ao mais minucioso exame. Trata-se de uma narrativa convincente que no final será vitoriosa.

PREVISÃO 2:
O Bitcoin Continuará sendo a Principal Criptomoeda

Atualmente, há um bocado de gente propagandeando diferentes criptomoedas. Alguns acreditam que o Ethereum ofereça a melhor experiência ao usuário e seja mais capaz devido a seus recursos de contratos inteligentes. Outros são favoráveis a moedas estáveis atreladas a moedas fiduciárias, pois pelo menos dão a ilusão de maior estabilidade. Outros ainda estão depositando sua confiança em cupons atrelados a projetos específicos que alcançarão sucesso mais disseminado.

Aprecio essas perspectivas diferenciadas. Investir é uma experiência pessoal. Cada um sabe o que é melhor para si e não há um caminho único para valorizar ativos. Buffett conseguiu seus mais de US$ 90 bilhões investindo em companhias de peso, fornecedoras de bens e serviços básicos. Robert Smith, outro bilionário da Forbes, construiu grande parte da Vista Equity Partners aproveitando oportunidades para comprar empresas de *software*. O magnata do setor de empreendimentos imobiliários, Donald Bren, transformou uma pequena construtora em uma empresa gigante, tornando-se a pessoa mais rica do condado de Orange, de acordo com o *Los Angeles Times*.[3]

De modo parecido, há uma gama enorme de carteiras bem-sucedidas, cada qual com seu próprio *mix* de ações, títulos de dívida, *commodities* e outros investimentos alternativos. O mesmo acontece com as moedas digitais, algumas pessoas preferem certas moedas e outras optam por uma estratégia de investimento em criptomoeda diversa. Que estratégia irá prosperar? Essa pergunta é irrelevante desde que a pessoa faça do Bitcoin a espinha dorsal de seu patrimônio em criptomoedas.

Considere o Bitcoin o herói em um filme de ação, desafiado mas não se abate e sai vitorioso no final. Ele irá se destacar em termos de capitalização de mercado e seu nome ficará famoso, afirmando-se como o padrão mundial de fato de ativos digitais para reserva. O preço do Bitcoin subirá rapidamente para os patamares que eu previ – nada menos do que US$ 1 milhão em 2040 e, muito provavelmente, mais alto ainda.

PREVISÃO 3:
As Pessoas Irão Parar de Equiparar Outras Criptomoedas ao Bitcoin

"O que significa um nome?", escreveu Shakespeare em *Romeu e Julieta*. Algumas pessoas usam a palavra criptomoeda. Outras usam Bitcoin e criptomoeda indistintamente. Fico feliz pelo fato de as pessoas estarem falando dele. Mas usar Bitcoin para descrever criptomoeda realça a confusão sobre o que ele é. A maioria realmente não sabe e usa a palavra mais cativante e vivaz, **Bitcoin**, em vez de **criptomoeda**, que soa como algo saído de um manual de espionagem.

O Bitcoin é apenas uma das criptomoedas. De maneira mais ampla, havia cerca de 1.500 delas quando este livro estava prestes a ser lançado. E variam significativamente no modo de funcionamento e como operam, algumas mais legítimas do que outras. Umas são decentes, mas muitas são simplesmente um lixo, desculpe-me o vocabulário – e exatamente por isso receberam o apelido de "*shitcoin*". Bitcoin tornou-se sinônimo de criptomoeda provavelmente porque foi a primeira a chegar ao mercado e por ter o perfil mais elevado. Mas à medida que as pessoas começarem a entender melhor o setor de criptomoedas, usarão o termo Bitcoin corretamente. Elas reconhecerão que o Bitcoin difere de outros criptoativos, da mesma forma que os investidores sabem a diferença entre Walmart e Macy's. Essa compreensão marcará um simbólico mas importante novo começo para o Bitcoin e outras criptomoedas – um esclarecimento que tornará mais fácil aos investidores entenderem as vantagens do Bitcoin sem ignorar o potencial futuro de outras criptomoedas.

PREVISÃO 4:
Os Governos Irão Solucionar suas Questões Regulatórias

A regulamentação tem sido um dos maiores obstáculos para a adoção de criptomoedas, com os governos relutando em criar normas e restrições. Eles se sentem inseguros quanto à forma que devem tratar uma entidade tão diferente de tudo aquilo que a precedeu e em relação a ameaças aos sistemas tradicionais. Deveriam simplesmente bani-las até que sejam mais bem entendidas, como alguns detratores poderiam defender? Ou deveriam permitir que houvesse autovigilância? Qual seria o equilíbrio adequado?

Uma série de países autoritários bateu firme no Bitcoin, ávidos por exercer algum tipo de controle para sufocar o novo fenômeno. Alguns desses governos baniram a compra de criptomoedas ou as bolsas que tornavam possíveis tais transações.

Em janeiro de 2020, o principal órgão regulador financeiro do Estado de Catar, no Oriente Médio, a Qatar Financial Centre Regulatory Authority, QFCRA, baniu o uso de criptomoedas. O ato parecia excesso de repressão, apenas dois anos depois de o Banco Central do país ter banido a comercialização do bitcoin. Parecia também ir contra as iniciativas de *fintechs* catarianas, que estavam em andamento para modernizar os serviços financeiros, inclusive o desenvolvimento de plataformas *blockchain* para facilitar e salvaguardar as transações. A QFCRA dizia que as criptomoedas suscitaram preocupação em relação à segurança. Foi realmente isso? Ou o Catar estaria preocupado com perda de controle?

Em uma rápida sucessão de ações com início em 2017, a China proibiu as ICOs, as bolsas de criptomoedas (inclusive minha própria bolsa, a BTCChina) e também coibiu os mineradores. Em abril de 2018, na cidade de Tianjin (norte da China) a polícia confiscou 600 computadores usados para mineração depois de uma agência que monitorava o uso de eletricidade ter informado um forte aumento no consumo de energia. O governo chegou ao ponto de proibir viagens e a saída do país dos executivos das proeminentes bolsas OKCoin e Huobi. A China citava não apenas receio quanto a fraudes, mas em relação ao enorme crescimento do setor no país, que conta com cerca de 60% do poder de *hashing* do planeta e fabrica a maior parte dos equipamentos para mineração em todo o mundo. Em outubro de 2020, os executivos da OKCoin foram detidos pela polícia chinesa, o que provocou, posteriormente, suspensão dos saques em criptomoedas de sua subsidiária, a bolsa global OKEX. É provável que tal tendência na China prossiga por muitos anos.

Embora a Rússia não tenha regulamentado o Bitcoin, o país não permite o uso de bitcoins para pagamentos, e na época próxima ao lançamento deste livro, o país estava considerando a promulgação de uma lei que permitiria ao governo o confisco de bitcoins. O banco central da Índia (Reserve Bank of India) tentou impedir transações com criptomoedas até que sua Suprema Corte derrubou o veto no início de 2020, alegando que a regulamentação era exagerada em relação à ameaça percebida que o Bitcoin poderia trazer ao sistema bancário do país. O RBI vem manifestando preocupação em relação à segurança e outras questões desde 2013, fazendo notar, em uma declaração pública na época, que as moedas digitais careciam de qualquer respaldo ou valor fundamentado. Ele se referiu ao valor do Bitcoin como uma "questão de especulação" e alertou que os investidores estariam expostos a uma volatilidade sem tamanho. O banco também disse que a legalidade das bolsas não era clara e, consequentemente, poderia criar problemas jurídicos para os investidores.

Em abril de 2018, o Banco Central do Irã proibiu bancos, instituições de crédito, casas de câmbio e outras instituições financeiras de realizarem transações em criptomoedas como parte de uma campanha para combater a lavagem de dinheiro e o financiamento de atividades terroristas. Bolívia, Equador e Colômbia também consideraram ilegal o uso e as operações com bitcoin. Esses governos tinham uma fixação pela ameaça do bitcoin às suas frágeis moedas fiduciárias. O Vietnã não considera o bitcoin uma forma de pagamento e não o regulamentou como investimento. De qualquer forma, qual é a diferença? A beleza do Bitcoin é ele ser tanto um investimento quanto um sistema de pagamento, tudo incorporado em um único sistema.

Contudo, até países com democracias maduras e economias abertas têm contendas no que tange à regulamentação. Nos Estados Unidos, que têm sido muito receptivos ao Bitcoin, a Security and Exchange Comission, SEC (Comissão de Valores Imobiliários), ainda tem de aprovar um *Exchange Traded Fund* (ETF) para o Bitcoin. E as agências ainda precisam concordar se o Bitcoin deve ser considerado *commodity* ou papéis negociáveis. A Austrália não considera o Bitcoin moeda corrente, mas o taxa como ganho de capital sobre um investimento. No Canadá, alguns bancos não autorizam transações com bitcoin em cartões de débito e crédito.

Acredito que tudo isso irá se resolver antes do final desta década ou, pelo menos, bem antes de os bitcoins remanescentes em circulação acabarem e quando os governos reconhecerem os enormes benefícios do Bitcoin. Considero todo esse burburinho normal e positivo. Com tamanha atenção de governos e órgãos reguladores ao Bitcoin ao redor de todo o mundo, isso só corrobora à grande importância e poder do Bitcoin. Caso contrário, por que todo mundo se importaria tanto?

Quero dizer que o envolvimento dos governos – mesmo com seus desacertos e a postura adotada por aqueles que não acreditam no Bitcoin – valida o *status* do Bitcoin como uma forma de troca legítima que merece toda atenção. Note que o escrutínio em relação ao Bitcoin não é feito apenas pela SEC, mas também pelo Commodity Futures Trading Comission, CFTC, pelo IRS (Receita Federal) e pelo Tesouro americano. Por vezes chego a pensar que eles estão lutando entre si para ver quem irá regulamentá-lo. Nesse aspecto, ele já é bem-sucedido de modo nunca visto com outras inovações tecnológicas em circunstâncias similares durante suas respectivas evoluções.

Nenhuma das áreas com que tive contato durante minha carreira técnica, como comunidades *on-line*, armazenamento e computação na nuvem, televisão IP, vídeos *on-line* e comércio eletrônico, tiveram a adesão em termos de envolvimento do governo e de regulamentação quanto aquela alcançada pelas criptomoedas. O Bitcoin realmente tem um *status* especial.

PREVISÃO 5:
Alguns "Ursos" do Bitcoin Continuarão a Ser "Ursos" do Bitcoin – em Prejuízo Próprio

Há três tipos de "ursos" do Bitcoin[NT25].

Os "ursos" mais comuns são aqueles que chamarei de investidores normais ou "ursos" cíclicos. A forma de abordar o Bitcoin é a mesma que adotam para outros investimentos. Eles lançam mão das melhores informações disponíveis para decidirem que ativos comprar ou vender, quando realizar as transações e com que valores. Dependendo das circunstâncias, às vezes são otimistas apostando na alta, às vezes são pessimistas apostando na baixa. Foi isso que aconteceu com o Bitcoin, os consumidores adquiram bitcoins quando tinham forte sensação de que o preço iria aumentar e vendia-os quando os "ventos" do mercado pareciam menos favoráveis.

O segundo grupo são "ursos" que precisam ser convencidos. Esses "ursos" têm grande dificuldade de superar suas visões preconcebidas sobre

---

NT25: Alusão do autor ao jargão *bear market*, comumente usado na Bolsa para indicar mercado em baixa. O oposto é o *bull market*, mercado em alta.

qualquer alternativa de investimento que não seja as tradicionais. Eles levantam dúvidas razoáveis e dificilmente abraçarão a causa do Bitcoin por completo. Como eu já havia dito, o Bitcoin não é para qualquer um. Mas parte desses "ursos" também é capaz de deixar de lado seus preconceitos quando escuta um bom contra-argumento.

Consideremos o professor Nouriel Roubini, da escola de administração da Universidade de Nova York, também conhecido como *Dr. Doom* por suas sinistras mas acuradas previsões antes da recessão mundial de 2008 e seu cruel ceticismo em relação às criptomoedas. Em uma mesa-redonda comigo, Tone Vays e Brock Pierce no CC Forum de 2019, em Londres, Roubini repetia suas críticas de que o Bitcoin não era descentralizado e que os governos iriam suprimir qualquer sistema monetário que não identificasse os participantes. Ele descrevia as criptomoedas como "uma reação populista" que afetava serviços financeiros e outros setores baseados em tecnologia. "Fico com o dólar americano diante de qualquer uma de suas *shitcoins*", me disse ele em um momento acalorado do debate. Mas eu não estava defendendo essas *shitcoins*; eu estava defendendo o Bitcoin. Uma diferença enorme!

Embora defenda o Bitcoin, não discordo inteiramente das observações de Roubini sobre o populismo, que tem se revelado nos movimentos políticos que assolam o mundo. Por anos as pessoas vêm querendo ser mais ouvidas pelos líderes de suas organizações – governo e o setor privado – que controlam nossa vida.

Mas o que me deixou perplexo foi que Roubini, poucos minutos antes, parecia atenuar seu posicionamento diante do Bitcoin, chamando-o de "talvez uma reserva de valor parcial". Esses míseros e relutantes passos sugeriam que um dos "ursos" mais relevantes do mundo não havia descartado completamente as moedas digitais. Para mim, foi um pequeno sinal de progresso. Algum dia, espero que o Bitcoin o convença de que é, de fato, uma reserva de valor legítima.

Depois há os "ursos" totalmente contrários, descrentes, movidos por medo irracional, relutantes ou incapazes de considerarem os argumentos lógicos a favor do Bitcoin. Eles acham que as criptomoedas não são reais, é um dinheiro "esquisito", uma novidade que tem captado uma fatia respeitável do fascínio do público mas não é capaz de vingar ao longo do tempo por ser tão distante do sistema monetário que conhecem. Eles consideram impossível a ampla adoção, por exigir que consumidores abandonem em massa seus fornecedores de serviços financeiros. Para eles, apenas o dólar americano, o euro, a libra esterlina ou outras moedas usadas em grande escala são reais. Para eles, ouro, certificados de ações e imóveis são reais, mas não o bitcoin.

No Capítulo 6, escrevi sobre meu acalorado debate no início de 2014 com o apresentador Larry Hsien Ping Lang do popular programa de entrevistas chinês. Lang imbuiu-se do ceticismo do governo chinês e já havia decidido zombar do bitcoin independentemente do que eu dissesse.

Na época de minha aparição na TV, o Bitcoin oscilava em torno dos US$ 700, mais de cinco vezes o valor de apenas um ano. Entrementes, a BTCChina se tornara a maior bolsa de criptomoedas do mundo, medida em termos de número e volume de transações. Mas Lang não ouviria nada disso. Ele refutava meus argumentos sobre como o Bitcoin, além de ter um preço de mercado, também poderia representar valor real, mesmo no caso de seu detentor não o usar.

Portanto, decidi provocá-lo com um hipotético presente de 100 bitcoins, que na época valia mais de US$ 70.000. Fitou-me com perplexidade e recusou a oferta. Fui obrigado a forçar a barra: "Você está me dizendo que se alguém lhe desse 100 bitcoins, você não aceitaria?".

Lang agitava as mãos profusamente, como se o Bitcoin fosse algum monstro diabólico tentando atacá-lo, dizendo que não aceitaria nenhum bitcoin porque, na visão dele, o bitcoin simplesmente não valia nada apesar de claras provas indicando o contrário. Toda aquela gesticulação de Lang acabou virando um *meme* na internet chinesa, zombando daqueles que não acreditam no Bitcoin. Não me deparei com Lang desde aquela discussão, mas não acredito que ele tenha mudado de ideia.

Alguns descrentes do Bitcoin continuarão descrentes, da mesma forma que algumas pessoas se negam a investir na Bolsa, alguns odeiam o ouro, outros fazem objeções em relação a diversos tipos de investimentos, do mesmo modo que alguns acreditam que é melhor manter seu dinheiro em uma caderneta de poupança, no mercado monetário, em certificados de depósito com juros baixos ou mesmo em vasos de flores em cima do armário da cozinha. Embora essa abordagem os proteja dos abalos provocados por crises ou diminuição da atividade econômica, ela também impede que consigam aumento significativo em seus investimentos.

Caso você se torne investidor em bitcoins, terá de aceitar que algumas pessoas jamais irão se juntar a você. Não deixe que coloquem minhocas na sua cabeça tão logo tenha tomado a resolução de investir em bitcoins. Robert Louis Stevenson, romancista escocês, que sabe do que está falando quando se trata de tesouros ocultos, escreveu: "Grande parte de nossa parca sabedoria é concebida para uso de pessoas medíocres, para desencorajá-las de tentativas ambiciosas e, geralmente, consolá-las em sua mediocridade".

PREVISÃO 6:
Mais Investidores Institucionais Irão Participar

Muitos observadores do mundo das criptomoedas acreditam que fundos de dotação voltados para instituições acadêmicas, corporações, bancos, fundos mútuos e fundos *hedge*, bem como outros investidores institucionais irão impulsionar o inevitável sucesso do Bitcoin. Cautelosos por natureza, esses investidores têm sido relutantes em se comprometer com algo tão novo e tão volátil.

Mas, com o tempo, passaram a adotar uma postura menos radical, usando a mesma análise criteriosa pela qual dissecam outros investimentos de modo a se convencerem do potencial do Bitcoin. Essa vem sendo uma das tendências mais promissoras do sistema, pois significa sua aceitação por organizações que controlam algumas das maiores fontes de capital do mundo.

Por quê? Compare os dois números a seguir: 100.000% *versus* 179%.

Caso você tivesse investido em bitcoins em 2011 (dois anos depois de sua introdução), em 2020 teria alcançado o primeiro número em termos de retorno. O segundo número é o que teria ganho no mesmo período investindo em ações de empresas da S&P 500. Muitas das instituições e administradores de carteira de títulos provavelmente devem ter rangido os dentes quanto a questões de volatilidade e segurança – eles recebem altos salários para serem pessoas que se preocupam exageradamente (posso até compreender dadas as grandes quantias em jogo), porém, prevejo que irão mudar de ideia e abraçarão o bitcoin. Quando assim fizerem, o desempenho deles irá aumentar, já que o bitcoin continua a superar os principais índices de ações.

Prova 1 desta Tendência

Um estudo de meados de 2019 realizado pela Fidelity Investments[4] constatou que mais de um em cada cinco investidores institucionais possuía ativos digitais, uma ascensão notável, dado que raramente algum desses grupos tinha a posse de ativos desse tipo em 2016. Aproximadamente metade dos mais de 400 investidores institucionais pesquisados acreditava que havia espaço para ativos digitais em suas carteiras.

A abordagem deles variava, com quase três em cada quatro investidores preferindo a compra de produtos de investimento contendo ativos digitais ou a compra de produtos que contemplassem empresas de ativos digitais.

"Temos visto uma maturação no interesse por ativos digitais daqueles que por eles primeiro se interessaram, desde fundos de *hedge* para criptomoedas até investidores tradicionais institucionais, como gestores de grandes fortunas e fundos de dotação", disse Tom Jessop, presidente da Fidelity Digital Assets, que fornece serviços de custódia e realização de operações com ativos digitais para investidores institucionais. "Um número cada vez maior de investidores institucionais está aderindo aos ativos digitais, seja diretamente ou através de provedores de serviços, já que o potencial impacto da tecnologia *blockchain* nos mercados financeiros – novos e antigos – está se tornando mais evidente."

Jessop reconheceu que as empresas ainda estavam elaborando "suas próprias teses de investimento", e que havia "mais trabalho a ser feito" já que esse trabalho estava relacionado com "descrever os ativos digitais e a tecnologia *blockchain* em termos mais fáceis". Mas ele disse que tais companhias avançaram no desenvolvimento de "infraestrutura de custódia, negociação e financiamento".

Adicionou Jessop: "O sentimento institucional é reflexo de avanços positivos no ecossistema [...]. O ambiente regulatório global permanece cautelosamente construtivo".

A bem da verdade, a Fidelity tem estado à frente de outras grandes instituições financeiras na adesão ao Bitcoin. Sua CEO com visão de futuro,

Abigail Johnson, vem investindo em iniciativas com criptomoedas desde 2015 quando ela declarou que as criptomoedas desempenhariam um papel fundamental no futuro do mundo financeiro. Os esforços da Fidelity vão desde aqueles pequenos e excêntricos de aceitar bitcoins como forma de pagamento em uma de suas cafeterias, aos grandes e audaciosos, como a criação de uma empresa autônoma para o fornecimento de serviços de operações na Bolsa, consultoria e outros relacionados às criptomoedas para investidores institucionais.

Prova 2 desta Tendência

Considere os dados de 2018 fornecidos pelo grupo de pesquisas financeiras Autonomous Next, que identificaram 287 fundos *hedge* para criptomoedas, comparados a apenas 20 em 2016. Mike Novogratz, bilionário administrador de fundos *hedge*, fez a seguinte observação em uma entrevista em 2019: "A institucionalização deste espaço está vindo. E está vindo muito rapidamente".

Prova 3 desta Tendência

O grupo investidor em moedas digitais Grayscale informou que quase três quartos dos investidores institucionais aplicaram US$ 607 milhões em seus produtos em 2019.[5] Isso representa mais do que a quantia que havia levantado nos cinco anos anteriores. No momento em que este livro estava para ser impresso, a empresa tinha mais de US$ 27 bilhões[6] em criptoativos sob sua gestão.[7] "A demanda institucional continua a ser uma tendência de longo prazo: investidores institucionais continuam a ser o propulsor predominante do capital para investimento", disse Grayscale em postagem na plataforma aberta de jornalismo Medium, que coroava seu desempenho em 2019.[8]

Prova 4 desta Tendência

Considere o crescimento das moedas digitais próprias do JPMorgan e da Goldman Sachs. Não confunda essas iniciativas com o Bitcoin. Ter uma organização central como fonte de possíveis moedas digitais despreza um dos princípios fundamentais do Bitcoin. Mas tais iniciativas são prova do reconhecimento do potencial das moedas digitais, menos de dois anos depois do

CEO do JPMorgan Chase, Jamie Dimon, ter notoriamente chamado o Bitcoin de "uma fraude" em uma conferência para investidores institucionais.

"É pior do que bulbos de tulipa", disse Dimon à época, referindo-se à famosa bolha especulativa ocorrida no século XVII e que arruinou a economia holandesa. "Isso não vai terminar bem." Depois acrescentou: "Ele simplesmente não é uma coisa real; no final das contas, desaparecerá".[9] Sem sombra de dúvida, Dimon não pensa da mesma maneira atualmente.

Prova 5 desta Tendência

Importantes fundos de dotação para instituições universitárias começaram a investir em criptomoedas. Em 2018, o chefe de fundos de dotação da Yale, David Swensen, algumas vezes chamado de "o Warren Buffett do mundo da dotação", investiu no fundo de criptomoedas da Andreessen Horowitz e em um segundo fundo.[10] À época, o fundo de dotação de aproximadamente US$ 30 bilhões da Yale era o segundo maior do país, atrás apenas de Harvard, que também havia destinado capital às criptomoedas, junto com o MIT, a Stanford e a University of North Carolina. Agora que eles começaram, é bem provável que haja uma parcela maior de criptomoedas em seus fundos ao longo da próxima década.

Para todos os investidores institucionais, prevejo que o bitcoin corresponderá a 10% das carteiras de títulos nos próximos anos. E esse é também o caso das empresas. Em setembro de 2020, a empresa MicroStrategy, cotada na Nasdaq, adquiriu US$ 425 milhões em bitcoins para servir como principal ativo de reserva em tesouraria.[11] Foi uma atitude corajosa, e a MicroStrategy foi a primeira companhia de capital aberto a assumir um compromisso tão grande com o bitcoin usando suas reservas em tesouraria. Essa ação foi rapidamente seguida pela Square Inc., que anunciou, em outubro de 2020, que estava adquirindo US$ 50 milhões em bitcoins.[12] E de forma ainda mais notável a Tesla anunciou em fevereiro de 2021 que havia comprado US$ 1,5 bilhão em bitcoins. Quando uma empresa gigante da classe S&P 500 como a Tesla adota o bitcoin, todas as demais empresas têm de levar o fato em consideração. Prevejo que um número cada vez maior de companhias abertas começará a acrescentar o bitcoin aos seus balanços. Dado que dinheiro em caixa não gera um retorno significativo e o bitcoin tem enorme potencial de alta como forma de investimento, as empresas buscarão diversificar seu patrimônio em bitcoin. Essa será uma tendência em forte expansão e excelente, tanto para o Bitcoin quanto para os investidores em bitcoin do mundo todo.

PREVISÃO 7:
O Mercado de Futuros para Bitcoin Irá se Expandir

Futuros em bitcoins têm aparecido pela primeira vez nas bolsas de criptomoedas como um ativo não regulamentado. As bolsas tradicionais passaram considerar esse fato à medida que o preço e a consciência do público aumentaram (rapidamente).

Será que elas viram uma oportunidade de ganhar dinheiro? Façam suas apostas.

No final de 2017, a Chicago Board Options Exchange, CBOE, e depois a Chicago Mercantile Exchange, CME começaram a oferecer a negociação de futuros em bitcoins de forma regulamentada. Embora a CBOE tenha posteriormente descontinuado os futuros em bitcoins, o volume de transações da CME continuava a crescer. O mercado de futuros tem a vantagem de realizar operações em cima do desempenho do bitcoin sem ter de reter moeda. A presença do bitcoin nas plataformas de longa data, CBOE e CME, não foi apenas mais um pequeno passo na legitimação do Bitcoin na visão do público, mas falando em termos práticos, criou um mercado mais transparente e líquido. Aqueles leitores que fizeram experiências no mercado de futuros sabem que se trata de um investimento arriscado. É especulativo por natureza, exige determinação e confiança, além da aceitação de que nem todas as suas apostas serão lucrativas. Porém, há também perspectiva de grandes altas e o bitcoin, com suas oscilações muito grandes, apresenta excelentes oportunidades de curto prazo para pessoas querendo tentar a sorte.

OK, aí a CBOE decidiu sair desse mercado menos de 20 meses depois, dizendo que '' estava avaliando sua abordagem" em termos de derivativos de ativos digitais para negociação. Os diretores da CBOE tinham preocupações em relação ao posicionamento do bitcoin no universo dos investimentos. E de ter sorte em fazer previsões corretas sobre qual será o comportamento do bitcoin de um mês para o outro, pelo menos por enquanto. Não preciso lhe dizer mais uma vez: você se sairá melhor HODLing. Mas sou prático: à medida que classes de ativos amadurecem, oferecerão diferentes maneiras de obter lucros. O mercado de futuros comporá grande parte do mundo Bitcoin e este é mais um sinal do amadurecimento do Bitcoin.

PREVISÃO 8:
Os Órgãos Reguladores Irão Aprovar um ETF para Bitcoin

Onde estás tu, tão esperado Exchange Traded Fund (fundo de índice), ETF, para Bitcoin? O que há no meio do caminho para atrapalhar?

Como estas páginas já mencionaram, medo e burocracia misturados com uma boa dose de política têm criado obstáculos desafiadores. Mas o ETF se concretizará.

Dou três anos, provavelmente menos, se órgãos reguladores forem capazes de se livrar dos problemas advindos de uma economia assolada pelo coronavírus. A demanda pelo ETF vem crescendo e a resistência do governo mostra sinais de fraqueza.

Ao rejeitar a proposta de ETF dos irmãos Winklevoss feita em 2017, a SEC disse que não impediria "práticas e atos fraudulentos e manipuladores".[13] A SEC também expressou preocupação com fraudes e proteção dos interesses dos investidores.

Essas preocupações repercutiam comentários sobre a proteção ao investidor em uma comunicação de janeiro de 2018 da SEC.[14] Nesse documento de 1.000 palavras, a SEC levantou questões sobre como as ETFs iriam garantir o valor de uma criptomoeda. "Teriam os fundos as informações necessárias para avaliar adequadamente criptomoedas ou produtos relacionados com criptomoedas, dadas sua volatilidade, fragmentação e falta de regulamentação geral dos mercados de criptomoedas subjacentes e o estado nascente do setor, bem como o volume de transações atual nos mercados de futuros de criptomoedas?", escreveu a SEC. "Como os fundos criariam e implementariam políticas e procedimentos para avaliar, e em muitos casos, 'avaliar de forma justa', produtos relacionados com criptomoedas?".

A SEC expressou preocupação com manipulação, custódia, arbitragem (compra e venda do ativo em diferentes mercados) e liquidez. Sob uma nova regra de liquidez, escreveu a SEC, os fundos teriam de adotar uma gestão de riscos de liquidez apropriada, na qual, entre outras coisas, eles teriam de classificar seus investimentos em uma das quatro categorias de liquidez e limitar seus investimentos em valores mobiliários ilíquidos a 15% dos ativos do fundo. A agência adicionou: "Que medidas deveriam tomar os fundos que investem em criptomoedas ou produtos relacionados para garantir que tenham ativos líquidos para atender resgates diários?".

Mas em referência à Lei das Sociedades de Investimentos de 1940 (Investment Company Act of 1940), a SEC emitiu uma nota que soava mais otimista. "Na qualidade de Divisão cuja principal responsabilidade é a política regulatória concernente a fundos registrados, procuramos fomentar inovações que beneficiem os investidores e preservem as importantes proteções que o Congresso estabeleceu na Lei de 1940", escreveu a agência. "Com o passar dos anos, o diálogo entre os patrocinadores de fundos e a Divisão tem facilitado o desenvolvimento de vários novos tipos de produtos para investimento que têm expandido o leque de opções para os investidores. Os fundos negociados em bolsa e os fundos do mercado monetário são exemplos dignos de nota."

Não vai levar muito tempo para que as forças combinadas de uma proposta consistente de ETF feita por investidores respeitados e um ambiente regulatório mais receptivo conduzam a um bom resultado. Se nada disso acontecer, no mínimo uma demanda crescente da comunidade de pequenos investidores por um produto que ofereça as mesmas vantagens competitivas dos ETFs tradicionais – menor risco, flexibilidade e benefícios fiscais – irá finalmente fomentar a criação de um ETF para Bitcoin. Ou como costumo dizer: Onde há ímpeto, há soluções.

PREVISÃO 9:
Até 2050 Todo Mundo Estará Usando o Bitcoin

Portanto, ainda não é possível usar bitcoins na Rite Aid, Costco ou Cheesecake Factory; ou comprar um *caffellatte* numa cafeteria, muito menos um carro ou centenas de outros artigos de uso diário (mas é possível comprar um cupom com bitcoins para ser usado no Starbucks). É pouco provável que esse cenário mude tão logo. Simplesmente não percorremos o bastante na jornada do Bitcoin para torná-lo viável para as pessoas. E mais importante ainda, isso não é necessário. O sucesso do Bitcoin não depende do uso no varejo.

A maioria das empresas ainda está muito confortável com aquilo que elas conhecem – cartões de crédito/débito e serviços de pagamento como o PayPal. Elas não têm nenhuma curiosidade nem urgência em tentar algo diferente. Além disso, há os diversos temores. Algumas pequenas empresas temem, erroneamente, as taxas de transações sobre o bitcoin para transferência de pagamentos entre carteiras. Da perspectiva delas, usar o bitcoin para pagamento é mais complicado e mais caro do que métodos tradicionais. Quanta ironia, dada a nota preta que desembolsam em seus pagamentos e recebimentos.

Alguns céticos do varejo apontam para um número relativamente baixo de pessoas que usam o bitcoin para justificar não mergulhar de cabeça, o que não deixa de ser um argumento do tipo círculo vicioso. Eles não irão aceitar o bitcoin para pagamentos a menos que mais pessoas usem o bitcoin para pagar. Mas mais pessoas não irão pagar em bitcoin se os comerciantes não o aceitarem como meio de pagamento.

Como já mencionei, o número de pessoas usando bitcoin não deve ser o foco de interesse; ao contrário, você se concentrar na potencial utilidade do bitcoin em situações diferentes de pagamentos no varejo. A posição do Bitcoin já é suficientemente forte em países em desenvolvimento, onde tem facilitado o comércio em áreas com pouca oferta (se é que alguma) de serviços bancários. Algumas grandes empresas também já começaram a usá-lo, oferecendo uma nova opção aos clientes.

Nada menos que a Microsoft começou a aceitar bitcoins há alguns anos. A gigante das telecomunicações AT&T, a BMW e as plataformas de comércio eletrônico Etsy e Shopify também se converteram cedo. O fundador da loja *on-line* Overstock, Patrick Byrne, abraçou a ideia do Bitcoin de forma tão intensa a ponto de vender sua participação acionária na empresa – cerca de US$ 90 milhões – para comprar criptomoedas, junto com ouro e prata.

No final de 2019, mais de 15.000 empresas aceitavam bitcoins, dobrando o total de quatro anos antes. Vale a pena observar essa tendência crescente. Bares, farmácias, dentistas e outros finalmente irão aderir à medida que o bitcoin se tornar o padrão mundial de fato, reconhecido por praticamente todo mundo. Até lá, notas de US$ 100 – e euros, ienes e francos equivalentes – valerão muito menos do que hoje ou chegarão até mesmo não ter valor algum (exceto para raras notas que têm valor especial como peças de museu ou de colecionadores). Lembre-se simplesmente: qualquer moeda corrente que você tiver em mãos, seja uma nota de US$ 100 dólares, uma nota de 500 euros ou de 1.000 francos suíços, o maior valor que ela terá será no dia de hoje. A cada mês e ano que passa, valerá cada vez menos. Que trágico.

PREVISÃO 10:
O Domínio da China Não Continuará para Sempre

Pergunte às pessoas, mesmo aquelas com um eventual interesse pelo Bitcoin, qual país vem dominando o Bitcoin e a maioria delas provavelmente dirão China.

É uma resposta fácil se pensarmos em termos de onde o Bitcoin floresceu primeiro e quantas pessoas estão envolvidas.

Quando da publicação deste livro, estimava-se que a China era responsável por mais de 65% do poder de *hashing* para mineração de todo o mundo e observadores do setor acreditam que o país é sede do maior número de pequenos investidores. Eles também associam a maior parte das flutuações significativas de preço do bitcoin a eventos ocorridos na China.

Um pico nos preços no final de 2013 refletiu um fascínio da florescente classe média chinesa pela nova oportunidade de investimento combinada com um desejo de investir em tecnologia de mineração. O Bitcoin provocou aquela estranha propensão da cultura chinesa para correr riscos, característica dos chineses comumente observada nos cassinos de Macau.

Depois, uma restrição do governo chinês em meio a temores de que o Bitcoin estaria possibilitando aos usuários – alguns com intenções ilegais

– evitar os trâmites de troca tradicionais derrubou os preços. Um declínio do *yuan* chinês no final de 2016 estimulou investidores em bitcoin a pularem de cabeça, mandando os preços a níveis estratosféricos. Porém, a proibição de ICOs e bolsas de criptomoedas pelo governo, em setembro de 2017, levou a uma queda de aproximadamente 50%, embora durasse apenas algumas semanas. No final de 2019, um pronunciamento do presidente chinês Xi Jinping que endossava a tecnologia *blockchain* levou a um aumento superior a 30% elevando os preços do bitcoin acima dos US$ 10.000 novamente.

Permita-me dizer agora algo controverso: muito crédito tem sido atribuído à China no que tange a ditar os rumos do bitcoin. O resto do mundo tem recuperado terreno e tem mais espaço para crescer. A bem da verdade, a influência da China foi grande certas vezes, mas observe onde ocorreu grande parte das inovações no Bitcoin e outras criptomoedas: na Europa, nos Estados Unidos e em outras partes do mundo.

O Bitcoin é neutro e sem fronteiras; nenhum país tem uma vantagem inerente. Seja qual for a vantagem que a China teve no passado, já está minguando. À medida que o tempo passar, os benefícios do Bitcoin serão reconhecidos por muitas pessoas em países outros que não a China.

PREVISÃO 11:
Haverá um Número Maior de Mulheres Participando do Mercado Bitcoin

Os homens têm dominado o ecossistema Bitcoin desde o início. O criador do Bitcoin provavelmente era um *geek* do sexo masculino e os primeiros defensores do setor de criptomoedas vêm do setor financeiro e do de tecnologia, geralmente dominados por homens. Acredito que seja razoável dizer que as mulheres tradicionalmente são mais avessas ao risco em questões de finanças pessoais e com menos probabilidade de aderir a qualquer ativo volátil. O *site* Coin Dance, que fornece dados estatísticos do mundo das criptomoedas, diz que as mulheres compõem apenas 12% dos que possuem bitcoin. É incomum haver mulheres entre os investidores e empreendedores do setor.

Mas o Bitcoin não favorece nenhum gênero em particular, assim como não favorece a nenhum país. É um ativo absolutamente neutro. Pelos cálculos da Coin Dance, o número de mulheres que estão adquirindo bitcoins é mais do que o dobro em relação a 2018. Em sondagem realizada em dezembro de 2019, a operadora de fundos de criptomoedas Grayscale constatou que 43% dos investidores interessados em bitcoin eram mulheres, um salto de 13% em relação ao ano anterior.[15] De acordo com levantamento de abril de 2020 realizado pela CoinMarketCap, o número de mulheres no setor de criptomoedas aumentou mais de 43% no primeiro trimestre de 2020.[16] Não há nada inerentemente masculino em relação ao Bitcoin. Grande parte de seu crescimento futuro virá de investidoras e empreendedoras.

PREVISÃO 12:
Um Número Maior de Pessoas Irá Apreciar um Sistema *Permissionless*

Se eu fosse alguém que estivesse por fora do setor de Bitcoin, *permissionless* (sem permissão) não seria um termo que me faria ficar mais interessado no assunto. Esta é mais uma daquelas criações etimológicas que soam um tanto abstratas e que desaparecem facilmente, cujo significado não é inteiramente claro. Em termos de Bitcoin o que significa *permissionless*? Significa que (diferentemente de muitas outras coisas na vida) você não precisa de permissão para participar do ecossistema Bitcoin. Você não precisa de permissão para minerar, remeter ou receber bitcoins nem para investir em bitcoins. Também não é preciso escrever *software* para otimizar o bitcoin. O bonito de tudo isso é que o Bitcoin é completamente aberto e ninguém é capaz de detê-lo ou impedi-lo de participar. Afora o ouro, praticamente todo investimento ou classe de ativos se baseia em um sistema de permissão. Para adquirir um imóvel, é preciso a bênção do registro de imóveis na formalização da compra. Para investir em ações e obrigações, um corretor avalia sua saúde financeira antes de lhe ser permitido abrir uma conta. Até mesmo a compra ou venda de um carro tem de ser oficializada em cartório e o veículo formalmente registrado no Departamento Estadual de Trânsito. Antes do Bitcoin, nossa vida era cheia de coisas que precisam de permissão.

O que há de errado com um sistema que precisa de permissão? Tecnicamente, nada, já que funciona muito bem na maior parte do tempo. Contudo, o Bitcoin se apresenta como uma alternativa. Pela primeira vez na história da humanidade, as pessoas podem usar bitcoins para transferir dinheiro e valores de qualquer montante, a qualquer momento, a qualquer pessoa em todo o mundo, tudo sem obter permissão de quem quer que seja. As duas partes podem fazê-lo, sem procurar assistência ou aprovação de um terceiro. Além disso, as pessoas podem poupar bitcoins para preservar o poder de compra – repetindo, não é preciso permissão. Em todos os casos em que é necessário permissão ou autorização, você fica à mercê do crivo e julgamento de um terceiro, havendo a possibilidade desse terceiro não concordar com você e não permitir que você prossiga. O Bitcoin lhe dá a alternativa de realizar transações financeiras sem ter de obter permissão e é isso que as pessoas acreditam ser extremamente valioso.

Sistemas em que não é preciso obter permissão para acesso se coadunam com o espírito da época atual. Observe para que lado o pêndulo tem balançado, durante anos, no setor público relacionado à regulação e ao papel do governo. As pessoas querem reduzir essa intervenção em seus negócios pessoais. Muitas ficaram receosas da autoridade e acreditam que as organizações que, supostamente, facilitam nossa vida, frequentemente fazem o oposto disso. Isso inclui os responsáveis pela política monetária e instituições financeiras que retêm nosso dinheiro e possibilitam diversas transações.

Nos Estados Unidos, a inepta resposta ao coronavírus apenas fez com que as pessoas se lembrassem da fragilidade inerente dos sistemas centralizados. Quando a sociedade precisava de ações rápidas, houve demora. Quando seria necessária a sensação de que os sistemas monetários eram serenos e estáveis, houve um clima de incerteza, pois faltou discernimento aos tomadores de decisão. Na calmaria depois da tempestade, esses problemas não desapareceram.

Existe um modelo melhor do que a abordagem *permissionless* do Bitcoin? O que poderia ser mais bem-vindo do que um sistema que elimina completamente a autoridade central?

Um sistema que elimina a autoridade e permite que as próprias pessoas controlem suas transações quase completamente é feito sob medida para o ambiente atual. O Bitcoin é a resposta certa, na hora certa. Essa é uma das principais razões porque há grande espaço para crescimento.

O Bitcoin soa como algo complicado e alguns dos conceitos tecnológicos são mais facilmente compreendidos por profissionais da Ciência da Computação e pessoas com mais do que um conhecimento superficial de criptografia e de plataformas de livros-razão distribuídos. Mas seus princípios básicos podem ser facilmente compreendidos. Você possui as unidades de valor – bitcoins, ou a menor fração utilizável, o satoshi (0,00000001 de um bitcoin) – e pode usá-las quando e onde achar oportuno, executar transações sem permissão ou qualquer outro envolvimento de um grupo externo.

No Capítulo 4, coloquei uma das maiores questões em voga da civilização: Que o nível de regulamentação as pessoas precisam ter para conviver harmoniosamente e, ao mesmo tempo, com a garantia de poderem ser produtivas? No passado, apoiei tanto democratas quanto republicanos, mas atualmente minha inclinação é libertária. Acredito que eu seja o melhor árbitro de minhas questões, econômicas ou não. E acredito que muitas pessoas sentem a mesma coisa.

O modelo *permissionless* se adéqua a essa parte da natureza humana. Ele garante total autonomia sobre nossas questões financeiras. À medida que o Bitcoin soar menos estranho e suscitar menos medo, as pessoas irão aderir a ele ao compreenderem esse aspecto fundamental da liberdade econômica pessoal.

PREVISÃO 13:
A Mineração Continuará Robusta

Alguns observadores do Bitcoin acharam, em maio de 2020, o fato da recompensa por bloco cair pela metade como preâmbulo da sentença de morte da mineração. Afinal de contas, por que minerar bitcoins por uma remuneração menor? Nessa divisão por dois mais recente, a recompensa por bloco para resolver o algoritmo para verificação de uma transação com bitcoins caiu de 12,50 para 6,25 bitcoins.

A mineração é uma atividade que consome muito tempo e é cara, dado o custo dos equipamentos para mineração e da eletricidade mas é, ao mesmo tempo, competitiva, porque praticamente não existe nenhuma barreira para entrar dada sua natureza *permissionless*. Embora teoricamente você possa comprar o equipamento para mineração mais recente, a realidade é que o equipamento mais novo há muito já foi pago e reservado por grandes consórcios de mineração. Portanto, um consumidor normal geralmente não consegue adquirir um *hardware* de última geração até que ele seja revendido no mercado de segunda mão, algumas vezes após ter sido usado por um bom tempo. Da mesma forma, você estaria pagando muito caro por ele sem qualquer garantia de remuneração. Futuras quedas pela metade na remuneração, que acontecem aproximadamente a cada quatro anos, reduzirão ainda mais as recompensas até o ano de 2140, época em que todos os bitcoins não minerados terão entrado no mercado, chegando à circulação global total de 21 milhões de bitcoins.

Por que razão um empreendedor enfrentando tais condições continuaria? Quem iria querer fazer parte de uma atividade em que se trabalha duro e se gasta mais, tendo pouca chance de conseguir recompensa e, mesmo se a obter, seria menor do que antes?

Não se engane: embora a remuneração medida em bitcoins seja menor, o valor em dólares dela será maior à medida que o preço do bitcoin aumentar cada vez mais. Logo, observando a perspectiva em dólares americanos, a mineração de bitcoins tem sido um segmento em crescimento durante a última década e assim continuará por um bom tempo. O protocolo Bitcoin não consegue funcionar sem validação, e essa parte fundamental do sistema talvez se torne mais importante à medida que o bitcoin for usado em larga escala. Considere o sistema similar ao serviço de correios em que se paga por selos para garantir a entrega. O custo desses selos mantém o sistema em funcionamento. Sem selos, nenhuma entrega.

Similarmente, se não existirem mineradores, não há garantia alguma de que alguém terá bitcoins suficientes na carteira para cobrir o custo de um produto ou serviço ou de que alguém não esteja tentando usar o mesmo bitcoin duas vezes.

A mineração continuará a ser uma parte vibrante do protocolo. E busque aumentar o poder de *hashing* para mineração (o poder computacional que está por trás da rede de mineração de bitcoins) concentrando-se particularmente em lugares onde a energia elétrica é barata, em especial a de fontes renováveis.

PREVISÃO 14:
As Carteiras e Bolsas de Criptomoedas Serão Mais Fáceis de Usar

Fiquei hesitante em fazer essa previsão por ser tão óbvia: a tecnologia sempre melhora com o tempo.

O mesmo acontecerá com as carteiras e bolsas. Elas serão mais rápidas, mais fáceis de usar e mais seguras. Em algumas oportunidades, as carteiras darão às pessoas um sentido mais tangível de possuir algo, uma presença física.

É isso o que as pessoas querem e o mercado tem respondido e continuará respondendo. Foi esse princípio que me ajudou a transformar a BTCC em uma força tremenda nos primórdios do Bitcoin, quando consumidores chineses que entravam no mercado de bitcoin buscavam uma maneira mais rápida e eficiente de comprar bitcoins. Percebi em minhas passagens pelo Yahoo!, Walmart e outras, que empresas que não atendem às demandas dos clientes correm o risco da própria existência. Certamente, o Yahoo! perdeu oportunidades e hoje ficou para trás na história dos mecanismos de busca e portais da internet.

Na BTCC, os engenheiros que contratei fizeram uma série de melhorias que atendiam às preocupações dos clientes e isso fez de nossa bolsa, sem sombra de dúvida, a mais amigável do mundo. As melhores empresas com alguma relação com o mercado Bitcoin fizeram praticamente o mesmo, razão para terem sobrevivido, o que não aconteceu com outras. As bolsas e carteiras inteligentes continuarão a fazer pequenos ajustes, construindo produtos melhores e que tenham em vista os desejos do consumidor.

Algumas vezes comparo a evolução da tecnologia em nossa sociedade a uma versão moderna de Michelangelo cinzelando incansavelmente um bloco de pedra, aprimorando sua criação a cada golpe com o instrumento. No caso da tecnologia, cada experiência vivida pelo usuário, cada troca de informação, melhora o produto.

Certamente há espaço para carteiras e bolsas de criptomoedas melhores. Metade dos meus amigos – muitos com elevado grau de instrução e carreiras profissionais bem-sucedidas – ainda me pede ajuda para configurar suas carteiras baseadas em *hardware* eletrônico ou precisam de explicação sobre como usar uma bolsa. Ainda há preocupações (que eu não desconsidero, respondo respeitosamente) em relação à segurança de carteiras e bolsas. Não obstante, estamos bem à frente do que quando adquiri meu primeiro bitcoin.

Você se lembra como era lento baixar coisas da internet mesmo uma década depois de ela estar no ar? No caso das criptomoedas, estamos em uma fase equivalente.

Uma nota adicional: tudo isto pode vir em meio à expansão e à contração das empresas fornecedoras desses serviços. Esta é mais uma característica tecnológica das empresas que estão entrando em um mercado promissor e está além daquilo que o mercado é capaz de suportar no momento. Mesmo que o setor seja bem-sucedido, muitas, para não falar a maioria delas falirão ou serão adquiridas por concorrentes mais fortes.

Não farei uma previsão de quais sobreviverão ao próximo estágio do Bitcoin, com receio de que minha menção seja interpretada como um endosso. Sugiro (conforme discutido no capítulo sobre carteiras e bolsas) que você examine a qualidade dos serviços e outros fatores que pareçam ser mais adequados às suas necessidades ao decidir qual carteira e bolsa usar.

Caso esteja curioso, estou tentando criar a próxima geração de carteiras superfáceis de usar. Minha *startup*, a Ballet, busca facilitar o mundo das criptomoedas para os clientes transformando armazenamento "a frio" em um simples cartão metálico.

Ao mesmo tempo, não se surpreenda se alguns participantes de outros nichos que hoje atendem a uma parcela pequena do mercado também ganhem terreno. Muitos deles serão locais. Considere-os equivalente às butiques que conhecem relativamente bem seus clientes e oferecem a eles serviços altamente específicos.

PREVISÃO 15:
Os EUA e Outros Países Criarão Novas Agências de Criptomoedas

Em que categoria de investimento se encaixa o bitcoin?

Deveriam as agências reguladoras tratarem-no como um valor mobiliário a ser governado pelas regras da SEC da mesma forma que as ações são regulamentadas? Ou deveriam agrupá-lo com dinheiro e moedas correntes? Ou *commodities,* como o ouro?

Essa questão não resolvida tem interferido nas tentativas de se regulamentar o Bitcoin. Mas, sinceramente, não existe uma resposta fácil. Ele divide certas características mas, ao mesmo tempo, é diferente de qualquer coisa atualmente existente.

Talvez esteja mais próximo do ouro, já que ele é um sistema de valor reconhecido internacionalmente e há oferta limitada – eu gosto do termo *ouro digital*. Mas o Bitcoin se baseia em informações; não pode ser tocado como uma moeda ou barra de ouro e é negociado diariamente, durante todo o dia, em grandes volumes e a uma velocidade que está além da capacidade do ouro.

As pessoas podem negociar ações rapidamente, mas o desempenho delas depende de eventos tangíveis, liderança e decisões humanas. No final das contas, ações são a representação de uma empresa na forma de investimento, de modo que cada ação de um acionista é implicitamente respaldada pelo desempenho da companhia por trás dela, ao passo que o Bitcoin não é, propositadamente, respaldado por ninguém nem por nada mais.

Nenhuma das agências – nem mesmo a US Commodity Futures Trading Comission, que realizou diversas audiências sobre moeda digital – são capazes de resolver várias questões levantadas sobre o Bitcoin. Portanto, prevejo que os Estados Unidos e outros países estabelecerão novas agências concomitantemente com outros órgãos reguladores relacionados com serviços financeiros, porém, focados em criptomoedas. Esses órgãos indicarão pessoas com *background* em tecnologia, segurança e finanças; estarão à altura das tendências e estabelecerão as regras básicas para negociação de criptomoedas, proteção dos consumidores e, talvez mais importante, a desmistificação do Bitcoin.

É APENAS UMA QUESTÃO DE TEMPO

Sou um cara essencialmente da matemática e das ciências. Sempre prezei o cuidado e o raciocínio necessários para resolver problemas. A análise matemática tem me servido como base na abordagem aos negócios. Tenho certeza de que as pessoas que mantiveram contato comigo me descreveriam como um solucionador de problemas metódico, que junta as peças até ter uma resposta incontestável.

Ressalto essa parte do meu caráter para mostrar que embora seja um evangelizador do Bitcoin propenso a fazer previsões auspiciosas, não cheguei a esse ponto de forma inconsistente ou impulsiva. Meu comprometimento com o Bitcoin veio apenas depois de ver o Bitcoin provar seus méritos repetidamente. Tudo o que eu esperava em relação ao uso mais disseminado e aumentos de preço do bitcoin, aconteceu. No período de escrita deste livro, desde as primeiras páginas até as últimas palavras deste capítulo, sua cotação quintuplicou. A bem da verdade, essa tendência não tem sido linear, existiram e continuarão a existir quedas de preço, recuos na regulamentação e outras questões que destaquei. Mas não estou preocupado. O progresso em qualquer empreendimento normalmente é turbulento.

Portanto, quando encorajo as pessoas a comprarem Bitcoin (dentro de suas possibilidades, obviamente), não faço essa recomendação de maneira inconsistente ou impulsiva. A lógica por trás do sistema é tão incontestável quanto o dia em que Satoshi Nakamoto lançou seu artigo. Durante minha própria jornada de 10 anos com o Bitcoin, nunca estive tão otimista em relação ao futuro do sistema. Não tenho nenhuma dúvida que, no frigir dos ovos, o Bitcoin será tão aceito quanto qualquer moeda fiduciária e sua cotação chegará a números com seis ou sete dígitos. Para mim, a única questão é em quanto tempo.

AGRADECIMENTOS

O grande inventor Alexander Graham Bell disse com propriedade que "quando uma porta se fecha, outra se abre". As palavras de Bell repercutem em meus ouvidos quando olho para trás, especificamente para o início de 2018, ocasião em que vendi a BTCC e saí do ramo de bolsas de criptomoedas. Após transformar a primeira bolsa de Bitcoin da China em líder do setor, não tinha certeza de qual seria meu próximo passo depois da aquisição, mas sabia que queria continuar a defender a causa do Bitcoin. Considero o Bitcoin a maior invenção do mundo dentre aquelas mais recentes.

Ao longo dos dez anos de atuação neste mercado, ouvi repetidamente as mesmas perguntas daqueles que estavam ingressando no mundo das criptomoedas, experiências que me levaram a escrever este livro. Sentia que poderia prestar um serviço aos pequenos investidores — e, quem sabe, a alguns profissionais — ao responder, em um único documento, a todas as questões que ouvi ao longo de vários anos. Portanto, agradeço primeiramente a todos que dispuseram de seu tempo indo às minhas conferências para me fazer toda sorte de pergunta sobre o Bitcoin. Eles me forçaram a refletir atentamente sobre essas questões e considerar as preocupações dos céticos com maior profundidade.

O projeto deste livro exigiu que eu revisitasse os eventos sobre os quais, por anos, não havia refletido muito, se é que alguma vez tinha feito isto. Tenho uma propensão a olhar para a frente e não para trás; portanto, sou grato à minha família e a meus amigos que me ajudaram a relembrar detalhes que me pareciam um tanto vagos. Eles incansavelmente sempre cooperaram comigo, reforçando minha crença de que poucas coisas na vida são mais poderosas do que ter uma comunidade que o apoia.

Minha agente, Eileen Cope, era entusiasta do projeto desde nosso primeiro encontro. Seus perspicazes comentários aguçaram a proposta, além de me encorajar durante a escrita. Tenho muito apreço por Casey Ebro da McGraw Hill por enxergar a promessa do Bitcoin mesmo durante prolongados períodos de mercado em baixa. Muito obrigado a James Rubin e Kevin Commins pela criteriosa revisão. Este livro não seria possível sem a participação deles.

Escrever um livro toma muito tempo. Enquanto escrevia *Bitcoin*, eu também estava começando um novo negócio. Portanto, gostaria de agradecer a minha esposa por me encorajar nos dois empreendimentos, sempre com sua usual paciência e otimismo. Também sou grato a minha mãe e a meu pai por instilarem em mim as qualidades do trabalho árduo e a atitude proativa que aprenderam de seus pais e parece acompanhar as famílias Lee e Chu. Não é por acaso que meus avós iniciaram negócios em outras partes do mundo numa época em que viagens internacionais eram difíceis. Meus pais se apoiaram no sucesso deles. Eles me ensinaram o valor do ouro e do dinheiro e me proporcionaram a formação e os recursos para explorar meu interesse por tecnologia. Com tantas lições como essas, fica fácil compreender minha paixão pelo Bitcoin.

Sobretudo, gostaria de agradecer a meu irmão, Charlie, por me contar, no início de 2011, sua então recente descoberta do Bitcoin. Guardo boas lembranças de nossas primeiras discussões técnicas e filosóficas: rede não hierarquizada descentralizada; recompensas pela mineração de bitcoins com prova de trabalho, que faz com que seja considerado valioso; as qualidades do ouro e a perspectiva de que o Bitcoin alguma vez ultrapassará ou não os US$ 100 milhões em valor de mercado do setor como um todo. Éramos tão novatos naquela época! E em relação ao sucesso da BTCChina e da BTCC, que me lançaram na carreira Bitcoin, sou eternamente grato a Linke Yang, Xiaoyu Huang e Ron Cao, por acreditarem em mim.

Finalmente, gostaria de agradecer a Satoshi Nakamoto por seu engenhoso e transformador sistema, e a seus seguidores, que transformaram o Bitcoin naquilo que ele é hoje em dia. A esses meus colegas evangelizadores, eu digo: "Sigam em frente. Acabamos de começar nossa jornada!".

NOTAS

INTRODUÇÃO
1. NAKAMOTO, Satoshi. A peer-to-peer electronic cash system. *Bitcoin.org*, c2009--2022. Disponível em: https://bitcoin.org/bitcoin.pdf. Acesso em: 21 fev. 2022.

CAPÍTULO 1
1. SONIAK, Matt. Was Manhattan really bought for $24? *Mental Floss*, 2 out. 2012. Disponível em: https://www.mentalfloss.com/article/12657/was-manhattan-really-bought-24. Acesso em: 21 fev. 2022.
2. BROOKS, Alison S. et al. Long-distance stone transport and pigment use in the earliest middle stone age. *Science 360*, n. 6 384, p. 90-94, 6 abr. 2018. Disponível em: https://science.sciencemag.org/content/360/6384/90. Acesso em: 21 fev. 2022.
3. Barter Economies – Farming in the 1930s. *In*: LivingHistoryFarm.org, 2003. Disponível em: https://livinghistoryfarm.org/farminginthe30s/money_12.html. Acesso em: 23 fev. 2022.
4. MILLMAN, Everett. The importance of the Lydian Stater as the world's first coin. *World History Encyclopedia*, 27 mar. 2015. Disponível em: https://www.ancient.eu/article/797/the-importance-of-the-lydian-stater-as-the-worlds/. Acesso em: 21 fev. 2022.
5. DAVIS, Jennifer R. Charlemagne's portrait coinage and ideas of rulership at the Carolingian Court. *JSTOR*, p. 19-27, primavera/verão 2014. Disponível em: https://www.jstor.org/stable/23725947?seq=1. Acesso em: 22 fev. 2022.
6. THOMAS Jefferson in a letter to John Taylor [...] 1816. *Online Library of Liberty*, c2003-2022. Disponível em: https://oll.libertyfund.org/quotes/187. Acesso em: 23 fev. 2022.
7. SUMMER, Scott. The Fed and the Great Recession. *Foreign Affairs.com*, v. 95, n. 3, maio/jun. 2016. Disponível em: https://www.foreignaffairs.com/articles/united-states/2016-04-18/fed-and-great-recession. Acesso em: 23 fev. 2022.
8. GRIFFITH, Ken. A quick history of cryptocurrencies BBTC — Before bitcoin. *Bitcoin Magazine*, 16 abr. 2014. Disponível em: https://bitcoinmagazine.com/articles/quick-history-cryptocurrencies-bbtc-bitcoin-1397682630. Acesso em: 23 fev. 2022.
9. *Bitcoins origins*, [201-?]. Disponível em: http://vu.hn/bitcoin%20origins.html. Acesso em: 23 fev. 2022.

CAPÍTULO 2

1. Hashrates distribution. *Blockchain.com*, 27 jan. 2021. Disponível em: https://www.blockchain.com/pools?timespan=4days. Acesso em: 21 fev. 2022.
2. TUWINER, Jordan. Bitcoin mining in China. *Buy Bitcoin Worldwide*, 5 jan. 2022. Disponível em: https://www.buybitcoinworldwide.com/mining/china/. Acesso em: 21 fev. 2022.
3. Disponível em: https://www.globalpetrolprices.com/China/electricity_prices. Acesso em: 21 fev. 2022.
4. PALMER, Danny. Mobile malware attacks are booming in 2019: these are the most common threats. *ZDNet*, 25 jul. 2019. Disponível em: https://www.zdnet.com/article/mobile-malware-attacks-are-booming-in-2019-these-are-the-most-common-threats/. Acesso em: 23 fev. 2022.
5. McMILLAN, Robert. The inside story of Mt. Gox, bitcoin's $460 million disaster. *Wired*, 3 mar. 2014. Disponível em: https://www.wired.com/2014/03/bitcoin-exchange/. Acesso em: 21 fev. 2022.
6. BAKER, Paddy. Japan's High Court rejects former Mt Gox CEO's conviction appeal. *Coindesk*, 12 jun. 2020. Disponível em: https://www.coindesk.com/japans-high-court-rejects-mt-gox-ceo-appeal. Acesso em: 21 fev. 2022.

CAPÍTULO 3

1. MISES, L. 4th Lecture: Inflation. *Economicp policy: thougths for today and tomorrow*. Nova York: Free Books, 1995. *Mises Institute*, c2022. Disponível em: https://mises.org/library/economic-policy-thoughts-today-and-tomorrow/html/c/49. Acesso em: 30 nov. 2020.
2. NYKIEL, Teddy. Banks mine big data to get to know you better, and better. *NerdWallet*, 6 mar. 2016. Disponível em: https://www.nerdwallet.com/blog/banking/banks-big-data. Acesso em: 23 fev. 2022.
3. O'BRIEN, Matthew. Everything you need to know about the Cyprus Bank disaster. *The Atlantic*, 18 mar. 2013. Disponível em: https://www.theatlantic.com/business/archive/2013/03/everything-you-need-to-know-about-the-cyprus-bank-disaster/274096/. Acesso em: 23 fev. 2022.
4. THREE People die while waiting in queue to exchange rs 500 and rs 1,000 currency notes. *The Huffington Post*, 11 nov. 2016. Disponível em: https://web.archive.org/web/20161113002732/http://www.huffingtonpost.in/2016/11/11/73-year-old-dies-waiting-in-queue-to-exchange-discontinued-curre/. Acesso em: 21 fev. 2022.
5. Venezuelan bolivar — What can it buy you? *BBC News*, 20 ago. 2018. Disponível em: https://www.bbc.com/news/world-latin-america-45246409. Acesso em: 21 fev. 2022.
6. KURMANAEV, Anatoly. Venezuela's collapse is the worst outside of war in decades, economists say. *New York Times*, 17 maio 2019. Disponível em: https://www.nytimes.com/2019/05/17/world/americas/venezuela-economy.html. Acesso em: 21 fev. 2022.

CAPÍTULO 4

1. Law in Ancient Egypt. *University College London*, 2003. Disponível em: https://www.ucl.ac.uk/museums-static/digitalegypt/administration/law.html. Acesso em: 21 fev. 2022.
2. Coinbase's written testimony for the subcommittee on capital markets, securities, and investment. *The Coinbase Blog*, 13 mar. 2018. Disponível em: https://blog.coinbase.com/coinbases-written-testimony-for-the-subcommittee-on-capital-markets-securities-and-investment-47f8a260ce41. Acesso em: 22 fev. 2022.
3. *United States of America v. Larry Dean Harmon*, Case 1:19-cr-00395-BAH, United States District Court for the District of Columbia. Courtlistner.com, 24 jul. 2020. Disponível em: https://www.courtlistener.com/recap/gov.uscourts.dcd.213319/gov.uscourts.dcd.213319.59.0.pdf. Acesso em: 21 fev. 2022.
4. U. S. HOUSE Committee on Agriculture. Cryptocurrencies – Oversight of New Assets in the Digital Age. *Written testimony of Daniel S. Gorfine* [...]. US House of Representatives, 18 jul. 2018. Disponível em: https://docs.house.gov/meetings/AG/AG00/20180718/108562/HHRG-115-AG00-Wstate-GorfineD-20180718.pdf. Acesso em: 21 fev. 2022.
5. U. S. HOUSE Committee on Financial Services. Waters to Facebook: today's hearing is only the first step in our oversight and legislative process. Washington, DC, 17 jul. 2019. Disponível em: https://financialservices.house.gov/news/documentsingle.aspx?DocumentID=404104. Acesso em: 21 fev. 2022.
6. REP. EMMER asks SEC about token utility. 1 vídeo, 3min30s, 26 abr. 2018. Publicado pelo canal COIN CENTER. Disponível em: https://www.youtube.com/watch?v=EO3qYW9DF-A. Acesso em: 06 mar. 2022.
7. EMMER, Tom. *Emmer leads bipartisan Blockchain Caucus letter to the irs ahead of tax day urging virtual currency*. 6th Congressional District of Minnesota, 11 abr. 2019, press release. Disponível em: https://emmer.house.gov/2019/4/emmer-leads-bipartisan-blockchain-caucus-letter-irs-ahead-tax-day-urging. Acesso em: 21 fev. 2022.
8. INTERNAL Revenue Service. *IRS has begun sending letters to virtual currency owners advising them to pay back taxes, file amended returns; part of agency's larger efforts*. Washihgton, DC: IRS, 26 jul. 2019. Disponível em: https://www.irs.gov/newsroom/irs-has-begun-sending-letters-to-virtual-currency-owners-advising-them-to-pay-back-taxes-file-amended-returns-part-of-agencys-larger-efforts. Acesso em: 06 mar. 2022.
9. INTERNAL Revenue Service. IRS announces the identification and selection of five large business and international compliance campaigns. Washington, DC: IRS, 2 jul. 2018. Disponível em: https://www.irs.gov/businesses/irs-lbi-compliance-campaigns-july-2-2018. Acesso em: 21 fev. 2022.
10. COMMITTEE on Financial Services Hearing: examining Facebook's proposed cryptocurrency and its impact on consumers, investors, and the American Financial

System. Washington, DC: FINANCIAL Services Committee, 17 jul. 2019. 1 vídeo, 6min55s. (*Webcast* da audiência). Disponível em: https://financialservices.house.gov/calendar/eventsingle.aspx?EventID=404001#Wbcast03222017. Acesso em: 21 fev. 2022.
11. U. S. SENATE Committee on Banking, Housing and Urban Affairs. *Crapo statement at hearing on digital currencies and blockchain*. Senate Commitee, 30 jul. 2019. Disponível em: https://www.banking.senate.gov/newsroom/majority/crapo-statement-at-hearing-on-digital-currencies-and-blockchain. Acesso em: 21 fev. 2022.
12. REPS. GARCÍA. *Tlaib introduce bill to protect consumers from market manipulation*. 4th Congressional District of Illinois, 19 nov. 2019. Disponível em: https://chuygarcia.house.gov/media/press-releases/reps-garc-tlaib-introduce-bill-protect-consumers-market-manipulation. Acesso em: 21 fev. 2022.
13. REGULATION of cryptocurrency around the world. The Law Library of Congress, Global Legal Research Center, jun. 2018. Disponível em: https://www.loc.gov/law/help/cryptocurrency/cryptocurrency-world-survey.pdf. Acesso em: 21 fev. 2022.
14. SEWELL, Cynthia. Gov. Brad little: Idaho is now least-regulated state in the country. *Idaho Statesman*, 4 dez. 2019. Disponível em: https://www.idahostatesman.com/news/politics-government/statepolitics/article238042974.html. Acesso em: 21 fev. 2022.

CAPÍTULO 5

1. VENEZUELA: Inflation rate from 1985 to 2022. *Statista*, 27 jan. 2021. Disponível em: https://www.statista.com/statistics/371895/inflation-rate-in-venezuela/. Acesso em: 21 fev. 2022.
2. UNITED NATIONS Department of Economic and Social Affairs. Remittances matter: 8 facts you don't know about the money migrants send back home. *UN.org*, 17 jun. 2019. Disponível em: https://www.un.org/development/desa/en/news/population/remittances-matter.html. Acesso em: 21 fev. 2022.

CAPÍTULO 6

1. MEZRICH, Bem. *Bitcoin billionaires*. New York: Flatiron Books, 2019. p. 106–107.
2. PREVALENCE of ATMs drops worldwide. *American Banker*, 20 maio 2019. Disponível em: https://www.americanbanker.com/articles/prevalence-of-atms-drops-worldwide. Acesso em: 21 fev. 2022.
3. AUDIENCE Profile. *CoinDesk*, out. 2018. Disponível em: https://downloads.coindesk.com/CoinDesk-Audience-One-Sheet-q3.pdf. Acesso em: 21 fev. 2022.
4. BALLARD, Jamie. 79% of americans are familiar with at least one kind of cryptocurrency. *Yougov.com*, 6 set. 2018. Disponível em: https://today.yougov.com/topics/technology/articles-reports/2018/09/06/cryptocurrency-bitcoin-popular-americans. Acesso em: 21 fev. 2022.

5. LARGEST Bitcoin ownership survey reveals 6.2% of americans own bitcoin, while 7.3% are planning to buy some. *Crypto Radar*, 1 out. 2019. Disponível em: https://www.prnewswire.com/news-releases/largest-bitcoin-ownership-survey-reveals-6-2-of-americans-own-bitcoin-while-7-3-are-planning-to-buy-some-300928651.html. Acesso em: 21 fev. 2022.
6. CONGRESSMAN Thomas Massie: "We can replace the FED with Bitcoin". *Bitcointalk.org*, 2 ago. 2013. Disponível em: https://bitcointalk.org/index.php?topic =266612.0.
7. EMMER, Tom. Congressman Tom Emmer on Bitcoin and decentralization. *Pomp Podcast #352*, 3 ago. 2020. Disponível em: https://www.youtube.com/watch?v=vxz1HFWWkPg. Acesso em: 21 fev. 2022.
8. WONG, Joon Ian. The simple formula for becoming a bitcoin millionaire, according to one of its innovators. *Quartz*, 23 maio 2017. Disponível em: https://qz.com/990088/how-to-become-a-bitcoin-millionaire-according-to-wences-casares-of-xapo/. Acesso em: 21 fev. 2022.
9. WHY OWN BITCOIN. *Xapo*, 17 jun. 2017. Disponível em: https://blog.xapo.com/why-own-bitcoin/. Acesso em: 21 fev. 2022.
10. BELVEDERE, Matthew J. Bitcoin is nearly halfway to the $400 billion value predicted by the Winklevoss twins four years ago. *CNBC*, 12 nov. 2013. Disponível em: https://www.cnbc.com/2013/11/12/the-winklevoss-brothers-bitcoin-worth-100-times-more.html. Acesso em: 21 fev. 2022.
11. ABEL, David. Dorsey still making weekly $10k bitcoin buy. *Aaltcoinbuzz.io*, 15 maio 2020. Disponível em: https://www.altcoinbuzz.io/cryptocurrency-news/finance-and-funding/dorsey-still-making-weekly-10k-bitcoin-buy/. Acesso em: 21 fev. 2022.
12. WHAT WE'RE BUILDING: lightning development kit. *Square Crypto*, 21 jan. 2020. Disponível em: https://medium.com/@squarecrypto/what-were-building-lightning-development-kit-1ed58b0cab06. Acesso em: 21 fev. 2022.
13. FREAN, Alexandra. Bitcoin will become the world's single currency, tech chief says. *The Times of London*, 21 mar. 2018. Disponível em: https://www.thetimes.co.uk/article/bitcoin-will-become-the-worlds-single-currency-tech-chief-says-66slm0p6b. Acesso em: 21 fev. 2022.
14. SUBERG, William. Billionaire investor Tim Draper quit stocks for bitcoin 6 months ago. *Cointelegraph*, 25 fev. 2020. Disponível em: https://cointelegraph.com/news/billionaire-investor-tim-draper-quit-stocks-for-bitcoin-6-months-ago. Acesso em: 21 fev. 2022.
15. EDMONSTON, Peter. Dear investor: We're stumped. *New York Times*, 2 abr. 2008. Disponível em: https://www.nytimes.com/2008/04/02/business/02HEDGE.html. Acesso em: 21 fev. 2022.
16. ROONEY, Kate. Crypto hedge fund known for eye-popping early returns lost nearly 50 percent last month. *CNBC*, 10 abr. 2018. Disponível em: https://www.cnbc.

com/2018/04/10/crypto-hedge-fund-known-for-returns-got-cut-nearly-in-half-last-month.html. Acesso em: 21 fev. 2022.

17. HUILLET, Marie. Crypto hedge fund Pantera Capital seals $130 million for third crypto venture fund. *Cointelegraph*, 22 fev. 2019. Disponível em: https://cointelegraph.com/news/crypto-hedge-fund-pantera-capital-seals-130-million-for-third-crypto-venture-fund. Acesso em: 21 fev. 2022.

18. IMPACT ON BITCOIN: Pantera Blockchain Letter, abril de 2020. *Pantera Capital*, 4 maio 2020. Disponível em: https://medium.com/@PanteraCapital/macro-impact-on-bitcoin-pantera-blockchain-letter-april-2020-1fdc792d4f33. Acesso em: 21 fev. 2022.

19. GRAYSCALE® Ethereum Trust announces resumption of private placement. *Grayscale Investments*, 1 fev. 2021. Disponível em: http://www.globenewswire.com/news-release/2021/02/01/2167368/0/en/Grayscale-Ethereum-Trust-Announces-Resumption-of-Private-Placement.html. Acesso em: 21 fev. 2022.

20. BROWNE, Ryan. Elon Musk says he's a supporter of bitcoin and thinks it will get "broad acceptance" in finance. *CNBC*, 1 fev. 2021. Disponível em: https://www.cnbc.com/2021/02/01 /elon-musk-on-clubhouse-i-am-a-supporter-of-bitcoin.html. Acesso em: 21 fev. 2022.

21. TIME TO BUY BITCOIN: ex-prudential CEO George Ball. 1 vídeo, 5min19s, 14 ago. 2020. Publicado por REUTERS. Disponível em: https://uk.reuters.com/video/watch/time-to-buy-bitcoin-ex-prudential-ceo-ge-id717403010?chan=9qsux198. Acesso em: 21 fev. 2022.

22. McCARTHY, Joe. Bill Gates says digital currencies could empower the poorest. *Global Citizen*, 12 dez. 2018. Disponível em: https://www.globalcitizen.org/en/content/bill-gates-cryptocurrency-poverty/. Acesso em: 21 fev. 2022.

23. AMAZING DINNER w/ Warren Buffett finally! *Facebook*, 6 fev. 2020. Disponível em: https://www.facebook.com/justinsuntron/photos/a.560868230946888/1001675146866192/?type=3&amp%3Btheater. Acesso em: 21 fev. 2022.

CAPÍTULO 7

1. BHUTORIA, Ria. The Institutional Investors Digital Asset Survey. *Fidelity Digital Assets*, New York, jun. 2020. Disponível em: https://www.fidelitydigitalassets.com/bin-public/060_www_fidelity_com/documents/FDAS/institutional-investors-digital-asset-survey.pdf. Acesso em: 6 mar. 2022.

2. I AM HODLING. *BitcoinTalk.org*, 18 dez. 2013. Disponível em: https://bitcointalk.org/index.php?topic=375643.0. Acesso em: 21 fev. 2022.

3. TASCA, Paolo; LIU, Shaowen; HAYES, Adam. The evolution of the Bitcoin economy: extracting and analyzing the network of payment relationships. *SSRN*, Nova York, 1 jul. 2016. Disponível em: https://papers.ssrn.com/sol3/papers.cfm?abstract_id=2808762. Acesso em: 6 mar. 2022.

4. REDMAN, Jamie. Close to 14,000 Google scholar articles mentioned Bitcoin in 2019. *News Bitcoin,* 25 dez. 2019. Disponível em: https://news.bitcoin.com/close-to-14000-google-scholar-articles-mentioned-bitcoin-in-2019/. Acesso em: 21 fev. 2022.
5. Note que, em 2019, cerca de 14.000 artigos acadêmicos mencionaram o Bitcoin.
6. BITCOIN acceptance growing in Japan. *Business Insider Intelligence,* Nova York, 7 abr. 2017. Disponível em: https://www.businessinsider.com/bitcoin-acceptance-growing-in-japan-2017-4. Acesso em: 21 fev. 2022.

CAPÍTULO 8

1. GINO, Francesca. Banking culture encourages dishonesty. *Scientific American,* Nova York, 30 dez. 2014. Disponível em: https://www.scientificamerican.com/article/banking-culture-encourages-dishonesty/. Acesso em: 21 fev. 2022.
2. RITTER, Malcolm. Maybe banking culture doesn't always make people dishonest. *Phys.org,* Reino Unido, 13 nov. 2019. Disponível em: https://phys.org/news/2019-11-banking-culture-doesnt-people-dishonest.html. Acesso em: 21 fev. 2022.
3. FRENKEL, Sheera; POPPER, Nathaniel; CONGER, Kate; SANGER, David E. A brazen online attack targets V.I.P. twitter users in a Bitcoin scam. *New York Times,* Nova York, 15 jul. 2020. Disponível em: https://www.nytimes.com/2020/07/15/technology/twitter-hack-bill-gates-elon-musk.html?utm_source=newsletters&utm_medium=firstmover&utm_campaign=&clid=00Q1I00000KJy0CUAT. Acesso em: 21 fev. 2022.

CAPÍTULO 9

1. NEW STUDY SHOWS complicated purchasing process is biggest hurdle for cryptocurrencies. *CreditCoin.com,* 29 jun. 2018. Disponível em: https://www.prnewswire.com/news-releases/new-study-shows-complicated-purchasing-process-is-biggest-hurdle-for-cryptocurrencies-300674527.html. Acesso em: 21 fev. 2022.
2. ISAACS, Oliver. 8 reasons why this could be the time to take Bitcoin seriously. *Entrepreneur.com,* 22 maio 2020. Disponível em: https://www.entrepreneur.com/article/348168.
3. MARK CUBAN ANSWERS business questions from twitter. 1 vídeo, 13min20s, 27 set. 2019. Publicado pelo canal *Wired.* Disponível em: https://www.youtube.com/watch?v=DWBlN9o6Azc&amp%3Bt=2m18s. Acesso em: 21 fev. 2022.
4. ANALYZING Bitcoin mining profitability following "the halving" and its indication for price. *Trade Block,* Nova York, 7 fev. 2020. Disponível em: https://tradeblock.com/blog/analyzing-bitcoin-mining-profitability-following-the-halving-and-its-indication-for-price. Acesso em: 22 fev. 2022.
5, 6 e 7. BITCOIN Energy Consumption Index. *Digiconomist,* ago. 2020. Disponível em: https://digiconomist.net/bitcoin-energy-consumption/. Acesso em: 6 mar. 2022.

CAPÍTULO 10

1. NUMBER of FDIC-insured commercial bank branches in the United States from 2000 to 2019. *Statista*, Nova York, 13 fev. 2021. Disponível em: https://www.statista.com/statistics/193041/number-of-fdic-insured-us-commercial-bank-branches/. Acesso em: 22 fev. 2022.
2. NUMBER OF BANK branches for United States. *Economic Research Federal Reserve Bank of St. Louis*, St. Louis, 13 fev. 2021. Disponível em: https://fred.stlouisfed.org/series/DDAI02USA643NWDB. Acesso em: 22 fev. 2022.
3. COMMERCIAL bank branches (per 100,000 people) — Italy. *The World Bank*, Washington, DC, 13 fev. 2021. Disponível em: https://data.worldbank.org/indicator/FB.CBK.BRCH.P5?locations=IT. Acesso em: 22 fev. 2022.
4. FINANCIAL inclusion on the rise, but gaps remain, Global Findex Database shows. *The World Bank*, Washington, DC, 19 abr. 2018. Disponível em: www.worldbank.org/en/news/press-release/2018/04/19/financial-inclusion-on-the-rise-but-gaps-remain-global-findex-database-shows. Acesso em: 22 fev. 2022.
5. DECLINE OF GLOBAL extreme poverty continues but has slowed: World Bank. *The World Bank*, Washington, DC, 19 set. 2018. Disponível em: https://www.worldbank.org/en/news/press-release/2018/09/19/decline-of-global-extreme-poverty-continues-but-has-slowed-world-bank. Acesso em: 22 fev. 2022.
6. CHILDHOOD and intergenerational poverty: the long-termconsequences of growing up poor. *National Center for Children in Poverty*, Nova York, nov. 2009. Disponível em: https://www.nccp.org/publication/childhood-and-intergenerational-poverty/. Acesso em: 22 fev. 2022.
7. OMAR, Md Abdullah; INABA, Kazuo. Does financial inclusion reduce poverty and income inequality in developing countries? A panel data analysis. *Journal of Economic Structures*, [article number] 37, 28 abr. 2020. Disponível em: https://journalofeconomicstructures.springeropen.com/articles/10.1186/s40008-020-00214-4. Acesso em: 6 mar. 2022.
8. MEINERT, Monica C. ABA survey finds online, mobile most popular banking channels. *ABA Banking Journal*, Washington, DC, 16 out. 2018. Disponível em: https://bankingjournal.aba.com/2018/10/aba-survey-finds-online-mobile-most-popular-banking-channels/. Acesso em: 22 fev. 2022.
9. MERRY, Elen A. Mobile banking: a closer look at survey measures. *Federal Reserve*, Washington, DC, 27 mar. 2018. Disponível em: https://www.federalreserve.gov/econres/notes/feds-notes/mobile-banking-a-closer-look-at-survey-measures-20180327.htm. Acesso em: 22 fev. 2022.
10. ARE AMERICANS EMBRACING Mobile Payments? *The Pew Charitable Trusts*, Filadélfia, 3 out. 2019. Disponível em: https://www.pewtrusts.org/en/research-and-analysis/issue-briefs/2019/10/are-americans-embracing-mobile-payments. Acesso em: 22 fev. 2022.

11 e 12. AS FINTECH APPS BECOME more popular, consumer privacy concerns persist, survey finds. *The Clearing House*, 22 ago. 2018. Disponível em: https://www.theclearinghouse.org/payment-systems/articles/2018/08/data-privacy-08-21-2018. Acesso em: 22 fev. 2022.

CAPÍTULO 11

1. CFA institute cautions investors on 12 common mistakes. *CFA Institute*, Charlostteville, 2006. Disponível em: http://www.loveless-wealth.com/our-blog/63-article1.html. Acesso em: 22 fev. 2022.
2. TOP-PERFORMING mutual funds by category. *Kiplinger*. Washington, DC, 31 jan. 2021. *Disponível* em: https://www.kiplinger.com/tool/investing/T041-S001-top-performing-mutual-funds/index.php?table_select=Alts. Acesso em: 22 fev. 2022.
3. INVESTORS expect returns 44% higher than what financial advisors say is realistic, according to natixis survey. *Business Wire*, 9 set. 2016. Disponível em: https://www.businesswire.com/news/home/20160929005214/en/Investors-Expect-Returns-44-Higher-Than-What-Financial-Advisors-Say-is-Realistic-According-to-Natixis-Survey. Acesso em: 22 fev. 2022.

4 e 5. LEWIS, Michael. *The Big Short*. Nova York: W.W. Norton & Company, 2016. p. 44, 246.

CAPÍTULO 12

1. BEST, Raynor de. Unique cryptocurrency wallets created on blockchain.com as of december 9, 2020. *Statista*, Nova York, 10 dez. 2020. Disponível em: https://www.statista.com/statistics/647374/worldwide-blockchain-wallet-users. Acesso em: 21 fev. 2022.
2. PIRUS, Benjamin. McAfee explains rationale for why he still sees 1 million bitcoin by 2020. *Forbes*, Jersey City, 30 set. 2019. Disponível em: https://www.forbes.com/sites/benjaminpirus/2019/09/30/mcafee-explains-rationale-for-why-he-still-sees-1-million-bitcoin-by-2020/?sh=4b12dd366f92. Acesso em: 21 fev. 2022.
3. FINNEY, Hal. Re: Bitcoin v0.1 released. *The Mail Archive*, 1 jan. 2009. [Troca de mensagens de *e-mail* com Satoshi Nakamoto]. Disponível em: https://www.mail-archive.com/cryptography@metzdowd.com/msg10152.html. Acesso em: 22 fev. 2022.
4. CHENG, Evelyn. James Altucher predicts bitcoin will reach $1 million by 2020. *CNBC*, 29 nov. 2017. Disponível em: https://www.cnbc.com/2017/11/29/james-altucher-predicts-bitcoin-will-reach-1-million-by-2020.html. Acesso em: 22 fev. 2022.
5. ELIAS, Shawn. Bitcoin at $1 million is not out of the question, says James Altucher. The Street, 1 vídeo, 24 jun. 2019, 1min51s. Disponível em: https://www.thestreet.com/video/bitcoin-1-million-not-out-of-question-james-altucher-14977130. Acesso em: 21 fev. 2022.
6. LOVE, Dylan. This guy is selling his book exclusively via bitcoin. *Business Insider*, Nova York, 13 maio 2013. Disponível em: https://www.businessinsider.com/james-altucher-choose-yourself-bitcoin-2013-5. Acesso em: 21 fev. 2022.

7. CASARES, Wences. The case for a small allocation to Bitcoin. *Kana & Katana*, 1 mar. 2019. Disponível em: kanaandkatana.com, https://www.kanaandkatana.com/valuation-depot-contents/2019/4/11/the-case-for-a-small-allocation-to-bitcoin. Acesso em: 21 fev. 2022.
8. GREENSPAN, Mati. (@Mati Greenspan). Where will Bitcoin be in 10 years? *Twitter*, 29 dez. 2019. Disponível em: https://twitter.com/MatiGreenspan/status/1211200910669570049. Acesso em: 21 fev. 2022.
9. COMPETIELLO, Christopher. Bitcoin price could hit $500,000 in 10 years. *Business Insider*, 11 dez. 2019. Disponível em: https://www.businessinsider.com/bitcoin-price-could-hit-500000-10-years-gold-mark-yusko-2019-12. Acesso em: 21 fev. 2022.
10. BLOCKTV (@BlockTVNews). Bitcoin to hit $250,000 by 2022? @TimDraper thinks that is a conservative prediction. *Twitter*, 13 set. 2019. Disponível em: https://twitter.com/blocktvnews/status/1172528836652752896. Acesso em: 21 fev. 2022.
11. SUBERG, William. Chance of $1Mln Bitcoin 0.25%: Vinny Lingham. *Cointelegraph*, 19 jun. 2017. Disponível em: https://cointelegraph.com/news/chance-of-1mln-bitcoin-025-vinnie-lingham. Acesso em: 21 fev. 2022.
12. @VINNYLINGHAM. I haven't been this bullish on #Bitcoin since 2016. *Twitter*, 7 out. 2020. Disponível em: https://twitter.com/vinnylingham/status/1313944105743863808?s=21. Acesso em: 21 fev. 2022.
13. BOGART, Spencer. Bitcoin is a demographic mega-trend: data analysis. *Blockchain Capital*, San Francisco, 30 abr. 2020. Disponível em: https://blockchain.capital/bitcoin-is-a-demographic-mega-trend-data-analysis. Acesso em: 21 fev. 2022.
14. SARDON, Maitane. A guarded generation: how millennials view money and investing. *Wall Street Journal*, Nova York, 13 mar. 2020. Disponível em: https://www.wsj.com/articles/the-recession-left-millennials-loaded-with-debtand-cynical-11583956727. Acesso em: 21 fev. 2022.
15. BITCOIN in heavy accumulation. *Adamant Capital,* 18 abr. 2019. Disponível em: https://docsend.com/view/jwr8qwx. Acesso em: 21 fev. 2022.

CAPÍTULO 13

1. ACHESON, Noelle. Bitcoin, bonds and gold: why markets are upended in a time of fear. *CoinDesk*, 9 mar. 2020. Disponível em: https://www.coindesk.com/bitcoin-bonds-and-gold-why-markets-are-upended-in-a-time-of-fear. Acesso em: 21 fev. 2022.
2. BURSZTYNSKY, Jessica. Warren Buffett: Cryptocurrency "has no value" — "I don't own any and never will". *CNBC*, 24 fev. 2020. Disponível em: https://www.cnbc.com/2020/02/24/warren-buffett-cryptocurrency-has-no-value.html. Acesso em: 21 fev. 2022.
3. THE WEST 100. *Los Angeles Times*, El Segundo, 13 ago. 2006. Disponível em: https://www.latimes.com/archives/la-xpm-2006-aug-13-tm-toppower33-story.html. Acesso em: 21 fev. 2022.

NOTAS

4. HANKIN, Aaron. More than 20% of institutional investors already own digital assets, Fidelity survey finds. *Market Watch*, 2 maio 2019. Disponível em: https://www.marketwatch.com/story/more-than-20-of-institutional-investors-already-own-digital-assets-fidelity-survey-finds-2019-05-02. Acesso em: 21 fev. 2022.
5. DIGITAL ASSET Investment Report. *Grayscale*, 2019. Disponível em: https://grayscale.co/wp-content/uploads/2020/01/Grayscale-Digital-Asset-Investment-Report-2019-January-2020.pdf. Acesso em: 21 fev. 2022.
6. GRAYSCALE® Ethereum Trust Announces Resumption of Private Placement. *Grayscale Investments*, 1 fev. 2021. Disponível em: http://www.globenewswire.com/news-release/2021/02/01/2167368/0/en/Grayscale-Ethereum-Trust-Announces-Resumption-of-Private-Placement.html. Acesso em: 21 fev. 2022.
7. GRAYSCALE (@Grayscale). Total AUM: $10.4 billion. *Grayscale*, 17 nov. 2020. Disponível em: https://twitter.com/Grayscale/status/1328815176154492929?s=20. Acesso em: 21 fev. 2022.
8. GRAYSCALE'S Record 2019. *Grayscale Investments*, 16 jan. 2020. Disponível em: https://medium.com/grayscale-investments/grayscales-record-2019-8040fd43957. Acesso em: 21 fev. 2022.
9. OYEDELE, Akin. Jamie Dimon: Bitcoin is a fraud that's "worse than tulip bulbs". *Business Insider*, 12 set. 2017. Disponível em: https://www.businessinsider.com/bitcoin-price-worse-than-tulip-bulbs-2017-9. Acesso em: 21 fev. 2022.
10. ROONEY, Kate; LEVY, Ari. The most influential endowment manager just jumped into crypto with bets on two Silicon Valley funds. *CNBC*, 5 out. 2018. Disponível em: https://www.cnbc.com/2018/10/05/yale-investment-chief-david-swensen-jumps-into-crypto-with-bets-on-two-silicon-valley-funds.html. Acesso em: 21 fev. 2022.
11. HELMS, Kevin. Nasdaq-Listed microstrategy raises bitcoin holdings to $425 million after second purchase. *Bitcoin.com*, 15 set. 2020. Disponível em: https://news.bitcoin.com/nasdaq-microstrategy-bitcoin-425-million/. Acesso em: 21 fev. 2022.
12. SQUARE, Inc. invests $50 million in Bitcoin. *Square*, 8 out. 2020. (*Media release*). Disponível em: https://squareup.com/us/en/press/2020-bitcoin-investment. Acesso em: 21 fev. 2022.
13. ROBERTS, Daniel. "Report: 43% of investors interested in bitcoin are women". *Yahoo! Finance*, 11 dez. 2019. Disponível em: https://finance.yahoo.com/news/report-43-of-investors-interested-in-bitcoin-are-women-192156926.html. Acesso em: 21 fev. 2022.
14. BLASS, Dalia. Staff Letter: engaging on fund innovation and cryptocurrency-related holdings. *U. S. Securities and Exchange Commission*, 18 jan. 2018. Disponível em: https://www.sec.gov/divisions/investment/noaction/2018/cryptocurrency-011818.htm. Acesso em: 21 fev. 2022.
15. POPPER, Nathaniel. SEC Rejects Winklevoss Brothers' Bid to Create Bitcoin EFT. *New York Times*, 10 mar. 2017. Disponível em: https://www.nytimes.com/2017/03/10/

business/dealbook/winkelvoss-brothers-bid-to-create-a-bitcoin-etf-is-rejected.html. Acesso em: 21 fev. 2022.
16. BROWNE, Ryan. Bitcoin had a wild weekend, briefly topping $10,000, after China's Xi Sang blockchain's praises. *CNBC*, 28 out. 2019. Disponível em: https://www.cnbc.com/2019/10/28/bitcoin-btc-price-climbs-as-chinas-xi-jinping-embraces-blockchain.html. Acesso em: 21 fev. 2022.

Obras mencionadas pelo autor ao longo do livro e publicadas em português

ALTUCHER, James. *Escolha você*. Alaúde, 2013.
ARISTÓTELES. *Política*. LeBooks Editora, 2019. (Coleção Filosofia). (e-book Kindle).
ARISTÓTELES. *Ética a Nicômano*. Edipro, 2020. (e-book Kindle).
BELLAMY, Edward. *Olhando para trás*: 2000-1887. Aetia Editorial, 2021.
CARNEGGIE, Dale. *Como fazer amigos e influenciar pessoas*. Companhia Editora Nacional, 2012
CÍCERO. *Da República*. Montecristo Editora, *2020*.
CÍCERO. *Das leis*. Cultrix, 1967. (Coleção Clássicos).
GRANDE demais para quebrar. Direção: Curtis Hanson. Produção: HBO. Estados Unidos, 2011. (1h39min).
LEWIS, Michael. *A jogada do século*. Best Seller, 2011.
MEZRICH, Bem. *Milionários por acaso*. Intrínseca, 2012.
MISES, Ludwig von. *As seis lições: reflexões sobre política econômica para hoje e amanhã*. LVM, 2018.
SHAKESPEARE, W. *Romeu e Julieta*. Peguin, 2016.
THOMPSON, Hunter. *Medo e delírio em Las Vegas*. L&PM, 2018.

ÍNDICE REMISSIVO

Acheson, Noelle, 258
Adams, John, 136
Albert Heijn, 42
Alemanha, 133, 179, 206
Allen, Rick, 109
Altucher, James, 244-245
Amazon, 27-28, 47, 141, 151, 154, 171, 214, 216, 225, 249
American Express, 146, 216
Andresen, Gavin, 61
AntPool, 63
Apple, 18, 46, 146, 151, 171, 173, 214, 258-259
Apple Pay, 146
Argélia, 115
Aristóteles, 31, 99, 194
Armstrong, Brian, 166
Asimov, Isaac, 41
AT&T, 274
Ataque 51%, 189
Ataque hacker do Bitcoin no Twitter, 189
ATMs, 52, 145
Austrália, 39, 106, 263
Autoridade centralizada/sistema centralizado, 35, 101, 133, 136, 240
Autoridade descentralizada, 100-102

Back, Adam, 48
Baldet, Amber, 108
Ball, George, 167
Ballet, 143, 254, 282
Banco Central Europeu, 88
Banco Lemon, 161
Banco Popular da China (BPDC), 106, 228
Bancos e sistemas bancários, 35, 36, 49, 56, 65, 152, 204
   (*veja também* sistemas baseados em bancos centrais; instituições e sistemas monetários)
   bancos comerciais, 86, 106, 198
   cultura dos, 186
   durante a Depressão, 85-86
   e o valor do dinheiro, 78, 82-89
   fundos de criptomoedas, permissão para os, 170
   possibilidade de acesso a bancos, 211-215
   regras para clientes de, 129, 130-134
Bank of America, 86, 94, 141, 186, 192
Bank of Cypress, 84
Bank of England (Banco Central da Inglaterra), 35, 132
Barein, 115

BayBank, 94
Bear Stearns, 46, 86, 183
Bellamy, Edward, 41, 136
Benchmark, 164
Berkshire Hathaway, 19, 159, 172, 258
Beveridge, W. I. B., 47
Binance, 68, 73, 177, 187
Bitcoin, 20-23, 254-255
   aquisição de, 54, 65, 66, 75, 222, 234, 285
   armazenamento de, 66-69, 201, 282 (*veja também* carteiras)
   "bloco-gênese" do, 51
   considerado ilegal, 124
   como sistema *permissionless*, 277-279
   como valor mobiliário, 104
   definição, 51, 49-51, 64-66
   distribuição de, 46, 59
   em circulação, 141, 263
   fundamentos do (*vide* Os Três Cavaleiros da Criptomoeda)
   liberdade com o seu dinheiro, 91, 102, 126-129, 131-134, 135-137, 139, 240, 253
   medo de perder a oportunidade (MDPO), 155, 181, 227, 242, 249
   natureza deflacionária do, 95
   preço do (*vide* preço do bitcoin)
   regulamentação do, 52, 53, 96, 102-105, 108, 110, 111, 114, 116, 122, 152, 157, 193-208
   sistema de Satoshi para o, 26-51
   transações com, 112-114
   uso do termo, 26, 55, 112, 180, 187, 227, 261

   valor/capitalização de mercado do, 14, 32, 53, 140, 147, 162, 202, 256 (*veja também* bolsas de criptomoedas; investindo em bitcoins; mineração de)
   (*veja também* criptomoeda[s]; tópicos específicos)
   valor do, 141-142
Bitcoin.com, 63
Bitcoin Foundation, 28
Bitcoin Investment Trust, 165
Bitcoin Market, 53, 177
Bitfinex, 68, 73
bitFlyer, 165
BitPay, 67, 166, 179
BitPesa, 164, 165
BitStamp, 68, 74
Block.one, 118
Blockchain, 14, 23, 26, 42, 47, 57, 98, 107, 117-120, 156, 188, 276
Blockchain Capital, 165
   chances de ganhar recompensa, 26, 51, 60-62, 169
   e regulamentação, 53, 103-105, 114-117
   transações verificadas no, 59
BMW, 274
Boeing, 141
Bolívia, 115, 204, 263
Bolsas, 14, 56-76, 180, 203, 222
   abertura de contas em, 75
Bolsas descentralizadas (DEXs), 71, 75-76
   carteiras custodiadas, 68, 73
   descentralizadas, 71, 75-76
   facilidade de uso, 281-282

primeira, 53
segurança das, 71-75
volumes de transações, 22, 74, 140
Bolton, John, 158
Bren, Donald, 260
Brin, Sergey, 20
BTC.com, 63
BTCC, 24, 90, 151, 160, 165, 180, 203, 229, 281
BTCChina, 21-24, 148, 149, 151, 177, 202, 227, 262, 286
Buffett, Warren, 160, 167, 172-173, 258-259
Burke, Edmund, 126
Burry, Michael, 238
Byrne, Patrick, 274

Cameron, William Bruce, 142-144
Canadá, 45, 106, 206, 242, 263
Capital One, 92
Capra, Frank, 85
Carnegie, Dale, 197
Cartalismo, 79
Carteiras, 52, 56-95
backup, 202
custodiadas, 68, 73
número de, 140
segurança de, 282
tipos de, 66 (*veja também* tipos específicos)
várias carteiras, 143
Carteiras baseadas em *hardware*, 66, 68-69, 70, 200
Carteiras baseadas na Web, 66-68
Carteiras de armazenamento a frio, 66, 67, 282
Carteiras de armazenamento a quente, 66, 70, 72
Carteiras de papel, 66, 69-70, 200-202
Carteiras *desktop*, 33, 66-67
Carteiras *on-line*, 66
Carteiras para dispositivos móveis, 67-68
Cartões de crédito, 45, 145
Casares, Wences, 161, 245
Caso *United States v. Harmon*, 104
Catar, 115, 262,
CFA Institute, 221
Chaum, David, 42-47
Chávez, Hugo, 89
China, 114
a família Lee na, 15-18
atividade do Bitcoin na, 22, 64, 124, 133, 138, 139, 155
banco central na, 133
banimento das criptomoedas na, 114
coibições na, 202-203
declínio do domínio por parte da, 275-276
mineração na, 21, 61, 203
primeiras moedas na, 34-35
regras de controle de capital na, 130
regulamentação de criptomoedas na, 152, 228
Chipre, 84-85
Chu family, 11, 15
Chu, Linning, 17
Cícero, 99-100
Cipher Technologies Bitcoin Fund, 104

Citibank, 53, 86
Código de Hamurabi, 97
Coinbase, 68, 74, 103, 163-166, 177
CoinDesk, 311, 150
Colbert, Stephen, 189
Colômbia, 106, 206, 263
Comércio na internet, 48
Computer Sciences Corporation, 184
Consumo de eletricidade, 52, 62, 204-205, 207, 280,
Cooperativas de mineração, 59, 62, 63, 218
Cotação do bitcoin, 61, 154, 196, 219
   comparado à Amazon, 27-28
   durante o aparecimento do coronavírus, 229, 233
   e coibições na China, 152-156
   e erros de investimento, 221-230
   e volatilidade, 173-176
   limiares de preço, 177
   períodos de alta, 154, 176-182
   previsão (*vide* previsões para a cotação do bitcoin)
Cotten, Gerald, 199
Crapo, Mike, 112, 121
Criptomoeda(s), 32, 120-125, 259-260
   (*veja também* Bitcoin; Bitcoin[s])
   bolsas para, 70-76
   capitalização de mercado para, 140
   crescimento das, 32
   histórico das, 42-48
   instituições ameaçadas pela, 54
   invenção de Satoshi, 13, 14
   número de negociantes de, 141
   previsões (*vide* previsões para as criptomoedas)
   regulamentação de (*vide* regulamentação)
   uso do termo, 106, 260, 261
Cuban, Mark, 197
CyberCash, 44, 45
Cypherpunks, 43-47, 53, 135

Declaração Universal dos Direitos das Criptomoedas, 123
Descentralização, 152, 188
Deutsche Bank, 44, 163, 166, 187
DigiCash, 43-45
Digital Currency Group, 165
Dimension Data, 184
Dimon, Jamie, 167, 270
Dinheiro, 52
   Aristóteles tratando de, 31
   Bitcoin como tipo de, 104
   como direito natural, 126-139 (*veja também* direito natural do dinheiro)
   história do, 31-35
   o verdadeiro valor do, 82-89, 198 (*veja também* moedas)
   teste da liberdade com o seu dinheiro, 128 (*veja também* liberdade com o seu dinheiro,)
Direito natural do dinheiro, 126, 139
   e o Bitcoin como liberdade com o seu dinheiro, 133-134
   e regras estabelecidos pelos bancos para os clientes, 129-131
   teste da liberdade com o seu dinheiro, 128

Disney, Walt, 174
Dorsey, Jack, 162-163
Draper, Tim, 163, 246

ECash, 43
Economia do lado da oferta, 79
Email Publishing, 45
Emmer, Tom, 110-112, 120, 157
Empréstimos hipotecários de alto risco, 86
Equador, 263
Equifax, 183
Equipamento para mineração, 21, 61, 204, 205, 280
Estagflação, 40
ETF para Bitcoin, 152, 208, 263, 272-273
Ethereum, 21, 147, 256
Etsy, 274
Evolução do Bitcoin, 140-167
    defensores/partidários do Bitcoin, 150, 159-167
    envolvimento do governo, 156-158
    interesse da mídia pelo Bitcoin, 148-151
    limiares de preço, 151, 177
    possíveis substitutos, 145-148
    problemas na, 111–114
    rumores e conversas sobre o Bitcoin, 150-152
    valor total/capitalização de mercado, 141

F2Pool, 63
Facebook, 47, 110, 113, 151, 155, 161, 171, 214

Falhas no atendimento, 89-95
    falta de aceitação por parte dos governos, 207-208
    falta de um FDIC ou seguro equivalente, 198-200
    FDIC (Federal Deposit Insurance Corporation (FDIC), 198-200
    perda de bitcoins, 200-202
Família Lee, 11, 15-19, 93, 236
Federal Reserve, 38, 83, 86, 133, 157, 187, 200, 216
Fidelity, 65, 167, 173, 268
Filecoin, 118
Filo, David, 20
Finney, Hal, 243
First Virtual Holdings, 45
Fitzpatrick, Tom, 53
Fleming, Ian, 185
Ford, Henry, 174
Fortress Investment Group, 164
França, 35, 133, 206, 211
Fujitsu, 183
Fundo RidgeWorth Aggressive Growth, 226

García, Jesús, 113
Gates, Bill, 13, 20, 161, 167, 189, 211
Gates, Melinda, 211, 215
Gemini, 68, 172
General Electric, 141
General Motors, 141
Gensler, Gary, 108
Gilmore, John, 43
Gödel, Kurt, 142
Goldman Sachs, 163, 166, 187, 192, 269

Google, 14, 20, 47, 58, 113, 151, 166, 171, 214
Gorfine, Daniel, 107-108
Grã-Bretanha, 120, 101–102
Grant, Ulysses S., 184
Grayscale Investments, 165, 196, 269, 277
Greenspan, Mati, 246
Guilherme, o Conquistador, 132

Hall, Beryl A., 104
Hamilton, Alexander, 12, 36, 97
Hamurabi, 97
Hanyecz, Laszlo, 53, 251
Harmon, Larry Dean, 105
Hash (*hash* criptográfico), 57, 58, 63
Hayes, Arthur, 166
Hewlett Packard, 183
Hitchcock, Alfred, 194
Hobbes, Thomas, 101
HODL (Hold On for Dear Life), 176, 179, 227, 239
Hoffman, Reid, 161, 167
Hughes, Eric, 43
Huobi, 24, 262
IBM, 20, 141, 166, 183, 225
ICO (oferta inicial de moedas), 117, 119, 228
Índia, 88, 133, 212, 262
Inflação, 27, 32, 34, 40, 80, 87, 89, 137, 200, 246
Instituições e sistemas monetários, 37, 52, 86-87
    bancos centrais, 35-41
    crença no, 128

e Bitcoin (*vide* nascimento do Bitcoin)
e o verdadeiro valor do dinheiro, 82-89
limitações de, 211-214
negligência benigna sistemática em, 77-78
Internet Argentina S.A., 161
Investidores institucionais, 267-271

Investir em bitcoin, 220-239
    comprar bitcoins a granel de uma só vez, 233
    erros mais comuns ao, 221-230
    indecisão na hora de, 222-223
    investimento aleatório, 235-236
    invista dentro de suas possibilidades, 230-233
    não comprar o suficiente, 223-225
    não ficar esperando ganhos maiores, 225-228
    programando-se para compras regulares, 234-236
    razões para, 231
    vender quando tomado pelo pânico, 228
Irã, 97, 115, 124, 204, 263
Israel, 120, 141

Jackson, Andrew, 37
Japão, 63, 133, 180, 211 (*veja também* Mt. Gox)
Jaxx Liberty, 67
Jefferson, Alexander, 36, 101, 132, 136
Jessop, Tom, 268
Jobs, Steve, 47

ÍNDICE REMISSIVO

John Deere, 141
Johnson, Abigail, 167, 269
JPMorgan Chase, 86, 186, 270

Karpelès, Mark, 40, 146
Keynes, John Maynard, 79
Keynesianismo, 79
Kim, Jim Yong, 211
Kleiman, Dave, 47
Knapp, Georg Friedrich, 79
Koo, Julia, 16
Kraken, 68, 165
Kripton, 189
Kupor, Scott, 109

Laiki, 84
Lang, Larry Hsien Ping, 149, 266
Lee, Charlie, 14, 17, 21, 166, 286
Lee, William, 16-17, 236
Lehman Brothers, 46, 86, 183
Letras de câmbio, 35
Levchin, Max, 45
Lewis, Michael, 86, 237
Liberdade com o seu dinheiro:
    Bitcoin e a, 128, 133-137
    nos Estados Unidos, 129-131
    saque em dinheiro negado pelo banco, 91
    teste da liberdade com o seu dinheiro, 128
Libra, 110, 112, 165, 214
Lightspeed China, 23
Lincoln, Abraham, 174
Lingham, Vinny, 247
Livro-razão, 14, 58, 60, 135, 188, 204

Livro-razão distribuído, 60
Locke, John, 101, 126, 132
Lublin, Joseph, 166
Lummis, Cynthia, 158

Ma'at, 98
Macau, 119
Madison, James, 97, 101
Maduro, Nicolás, 89
"Mão invisível" do comércio, 79
Marquardt, David, 44
Marrocos, 115
Massie, Thomas, 157-158
Mastercard, 170
Mayfield Fellows Program, 19
McAfee, John, 243
McDonald's, 251-252
McHenry, Patrick Timothy, 112
Medici, 25, 34-35, 127
Medos em relação ao Bitcoin, 193-208
    custos e danos das redes de mineração, 13, 204-207
    falta de aceitação por parte dos governos, 207-208
    falta de um FDIC ou seguro equivalente, 198-200
    FDIC (Federal Deposit Insurance Corporation), 198-200
    futuras coibições, 202-204
    perda de bitcoins, 200-202
Mercado de futuros para Bitcoin, 107, 271-272
Mercantile Bancorp of St. Louis, 44
Merkle, Ralph, 48
Merrill Lynch, 86

MessageMedia, 45
Metalismo, 79
Mezrich, Ben, 162
Microsoft, 13, 20, 44, 48, 161, 274
MicroStrategy, 270
Mídia, 142, 149-151, 154, 157, 177, 192, 197
Milhon, Jude, 43
Mineração, 14, 21, 50-52, 56-64, 177
 compra direta *versus*, 64
 custos e danos da, 204-207
 introdução do conceito de, por parte de Satoshi, 50
 robustez da, 279-280
Mineração de ouro, 19, 58, 64
Modi, Narendra, 88
Moedas:
 e padrão ouro, 38-39
 eletrônicas, 41-42
 poder de compra das, 78
 primeira moeda virtual, 40-46 (*veja também* criptomoeda[s])
 primeiras, 33-35
 substituição ou eliminação de, 84-87
 taxa de câmbio, 39
 valor representado por, 127
Moedas (eletrônicas) virtuais, 42-48 (*veja também* criptomoeda(s))
Mondex, 45
Morehead, Dan, 163
M-Pesa, 179
Mt. Gox, 53, 71-73, 115, 177-178, 190, 224
Mulvaney, Mick, 158
Musk, Elon, 45, 165-166, 169, 189

Nakamoto, Yasutaka, 46
Nascimento do Bitcoin, 13-15, 31-55
 e as primeiras moedas virtuais, 41-43
 e as primeiras moedas, 33-35
 e problemas atuais, 53-55
 e sistema bancário centralizado, 34, 35-40
 e sistemas de troca, 31-33
 o sistema Bitcoin de Satoshi, 48-51
 uso do bitcoin no início, 51-53
Navalha de Ockham, 134-135
Negligência benigna sistemática, 77-78
Negroponte, Nicholas, 44
Nixon, Richard, 40, 88
Nonce, 57, 58
Nós, 57, 60
Notas bancárias, 35, 37
Nova Zelândia, 119
Novogratz, Mike, 269
NTT Data, 183

Obama, Barack, 122, 189
OKCoin, 24, 262
Ordens com preço limitado, 75
Orwell, George, 11
Os Três Cavaleiros da Criptomoeda, 56-76
 bolsas, 70-76
 carteiras, 64-70
 mineração, 58-64
Ouro, 15-16, 27, 184
 bitcoin como equivalente do, 26, 58, 241

comparado ao bitcoin, 28, 19, 32, 34, 39, 64, 161, 168, 185, 198-199, 241
cotações em meados de 2020, 169-170
flutuações de preço, 171, 184
valor inerente do, 109
Overstock, 274

Padrão ouro, 38-40
Page, Larry, 20
Pair, Stephen, 166
Países Baixos, 42, 119
Pandemia/epidemia de covid-19 (coronavírus), 85, 146, 170, 212,
Pantera Bitcoin Fund, 163-164
Pantera Capital, 163-164
Paquistão, 115, 119
Patagon, 161
PayPal, 25, 45, 177, 214, 245
Peterson, Collin, 109
Polis, Jared, 158
Poolin, 63
Portis, Charles, 160
Powell, Jerome, 83
Preço do bitcoin, 24, 28, 52, 67, 137, 153-156, 175-179, 230, 256, 258, 260, 284
Previsões para a cotação do bitcoin, 22, 227, 232
  e valor do bitcoin, 251-255
  e volatilidade, 248-251
  outras previsões, 243-248
  por analistas, 171, 173, 246
Previsões para as criptomoedas, 65, 169, 241, 245, 256-284
  apreciação de um sistema *permissionless*, 277-279
  Bitcoin como principal criptomoeda, 259-260
  carteiras e bolsas, 281, 282
  declínio do domínio por parte da China, 275-276
  e investimentos famosos, 259
  e ursos do Bitcoin, 264-267
  equiparando o Bitcoin com outras criptomoedas, 260-261
  ETF para Bitcoin, 272, 273
  investidores institucionais, 267-271
  mercado de futuros para Bitcoin, 271-272
  mulheres participando do mercado Bitcoin, 276-277
  novas agências de criptomoedas, 283
  número de, 134
  questões regulatórias, 261-264
  robustez da mineração, 279, 281
  uso do Bitcoin até 2050, 273-275
  (*veja também* bolsas; mineração; carteiras)
Privacidade, 143-146
Prova de trabalho, 48, 50, 148, 286

Quadriga, 199

Ravikant, Naval, 244-245
Regulamentação, 96-125
  autoridade central *versus* autoridade não centralizada, 100-102
  do Bitcoin, 102-105
  e tributação, 208

histórico da, 96-100
novas agências de criptomoedas, 283-284
o debate regulatório no exterior, 114-117
o governo americano no sentido da, 104-105, 156-157
previsões para, 243, 256-284
recomendações para, 121
Reino Unido, 45, 179, 206
Remessas, 139, 217-218
Rettig, Charles, 111
Ribbit Capital, 164
Riggins, John, 171-72
Rogoff, Kenneth, 89
Roosevelt, Franklin, 39, 122, 198
Roubini, Nouriel, 265
Rússia, 124, 170, 204, 262

Salamat, Rishaad, 152
Satoshi Nakamoto, 13-28, 31-55, 135, 149, 204, 243
Scion Capital, 238
SEB, 86
SEC (*Securities and Exchange Commision*, Comissão de Valores Mobiliários), 103, 105, 119, 159, 263, 272-273
SEC v. W.J. Howey Co., 103
Second Market, 165
Segurança, 27, 44, 53, 57, 65-72, 92, 105, 115, 143, 148, 162, 188, 192, 200-203, 217, 262
conceito de segurança possível, 70
Seguro para bitcoin, 198-200
Serviços pelo celular, 211

Shakespeare, William, 106, 208, 260,
Shatner, William, 166
Sherman, Brad, 109-110, 120
Shift, 189
Shopify, 274
Shou Chen Pang, 17
Silbert, Barry, 165
Silk Road, 153, 178
Sistemas baseados em bancos centrais, 12, 133
e regulamentação das criptomoedas, 104-105
e valor do dinheiro, 82-83
história dos, 35-41
Sistemas de cunhagem, 34
Smith, Adam, 79, 182
Smith, Robert, 260
Snoop Dogg, 159-160
Sorkin, Andrew Ross, 42, 102
Square Inc., 270
Stanford University, 13, 19-20
Stephens, Bart, 165
Stephens, Brad, 165
Stevenson, Robert Louis, 267
Stockholms Bank, 35
Stumpf, John, 92
Suíça, 106, 120, 206
Sullenberger, Chesley "Sully", 175
Sun, Justin, 167
Swedbank, 86
Swensen, David, 270
Sze Tsen Lee, William, 7, 16

Tata Consultancy Services, 183
Taxa de transação, 218

ÍNDICE REMISSIVO

taxas de *hashing*, 134, 149
Tecnologia, 13, 18-19, 23, 29, 43, 73, 107-113
Tecnologia de verificação, 145
Telegram, 118, 119
Tesla, 165, 270
Tezos, 119, 155
Thiel, Peter, 45
Thompson, Hunter, 197
Thoreau, Henry David, 94
Tlaib, Rashida, 113
Transações, 42, 44, 115
   consumo de energia para, 205
   e mineradores, 204-206
   primeira transação comercial paga em bitcoins, 53
   problema do gasto duplo para, 59
   sistema de hash de transação, 50
   volume de, 140, 147, 178, 203, 266, 271
Trezor, 68-69
Tributação, 104-105, 119-121, 208
Trump, Donald, 83, 158

Ursos do Bitcoin, 264-267
US Bank, 309
Uso do Bitcoin, 209, 253
   os "com banco" e os "sem-banco", 211-215, 254
   para remessas, 218
   previsão do, 256-284
   serviços pelo celular, 143, 167, 179, 215
   taxa de transação, 218
   uso inicial, 53

Valor do dinheiro, 82-89, 251-255
Venezuela, 89
Venmo, 214
Vietnã, 40, 263
Visa, 206, 216, 219
Volatilidade:
   do bitcoin, 169, 172
   e previsões da cotação do bitcoin, 248-251
   erro de juízo, 173-176
   mal interpretada, 173
Volatilidade implícita, 173
Volatilidade realizada, 173
Von Mises, Ludwig, 80
Vonnegut, Kurt, 225
Vulnerabilidade do Bitcoin, 191-192
   desconstruir as ideias falsas sobre a, 191
   e a descentralização, 152, 188
   e ataque 51%, 189
   e vulnerabilidades de outros sistemas/setores, 99, 186-187
   percepções da, 194

Wachovia, 86
Walmart, 14, 20, 225
Walton, Sam, 94
Washington Mutual, 86
Waters, Maxine, 110, 120
WeChat Pay, 92
Wei Dai, 48
Weimar, Alemanha, 33, 87
Wells Fargo, 20, 90-94, 130, 186, 258
William of Ockham, 134
Wilson, Phil, 47

Wilson, Woodrow, 38
Winklevoss, Cameron, 143, 144, 161, 230
Winklevoss, Tyler, 143, 161, 230
Wirex, 170
Wright, Craig, 46

Xapo, 161

Yahoo!, 20, 23, 281
Yang, Andrew, 158
Yang, Jerry, 20
Yihaodian, 20
Yusko, Mark, 246

Zaif, 73
Zimbábue, 87
Zuckerberg, Mark, 161

SOBRE O AUTOR

Bobby C. Lee é o fundador e CEO da Ballet, uma *startup* que fornece carteiras físicas de fácil manuseio para armazenamento de criptomoedas. Sua primeira *startup* foi a BTCChina, primeira bolsa de bitcoins da China. Deixou a empresa após sua bem-sucedida aquisição em janeiro de 2018. Lee faz parte do conselho de administração da Bitcoin Foundation, organização sem fins lucrativos que despertou a conscientização das pessoas sobre o Bitcoin.

Lee está entre as figuras mais respeitadas do setor de criptomoedas. É frequentemente entrevistado sobre o tema "moedas digitais" por alguns dos mais destacados órgãos de imprensa do mundo como Bloomberg, *Business Insider*, CoinDesk, CNBC, *Forbes*, Reuters, BBC, *The Economist, Financial Times, New York Times, Wall Street Journal* e *Washington Post*, entre outros. Discorre sobre o assunto em conferências, no setor empresarial e em instituições acadêmicas.

Antes de fundar a BTCChina, Lee foi vice-presidente de Tecnologia da Walmart. Iniciou a carreira técnica no Vale do Silício como engenheiro de *software* no Yahoo!, à frente do desenvolvimento das primeiras comunidades *on-line*.

Lee é formado pela Stanford University, bacharel e mestre em Ciências da Computação.

Visite www.bobbylee.com e siga-o no Twitter @bobbyclee

GRÁFICA PAYM
Tel. [11] 4392-3344
paym@graficapaym.com.br